उपन्यासकार प्रेमचन्द की सामाजिक चिन्ता

सरिता राय

वाणी प्रकाशन

वाणी प्रकाशन

'लोगो' वाणी प्रकाशन : मक़बूल फ़िदा हुसेन

वाणी प्रकाशन, 4695, 21-ए, दरियागंज, नयी दिल्ली-110002
वाणी प्रकाशन, अशोक राजपथ (पटना कॉलेज के सामने), पटना (बिहार)

UPANYASKAR PREMCHAND KI SAMAJIK CHINTA

by Sarita Rai
Criticism

ISBN : 81-7055-453-5

संस्करण : 1996, 2010

मूल्य : 295/-

वाणी प्रकाशन

फोन : 0091#11#23273167, फोन व फैक्स 23275710

वेबसाइट : www.vaniprakashan.in

ई-मेल : vaniprakashan@gmail.com

आर.टेक ऑफसेट द्वारा दिल्ली-110095 में मुद्रित

विषयानुक्रमणिका

उपन्यासकार प्रेमचन्द की सामाजिक चिन्ता

प्रस्तावना

प्रेमचन्द एक गहन सामाजिक सरोकार के रचनाकार रहे हैं। उनका सरोकार रहा है—देश-सेवा, देश की उस 80 प्रतिशत जनता की सेवा, जो जीतोड़ मेहनत के बावजूद अपनी न्यूनतम बुनियादी जरूरतें भी पूरी करने में असमर्थ रही है। इस जनता का अधिकांश भाग गाँवों में निवास करता है। प्रेमचन्द ने बहुसंख्यक जनता के उद्धार-उपाय के रूप में अपने उपन्यासों का नियोजन किया है। अपने युग की सम्पूर्ण राजनीतिक-सामाजिक परिस्थितियों को ध्यान में रखकर ही उन्होंने अपनी सामाजिक चिन्ता को साकार किया है।

प्रेमचन्द-युगीन समाज में कुछ ऐसी ठोस स्थितियाँ थीं, जिन्हें उन्होंने विशेष रूप से अपने उपन्यासों में रेखांकित किया है। मोटे तौर पर वे स्थितियाँ हैं—1. जमींदारों द्वारा निरीह किसान-मजदूर समुदाय का शोषण, जिसमें विदेशी सरकार से लेकर ग्रामीण साहूकार-महाजन, सरकारी-गैर-सरकारी कर्मचारी, पंडित-पुरोहित आदि समान रूप से भागीदार थे। 2. स्वाधीनता के लिए चल रहा राष्ट्रीय मुक्ति आन्दोलन, 3. पराधीन देश के लिए बनायी गयी अंग्रेज सरकार की जनविरोधी नीतियाँ और 4. देश में फैले अज्ञान, अन्धविश्वास और रूढ़िवादी, सामाजिक-धार्मिक रीति-रिवाज। ये सभी स्थितियाँ एक-दूसरे से पूरी तरह जुड़ी हुई थीं। इन्हें पूरी तरह ध्यान में रखकर ही प्रेमचन्द ने औपन्यासिक पात्रों की रचना की है और इन पात्रों द्वारा अपनी निश्चित सामाजिक-राजनीतिक चिन्ता को सामने रखा है। उनके अधिकांश पात्र किसान-मजदूर और जमींदारों का प्रतिनिधित्व करते हैं। इन दोनों के बीच की कड़ी के रूप में सूदखोर साहूकार-महाजन, सरकारी-गैर-सरकारी कर्मचारी, वकील, अध्यापक, पंडित-पुरोहित आदि आते हैं। इन सब के चरित्र द्वारा प्रेमचन्द ने भारतीय समाज का एक यथार्थ चित्र अपने उपन्यासों में प्रस्तुत किया है। लेकिन यह सब करते हुए उनकी दृष्टि शोषित-उत्पीड़ित किसान-मजदूर एवं पददलित निम्न जातियों की वास्तविक मुक्ति की ओर ही अधिक रही है। इस मुक्ति में सामाजिक-राजनीतिक और आर्थिक मुक्ति के साथ ही अज्ञान से मुक्ति एक महत्त्वपूर्ण मुद्दा के रूप में प्रेमचन्द के सामने था। इससे यह तथ्य एकदम स्पष्ट है कि उनकी सामाजिक चिन्ता की पृष्ठभूमि अत्यन्त व्यापक थी।

प्रस्तुत विषय के स्पष्टीकरण के लिए यहाँ प्रेमचन्द के प्रथम उपन्यास 'वरदान' को उदाहरण के रूप में लिया जा सकता है। इसमें ग्रामीण जीवन की कथा नहीं है। उपन्यास का आरम्भ बनारस के पुराने रईस और नामी वकील मुंशी शालिग्राम की पत्नी सुषमा के वरदान की प्राप्ति से होता है। वह अष्टभुजा देवी से एक ऐसे सपूत बेटे का वरदान प्राप्त करती है, "जो अपने देश का उपकार करे।"[1] सुषमा का पुत्र प्रतापचंद निःस्वार्थ भाव से दीन-दुःखियों, किसानों, रोगियों, दलितों आदि की सहायता करता है। लेकिन देशोद्धार की स्पष्ट और व्यापक दृष्टि इस उपन्यास में उनको नहीं मिल पायी है। प्रेमचन्द का दृष्टिकोण इसमें सुधारवादी और आदर्शवादी है। इस उपन्यास के सम्बन्ध में उन्होंने अपने मित्र दयाराम निगम को एक पत्र लिखा था—"मुझे अभी तक इत्मीनान नहीं हुआ कि कौन-सा तर्जेतहरीर (शैली) अख्तियार करूँ। कभी तो बंकिम की नकल करता हूँ, कभी आज़ाद के पीछे चलता हूँ। आजकल काउण्ट टाल्स्टाय के किस्से पढ़ रहा हूँ। तब से कुछ उसी रंग की तरफ तबियत माइल (झुकी हुई) है। यह अपनी कमजोरी है और क्या!"[2]

इस शैलीगत कमजोरी एवं दृष्टिगत अनिश्चय से स्पष्ट है कि प्रेमचन्द इस उपन्यास में अपनी सामाजिक चिन्ता की वास्तविक जमीन तलाशते नज़र आते हैं। यह सही है कि इस तलाश को वे अपने औपचारिक शिल्प में समेट नहीं पाये हैं, फिर भी मझगाँव से विरजन (वृजरानी) द्वारा अपने पति कमलाचरण को लिखे गये पत्रों द्वारा, जो प्रतापचंद को भी पढ़ने के लिए मिलते हैं, गाँव की शोचनीय स्थिति का जायजा आसानी से लिया जा सकता है। विरजन का पहला पत्र है, "क्या सुनती थी और क्या देखती हूँ? टूटे-फूटे फूस के झोपड़े, मिट्टी की दीवारें, घरों के सामने कूड़े-करकट के बड़े-बड़े ढेर, कीचड़ में लिपटी भैंस···मनुष्यों को देखो तो उनकी शोचनीय दशा है। हड्डियाँ निकली हुई हैं। वे विपत्ति की मूर्तियाँ और दरिद्रता के जीवित चित्र हैं।···हमारे घर के पीछे एक गड्ढा है। यहाँ किंवदंती है कि गड्ढे में चुड़ैल नहाने आया करती हैं और वे अकारण राह चलने वालों से छेड़छाड़ किया करती हैं। इसी प्रकार द्वार पर पीपल का एक पेड़ है। यह भूतों का आवास है।···इनके अतिरिक्त सैंकड़ों भूत-चुड़ैल भिन्न-भिन्न स्थानों के निवासी हैं।"[3] इसके साथ ही किसी पेड़ पर धोबी बाबा हैं, तो किसी पर लाला साहब और मौलवी साहब। ये सभी भूत बनकर गाँव वालों के पीछे पड़े हुए हैं। इस पर टिप्पणी करते हुए विरजन आगे लिखती है: "कैसी मूर्खता है? कैसी मिथ्या-भक्ति। ये भावनाएँ हृदय पर बज्रलीक हो गयी हैं। बालक बीमार हुआ कि भूत की पूजा होने लगी। खेत-खलिहान में भूत का भोग। जहाँ देखिए भूत ही

1. प्रेमचन्द : वरदान, पृ० 6
2. अमृतराय : कलम का सिपाही, पृ० 119
3. प्रेमचन्द : वरदान, पृ० 73

भूत दिखते हैं। यहाँ न देवी हैं न देवता। भूतों का ही साम्राज्य है। यमराज यहाँ चरण नहीं रखते, भूत ही जीवनहरण करते हैं। इन भावों का किस प्रकार सुधार हो?"[1]

इसी प्रकार के पाँच-छः और भी पत्र हैं, जिनमें विरजन ने गाँव की जहालत का नग्न चित्र प्रस्तुत किया है।[2] ये गाँव गरीबी, भुखमरी, अंध-विश्वास, कुरीति, ईर्ष्या-द्वेष, जाति-पाँत, छुआछूत, अज्ञान आदि के भयानक गढ़ बने हुए हैं। अपने इस उपन्यास में गाँवों को समुचित स्थान न दे पाने के कारण ही प्रेमचन्द ने पत्रों का सहारा लिया है। वस्तुतः अन्धकार में पड़ी हुई ग्रामीण जनता की वास्तविक मुक्ति ही प्रेमचन्द की मूल चिन्ता थी। अगले उपन्यासों में प्रेमचन्द ने इन सभी समस्याओं को औपन्यासिक शिल्प में समेटकर चित्रित किया है। प्रस्तुत रचना में इन पर अलग-अलग विचार करते हुए प्रेमचन्द की सामाजिक चिन्ता को स्पष्ट किया गया है।

राष्ट्रीय मुक्ति आन्दोलन जैसे राजनीतिक आन्दोलन के प्रति प्रेमचन्द की गहरी निष्ठा रही है, लेकिन उसके वास्तविक चरित्र को लेकर कभी-कभी उन्होंने अपनी आशंकाएँ भी व्यक्त की हैं। वे देश की स्वाधीनता को यद्यपि अनिवार्य मानते थे फिर भी उनके लिए जनसाधारण की कल्याण-कामना सर्वोपरि रही है। उनके बाद के लेखन से यह बात बिल्कुल स्पष्ट हो जाती है। उनका विश्वास था कि स्वाधीनता के बाद देश की सामाजिक विषमताओं के प्रति संघर्ष आसान हो जायेगा। शोषण-उत्पीड़न, गरीबी, अज्ञान, साम्प्रदायिकता, जाति-पाँत, छुआछूत आदि को मिटाने में अधिक कठिनाई नहीं होगी। अतः राष्ट्रीय मुक्ति आन्दोलन को भी उन्होंने शोषित और पददलित बहुसंख्यक जन-समुदाय के उद्धार की ही दृष्टि से देखा था। यही उनकी सामाजिक चिन्ता का वास्तविक संदर्भ भी है।

वस्तुतः राष्ट्रीय मुक्ति आन्दोलन को प्रेमचन्द ने जनमुक्ति के आन्दोलन के रूप में ही देखा था। मार्च 1930 के 'हंस' के प्रवेशांक की सम्पादकीय में अपनी इस मान्यता को प्रकट करते हुए उन्होंने लिखा है, "कुछ लोग स्वराज आन्दोलन से इसलिए घबरा रहे हैं कि इससे उनके हितों की हत्या होगी—इनमें अधिकांश हमारे जमींदार, सरकारी नौकर, बड़े-बड़े व्यापारी और रुपये वाले लोग शामिल हैं। इसमें सन्देह नहीं कि स्वराज आन्दोलन गरीबों का आन्दोलन है। गरीबों की छाती पर दुनिया ठहरी हुई है, यह कठोर सत्य है। हर आन्दोलन में गरीब ही आगे बढ़ते हैं—यह भी अमर सत्य है। इस आन्दोलन में भी गरीब आगे-आगे हैं और उन्हीं को रहना भी चाहिए।" यह प्रेमचन्द की आकांक्षा मात्र है। तत्कालीन वास्तविकता को वे देख रहे थे कि स्वराज-आन्दोलन का नेतृत्व प्रायः उच्चवर्ग के हाथों में था, जो शिक्षा और सम्पत्ति के प्रभुत्व को बनाए रखना चाहता था। इस आन्दोलन

---

1. प्रेमचन्द : वरदान, पृ० 74
2. वही, पृ० 75-88

के चरित्र पर आक्षेप करते हुए प्रेमचन्द ने अपनी 'आहुति' कहानी में रूपमणि के माध्यम से कहा है, "अगर स्वराज आने पर भी सम्पत्ति का यही प्रभुत्व रहे और पढ़ा-लिखा समाज यों ही स्वार्थान्ध बना रहे तो मैं कहूँगी ऐसे स्वराज का न आना ही अच्छा है।···जिन बुराइयों को दूर करने के लिए आज हम प्राणों को हथेली पर लिये हुए हैं, उन्हीं बुराइयों को क्या प्रजा इसलिए सिर चढ़ाएगी कि वे विदेशी नहीं स्वदेशी हैं। कम-से-कम मेरे लिए तो स्वराज का यह अर्थ नहीं है कि जॉन की जगह गोविन्द बैठ जाएँ।" प्रेमचन्द की सामाजिक चिन्ता का यही वास्तविक सन्दर्भ है।

प्रेमचन्द की सामाजिक चिन्ता को स्पष्ट रूप से समझने के लिए हमें उनके उपन्यासों के बाहर युगीन परिस्थितियों और उनके सम्बन्ध में व्यक्त प्रेमचन्द की साहित्येतर प्रतिक्रियाओं का गहराई से निरीक्षण करना पड़ेगा। वे गांधी जी के असहयोग और स्वदेशी आन्दोलन के प्रबल समर्थक थे। लेकिन जनहित के मूल्य पर उन्होंने गांधीवाद से कभी समझौता नहीं किया। जब-जब उसे किसान-मजदूर और गरीब जनता के हितों के विरुद्ध पाया, खुलकर विरोध किया। इस प्रकार की प्रतिक्रियाओं के संग्रह 'विविध प्रसंग भाग-3' में उनकी अनेक टिप्पणियाँ स्वदेशी के नाम पर किये जाने वाले घपलों के विरुद्ध हैं। 'स्वदेशी की आड़ में लूट', 'असली और नकली स्वदेशी चीजें', 'ग्राहकों का बलिदान; मिल मालिकों के लिए'—आदि अपनी टिप्पणियों में उन्होंने स्वदेशी की आड़ में देशी पूंजीपतियों की लूट का पर्दाफाश किया है। भारतीय कपड़ा मिलों में ब्रिटेन से आयातित सूत से बने कपड़ों की तुलना में उन्होंने जापान के बने कपड़ों को अधिक स्वदेशी माना है। इससे भारतीय किसान समुदाय को दोहरा लाभ था। एक ओर उसे अपनी रुई का जापान से उचित मूल्य मिल जाता था तो दूसरी तरफ उसे सस्ते मूल्यों पर जापानी कपड़े मिल जाते थे। भारतीय कपड़ा मिलों को संरक्षण देने के लिए जापान से आयातित कपड़े पर 75 प्रतिशत टैक्स लगाने की सरकारी नीति का विरोध करते हुए प्रेमचन्द ने लिखा है, "इन संरक्षणों से दुनिया तंग आ गयी है। ···जनता में संगठन नहीं है, लेकिन सौ संगठन का एक संगठन उसकी दिन-दूनी, रात-चौगुनी बढ़ती हुई दरिद्रता है। हम जापानी कपड़े के वकील नहीं पर जनता के वकील अवश्य हैं और हम चाहते हैं कि कृत्रिम साधनों से उसका गला न घोंटा जाये।"

प्रेमचन्द ने अपने मानवीय दायित्व को साहित्यकार के दायित्व से अलग करके कभी नहीं देखा था। भारतीय समाज की ऐसी बहुत-सी समस्याएँ है, जिन्हें अपने उपन्यासों में वे स्पष्टता के साथ समाविष्ट नहीं कर पाये हैं। इन्हें प्रेमचन्द ने अपनी अनेक टिप्पणियों द्वारा स्पष्ट करने का प्रयास किया है। इस प्रकार की सम-सामयिक समस्याओं से सम्बद्ध वैचारिक टिप्पणियों का क्षेत्र अत्यन्त व्यापक है। स्वास्थ्य-रक्षा, चरित्र-निर्माण, वेश-भूषा, फैशन, शिक्षा नीति, गोरक्षा, धार्मिक पाखंड, सामाजिक कुरीतियाँ, ज्ञान-विज्ञान की उपलब्धियाँ, फिल्म जगत्, संतति-

निरोध, राष्ट्रभाषा, राष्ट्रीय लिपि, साहित्य-क्षेत्र की अराजकता, न्याय-व्यवस्था, फलोत्पादन, बेकारी आदि ऐसा कोई भी विषय नहीं है, जिस पर प्रेमचन्द ने अपनी लेखनी न चलायी हो। यद्यपि यह साहित्येतर लेखन है, फिर भी उनकी व्यापक चिन्ता से जुड़ा हुआ है। प्रस्तुत रचना में इनके प्रकाश में भी उनके उपन्यासों में व्यक्त सामाजिक चिन्ता को स्पष्ट करने का प्रयास किया गया है।

प्रस्तुत रचना में गृहीत विषय के समुचित विवेचन-विश्लेषण के लिए उसके मुख्यतः चार क्षेत्र निर्धारित किये गये हैं—1. राष्ट्रीय परिदृश्य, 2. सामाजिक परिदृश्य, 3. धार्मिक परिदृश्य और 4. वर्गीय परिदृश्य। इन क्षेत्रों पर अलग-अलग विचार करके प्रेमचन्द की सामाजिक चिन्ता को स्पष्ट करने का प्रयास किया गया है।

यह रचना मेरे पी-एच० डी० शोध-प्रबन्ध 'सोद्देश्यता के सन्दर्भ में प्रेमचन्द के उपन्यास' शीर्षक प्रबंध का संशोधित-परिवर्तित रूप है। प्रकाशनार्थ प्रस्तुत करते समय मुझे लगा कि प्रेमचन्द के उद्देश्य के मूल में सर्वत्र उनकी सामाजिक चिन्ता ही केन्द्र में है। अतः 'उपन्यासकार प्रेमचन्द की सामाजिक चिन्ता' शीर्षक ही मुझे सर्वाधिक उचित लगा। यहाँ 'चिन्ता' शब्द अपने कोशगत अर्थ के साथ ही चिन्तन के अर्थ को भी अपने में समाए हुए है। फिर भी बहुत काट-छाँट और संशोधन-परिवर्तन के बावजूद यह रचना शोध-प्रबन्ध की सीमाओं से पूरी तरह मुक्त नहीं हो सकी है।

मूल शोध-कार्य में समय-समय पर उपस्थित होने वाली कठिनाइयों के समाधान और समुचित दिशा निर्देश के लिए मैं अपने निर्देशक आदरणीय प्रो० राजदेव सिंह के प्रति हृदय से आभारी हूँ। सामग्री-संकलन से लेखन-कार्य के लिए जो सहायता और प्रोत्साहन मुझे अपने पापा प्रो० लल्लन राय से मिला है, उसके लिए आभार-ज्ञापन निर्मम औपचारिकता होगी। अंत में मैं अपनी देवी तुल्य सास श्रीमती विमला देवी का हृदय से आभार प्रकट करती हूँ, जिन्होंने गृहस्थी के अधिकांश भार को अपने ऊपर लेकर इस कार्य को सुगम बनाया है।

—सरिताराय

अध्याय 1

राष्ट्रीय परिदृश्य : राष्ट्रीय मुक्ति-आन्दोलन और ब्रिटिश शासन

1.1 ब्रिटिश शासन का चरित्र

प्रेमचन्द के व्यक्तित्व का निर्माण राष्ट्रीय मुक्ति-आन्दोलन की परिस्थितियों से जुड़कर हुआ था। उनके समूचे लेखन से हम सहज ही यह अंदाजा लगा सकते हैं कि वे सही मायने में देशभक्त और ब्रिटिश शासन के कट्टर विरोधी थे। वे अपने देश को अंग्रेजों की गुलामी से मुक्त देखना चाहते थे। अपने लेखन के आरम्भिक दौर में वे गांधी जी की मान्यताओं से बहुत प्रभावित थे। असहयोग आन्दोलन के आरम्भ में ही उन्होंने सरकारी नौकरी से इस्तीफा देकर अपनी गांधीवादी दृष्टि का परिचय दिया। लेकिन बाद में उन्होंने यह अच्छी तरह से समझ लिया था कि गांधी जी के रास्ते पर चलकर सिर्फ बड़े-बड़े पूंजीपतियों, जमींदारों, व्यापारियों और धर्म के ठेकेदारों को ही लाभ मिलेगा। गरीब किसान और मजदूर जनता का इससे उद्धार नहीं होगा। अतः अपने युग के अधिकांश राजनीतिक नेताओं की राष्ट्रीय मुक्ति की धारणा से प्रेमचन्द की धारणा पर्याप्त भिन्न थी। वे राष्ट्रीय मुक्ति-आन्दोलन को शोषित-उत्पीड़ित जनता की व्यापक सामाजिक मुक्ति के साथ जोड़कर देखने वाले साहित्यकार थे।

प्रेमचन्द किसानों-मजदूरों तथा शोषित जनता की मुक्ति को ही राष्ट्र की वास्तविक मुक्ति मानते थे। इस सन्दर्भ में डॉ० कुंवरपाल सिंह ने अपने लेख 'प्रेमचन्द और राष्ट्रीय मुक्ति आन्दोलन' में लिखा है, "वे किसान-मजदूरों की मुक्ति-मार्ग की तलाश में निकलते हैं। भाँति-भाँति के लोग उन्हें मिलते हैं। कुछ दूर साथ होता है। प्रेमचन्द का रास्ता कुछ दूर चलकर अलग हो जाता है। गांधी जी का साथ कुछ ज्यादा दूर तक रहा। कारण राष्ट्रीय आन्दोलनों में जनता का प्रतिनिधित्व कर रही कांग्रेस में आरम्भ में लिबरल राजनीति का ज्यादा जोर रहा। किन्तु प्रेमचन्द आरम्भ से ही लिबरल राजनीति को राष्ट्रीय-मुक्ति के लिए उपयुक्त नहीं समझते थे।"[1] इससे स्पष्ट है कि प्रेमचन्द कांग्रेस की गांधीवादी

1. उत्तरार्द्ध : सं० सव्यसाची, प्रेमचन्द अंक, 1980, पृ० 44

नीतियों के अंध समर्थक नहीं थे।

प्रेमचन्द के उपन्यासों में ब्रिटिश शासन का जो चरित्र उभरकर सामने आता है, वह अत्यन्त अमानवीय और उत्पीड़क है। सरकार ब्रिटिश पूंजीपतियों और इंग्लैंड के हितों को ध्यान में रखकर काम करती थी। गरीब तथा दलित मजदूरों और किसानों के दुःख दर्द को सुनने वाला कोई नहीं था। शोषक वर्ग हर तरह से इनका शोषण करता था। ब्रिटिश शासन में सबसे ज्यादा खराब दशा इन्हीं किसानों तथा मजदूरों की थी। प्रेमचन्द का ध्यान इन्हीं शोषितों की तरफ था। उन्होंने अपनी लेखनी इन्हीं को शोषण कर्त्ताओं से मुक्ति दिलाने के लिए उठाई थी।

'रंगभूमि' में प्रेमचन्द ने अंग्रेजी हुकूमत के आगे-पीछे नाचने वाले पिट्ठुओं के असली चेहरों को बेनकाब करके सामने लाने का प्रयास किया है। चतारी के राजा महेंद्र सिंह, जो कि काउन्सिल के मेम्बर भी हैं, एक गरीब अन्धे की जमीन को उससे जबरदस्ती छीनकर एक अंग्रेज पूंजीपति को देना चाहते हैं, जो कि उस पर सिगरेट का कारखाना लगा सके। राजा महेन्द्र की पत्नी को जब उनके असली रूप का पता चलता है तब वह अपने पति को मानवता का सन्देश देते हुए कहती हैं, "उपहास इतना निंद्य नहीं है, जितना अन्याय। मेरी समझ में नहीं आता कि आपने इस पद की कठिनाइयों को जानते हुए भी इसे क्यों स्वीकार किया···आप को नगरवासियों और विशेषतः अपने स्तत्व की रक्षा करनी चाहिए। अगर हुक्काम किसी पर अत्याचार करे तो, आपको उचित है कि दुखियों की हिमायत करें निजी हानि-लाभ की चिन्ता न करके हुक्काम का विरोध करें, सारे नगर में, सारे देश में तहलका मचा दें, चाहे इसके लिए पद-त्याग ही नहीं, किसी बड़ी-से-बड़ी विपत्ति का सामना करना पड़े। मैं राजनीति के सिद्धान्तों से परिचित नहीं हूँ। पर आपका जो मानवीय धर्म है, वह आप से कह रही हूँ।"[1] इस मानवीय धर्म का निर्वाह करना ही प्रेमचन्द की वास्तविक सामाजिक चिन्ता है।

प्रेमचन्द के उपन्यासों में ब्रिटिश शासन में भारत की दुर्दशा का चित्रण बड़ी बारीकी के साथ हुआ है। प्रेमचन्द ने इस दुर्दशा के कारणों पर विचार किया तथा उसे दूर करने के उपायों की ओर स्पष्ट संकेत भी किया है। यहाँ पर यह कहना अनुचित न होगा कि हिन्दी साहित्य में भारत के वास्तविक राष्ट्रीय आन्दोलन के नेतृत्व का श्रेय प्रेमचन्द को ही था। प्रेमचन्द के साहित्य में भारतीय राष्ट्रीय आन्दोलनों तथा ब्रिटिश शासन के कुकृत्यों के सजीव चित्र देखने को मिलते हैं। वे अपने भीतर उठ रहे उफानों को अपने पात्रों के माध्यम से व्यक्त करते हैं। सूरदास जो कि 'रंगभूमि' का नायक है, अंधा है, गरीब है, भिखारी है लेकिन उसमें अदम्य उत्साह और साहस भरा हुआ है। वह अपने अधिकारों के लिए लड़ना जानता है। अपनी जमीन के पीछे वह मर जाता है पर जीते-जी उसे हाथ से नहीं जाने

1. प्रेमचन्द : रंगभूमि भाग-1, पृ० 193

देता। ऐसे अनेक अदम्य उत्साह भरे पात्रों के निर्माण में प्रेमचन्द की सोद्देश्यता की स्पष्ट झलक हमें देखने को मिलती है।

प्रथम विश्वयुद्ध के बाद की भारत-व्यापी हलचल, जलियांवाला हत्याकाण्ड और असहयोग आन्दोलन आदि से प्रेमचन्द के मन में जो आक्रोश का लावा फूट रहा था, वह सब उनकी रचनाओं में सिमट कर आ गया था। पूरा देश अंग्रेजों के अत्याचारों की पीड़ा से कराह रहा था। गुलामी की बेड़ी में जकड़ा हुआ समूचा देश इस बेड़ी को तोड़ने के प्रयत्न में लगा हुआ था। इस सम्बन्ध में प्रेमचन्द ने अपनी 'हंस' नामक पत्रिका में लिखा है, "इसमें सन्देह नहीं कि स्वराज का आन्दोलन गरीबों का आन्दोलन है। अंग्रेजी राज्य में गरीबों, मजदूरों और किसानों की दशा जितनी खराब है, और होती जा रही है उतनी समाज के किसी अंग की नहीं। यों तो सरकार ने किसी को बेदाग नहीं छोड़ा। शिक्षित समुदाय आये दिन अपने हकों को छिनते देखता, राजाओं, रईसों की जायदादें और रियासतें जब्त हो रही हैं, व्यापारियों और मिलों के स्वामियों को मैनचेस्टर और लंका शायर का शिकार बनाया जा रहा है, और यह सब कुछ होने पर भी सरकार के हाथों किसी और सम्प्रदाय की इतनी बरबादी नहीं हुई है, जितनी किसानों और मजदूरों की, खास-कर किसानों की।"[1]

इस प्रकार प्रेमचन्द ने राष्ट्रीय मुक्ति-आन्दोलन को गरीब और अभाव ग्रस्त किसान-मजदूरों के साथ जोड़कर देखा है। इस विषय में उन्होंने 'हंस' पत्रिका अप्रैल 1930 के अंक में लिखा है, "गरीबों की छाती पर दुनिया टिकी हुई है, यह एक कठोर सत्य है, हरेक आन्दोलन में गरीब लोग ही आगे-आगे हैं और उन्हीं को रहना भी चाहिए, क्योंकि स्वराज से सबसे ज्यादा फायदा उन्हीं को होगा।" इससे स्पष्ट है कि प्रेमचन्द राष्ट्रीय मुक्ति-आन्दोलन को गरीब जनता का आन्दोलन बनाना चाहते थे। लेकिन इस आन्दोलन का नेतृत्व देशी पूंजीपतियों और उनके प्रभाव में रहने वाले उच्चवर्गीय कांग्रेसी नेताओं के हाथ में था। उसे लेकर प्रेमचन्द के मन में 1930 के बाद से आशंका पैदा होने लगी थी।

ब्रिटिश शासन के प्रति असन्तोष की ज्वाला चारों तरफ दहक रही थी। गरीब किसानों का शोषण करने में सरकारी कर्मचारी के रूप में उनके अपने ही देश के भाई-बन्धु जी-जान से जुटे हुए थे। ये लोग अधिकारी के रूप में और ज्यादा तबाही मचाए हुए थे। उनसे बेगार में काम लेते तथा मनमाना खाना-पीना होता था। चाहे किसी के पास घी-दूध हो या न हो पर जब ये अधिकारी गांवों में निरीक्षण के लिए आते थे तो उनका स्वागत करना जरूरी था, चाहे इसके लिए उन्हें लाख कष्ट सहने पड़ें, उधार लेना पड़े। इन सरकारी कर्मचारियों की भर्त्सना प्रेमचन्द ने इन शब्दों में की है, "जिस भांति सूर्यास्त के पीछे एक विशेष प्रकार का जीव-धारी जो न पशु है न पक्षी, जीविका की खोज में निकल पड़ते हैं, अपनी लम्बी

1. उत्तरगाथा : सं० सव्यसाची, प्रेमचन्द अंक 6-7, पृ० 21

श्रेणियों से आकाश मण्डल को आच्छादित कर लेते हैं, उसी भाँति कार्तिक का आरम्भ होते ही एक अन्य प्रकार के जन्तु देहातों में निकल पड़ते हैं, और अपने खेमों तथा छोलदारियों से समस्त ग्राम-मण्डल को उज्ज्वल कर देते हैं। वर्षा आदि में राजसिक कीट और पतंगा का उद्‌भव होता है, उसके अन्त में तामसिक कीट और पतंगा का। उनका उत्थान होते ही देहातों में भूकम्प-सा आ जाता है और लोग भय से प्राण छिपाने लगते हैं।"[1]

प्रेमचन्द ने राजसिक और तामसिक कीट पतंगों की संज्ञा इन्हीं अधिकारियों को दी है, जो सरकार के पिट्‌ठू बनकर गरीब किसानों का खून चूसने में लगे हुए थे। इसी सन्दर्भ में डॉ० कुंवरपाल ने टिप्पणी करते हुए अपने लेख 'प्रेमचन्द और राष्ट्रीय मुक्ति-आन्दोलन' में लिखा है कि, "ग्रामीण जन साम्राज्यवादी और उनके भारतीय एजेंट जमींदारों के दुहरे शोषण की चक्की के बीच पिस रहे थे। ब्रिटिश काल में सूदखोर महाजनों का एक ऐसा वर्ग पैदा हुआ, जिससे एक बार कर्ज लेने पर गांव के किसान जीवन भर गुलामी का पट्‌टा पहनने पर मजबूर हो जाते··· प्रेमचन्द के लिए राष्ट्रीय-मुक्ति का अर्थ केवल विदेशी साम्राज्यवाद से छुटकारा पाने में ही नहीं है, वे किसानों और मजदूरों को सामन्तों तथा पूंजीपतियों के शोषण से पूर्ण मुक्ति को ही असली स्वराज मानते हैं।"[2]

ब्रिटिश शासन में गरीबों के प्रति न्याय के लिए कोई जगह न थी। न्याय केवल उन्हीं लोगों के लिए था, जिसके पास पैसा हो। किसानों-मजदूरों को तो इतने नजर-नजराने देने पड़ते थे कि वे अदालत और न्यायालय की बात कभी सोच ही नहीं सकते थे। उनकी विपन्नता उन्हें अदालत के दरवाजे तक पहुँचने ही नहीं देती थी। शोषक वर्ग चौतरफा उन्हें गिद्धों की भाँति घेरे हुए था। ऐसे ही लोगों में 'रंगभूमि' के राजा महेन्द्र सिंह भी शामिल थे। महेन्द्र सिंह के द्वारा कहे गये ये वाक्य उनके असली रूप को हमारे सामने प्रस्तुत करते हैं, "अगर मैंने इनसे विरोध किया तो मुश्किल में फँस जाऊँगा। तुम्हें मालूम नहीं इन अंग्रेज हुक्काम के कितने अधिकार होते हैं। यों चाहूँ तो इसे नौकर रख लूँ लेकिन इसकी एक शिकायत से हमारी सारी आबरू मिट्‌टी में मिल जायेगी। ऊपर वाले हाकिम मेरी एक भी नहीं सुनेंगे···हम सब अब इनके हाथों के खिलौने हैं, जब चाहें जमीन पर पटक कर चूर-चूर कर दें।"[3] राजा महेन्द्र सिंह जैसे तथाकथित प्रतिष्ठित लोग अंग्रेजों के हाथ की कठपुतली थे, उनके इशारों पर नाचने के लिए हमेशा तैयार रहते थे, क्योंकि नाचने में ही उनकी मान-मर्यादा और प्रतिष्ठा कायम रह सकती थी। इनके प्रति प्रेमचन्द की तिलमिलाहट साफ जाहिर हुई है। इससे स्पष्ट है कि थोड़ी सी सुविधा-सम्मान के खातिर इन राजाओं, नवाबों और बड़े जमींदारों ने अपनी मनुष्यता

1. प्रेमचन्द : प्रेमाश्रम, पृ० 51
2. उत्तरार्द्ध : सं० सव्यसाची, प्रेमचन्द अंक, अप्रैल 1980, पृ० 46
3. प्रेमचन्द : रंगभूमि भाग-1, पृ० 197

को अंग्रेजी शासक के हाथों बेच दिया था। ब्रिटिश शासक की क्रूरता का सबसे बड़े प्रतीक बनने में ही इन्होंने अपना गौरव माना है। राय बहादुर, सर आदि की उपाधियाँ और काउंसिल की मेम्बरी के लिए ये क्रूरतम अन्याय से भी नहीं हिचकते थे। गरीब जनता का निर्दयतापूर्वक शोषण ही इनका मुख्य आधार था, जिससे सरकारी खजाने की वृद्धि होती थी।

भीषण अकाल, कठोर शासन व्यवस्था, पुलिस के अत्याचार और नये-नये सरकारी करों से त्रस्त जनता के मन में विद्रोह की चिनगारी ने अपना स्थान बना लिया था। गुलामी की जंजीर भला किसे पसन्द होती है। आजादी तो सभी को प्यारी होती है। पिंजरे में बन्द पंछी भी अपनी आजादी का मार्ग खोजता है। मनुष्य तो विचारशील प्राणी है। मानवता के सामने एक ही प्रश्न था कि आखिर हमारे ही देश में हमीं से यह सौतेला व्यवहार क्यों? सरकारी न्यायिक व्यवस्था के ये दो रूप क्यों? न्याय की तुला भी अमीरी और गरीबी को देखकर ऊपर-नीचे क्यों होती है। गरीब जनता के पास धन कहाँ था, जिससे न्याय की तुला उनकी ओर झुकती। उपन्यासकार प्रेमचन्द भी उसी समाज के सदस्य थे तो भला वे इन गरीबों की कराहों से अप्रभावित कैसे रहते। 'रंगभूमि' में उन्होंने इसी न्यायिक व्यवस्था के विरुद्ध आवाज उठाई है, "अदालत के बाहर अदालत की मर्यादा भंग होने का डर न था। कई हजार कंठों से ध्वनि उठी—तुम बेकसूर हो हम तुम्हें बेकसूर समझते हैं। अदालत बेईमान है। अदालत नहीं, दीनों की बलिवेदी है। कई हजार कंठों से प्रतिध्वनि निकली अमीरों के हाथ में अत्याचार का यंत्र है।"[1]

इन आवाजों में प्रेमचन्द की भी आवाज सम्मलित है। विदेशी अदालतों तथा कानूनों के दाँव-पेंच को वे अच्छी तरह समझते थे। इसलिए उन्होंने गरीबों का मसीहा बनकर इन शोषितों की आवाज को अपने उपन्यासों में वाणी प्रदान की है। इस प्रकार से प्रेमचन्द ने ब्रिटिश शासन की न्यायप्रियता की पोल खोलकर रख दी है।

प्रेमचन्द का युग भारतीय स्वतन्त्रता-संग्राम का युग था। देश के नवयुवकों के मन में आजादी का संग्राम हिलकोरे ले रहा था। उनमें पूर्ण जोश तथा उत्साह भरा हुआ था। स्वतन्त्रता के लिए ये नवयुवक अपने जीवन का बलिदान हँसते-हँसते कर रहे थे। ब्रिटिश सरकार इन नवयुवकों का उत्साह देखकर सशंकित हो गयी और अपना दमनकारी रूप लेकर सामने आयी। सरकार के विरुद्ध कोई भी आवाज उठाई नहीं कि उस आवाज को समाप्त कर दिया जाता था। मुंशी जी के साथ भी ऐसा ही हुआ था। अपनी आरम्भिक रचना 'सोजेवतन' में उन्होंने भी अंग्रेजी हुकूमत के खिलाफ आवाज उठाई थी। उसका नतीजा यह हुआ कि उसकी सारी प्रतियाँ जला दी गयीं और मुंशी जी को सख्त जबान में कुछ न लिखने के लिए मना कर दिया गया। अगर वे कुछ लिखें भी तो पहले सरकारी लोगों को दिखा

1. प्रेमचन्द : रंगभूमि भाग-2, पृ० 90

लें। एक स्वाभिमानी लेखक के लिए इससे बढ़कर क्षोभ और दुःख की बात क्या हो सकती है कि उससे उसका स्वतन्त्र-लेखन का अधिकार ही छीन लिया जाये। खैर उन्होंने लिखना तो बन्द नहीं किया, हाँ अब नवाब राय से प्रेमचन्द होकर साहित्य के क्षेत्र में अपनी सोद्देश्यता की तलाश में उतरे। उन्होंने बिना किसी डर-भय के अपना लेखन प्रारम्भ किया और खुलकर ब्रिटिश शासन के चरित्र को विद्रोही आवाज में उजागर किया। 'रंगभूमि' के गरीब सूरदास की जमीन का मुआवजा जितना सरकार ने कहा था उतना नहीं दिया। सरकार के इस दोहरे चरित्र का पर्दाफाश करते हुए 'रंगभूमि' में प्रेमचन्द ने सूरदास के माध्यम से कहा है, "कुल एक हजार है ? हाँ इतना ही तो लिखा है। मैं तो रुपये लेने न जाऊंगा। साहब ने पाँच हजार देने को कहा था, उनके एक हजार रहे, घूस-घास में सौ पचास और उड़ जायेंगे। सरकार का खजाना खाली है, भर जायेगा।"[1]

गरीबों का इस तरह से शोषण किया जा रहा था। जहाँ कहीं भी धन दिखे लूट लो, कोई मरे-जिये इससे किसी को क्या लेना-देना। शर्म की बात तो यह थी कि इसमें हमारे भारतीय भाई-बन्धु भी समान रूप से सम्मलित थे। वे अंग्रेजों से कहीं ज्यादा बर्बरतापूर्ण व्यवहार अपने ही देश के लोगों के साथ करते थे। प्रेमचन्द प्रभुसेवक से सरकार की भ्रष्ट-न्याय व्यवस्था के बारे में कहलवाते हैं, "सरकार यहाँ न्याय करने नहीं आयी है भाई, राज्य करने आयी है। न्याय करने से उसे कुछ मिलता है ? कोई समय था, जब न्याय को राज्य की बुनियाद समझा जाता था। अब वह जमाना नहीं है। अब व्यापार का राज्य है, और जो इस राज्य को स्वीकार न करे उसके लिए तारों का निशाना मारने वाली तोपें हैं। तुम क्या कर सकते हो ? दीवानी में मुकदमा दायर करोगे वहाँ भी सरकार के नौकर-चाकर न्याय पद पर बैठे हुए हैं।"[2]

उपर्युक्त कथन से हमें सरकार की कुत्सित न्याय-व्यवस्था का यथार्थ रूप देखने को मिलता है। ऐसा यथार्थ-चित्रण प्रेमचन्द जैसा निडर व्यक्तित्व ही कर सकता है। ब्रिटिश शासन के चरित्र को आम जनता के सामने लाना भी उनकी रचनाधर्मिता का एक अहम पहलू था। ब्रिटिश हुकूमत की न्याय व्यवस्था ही नहीं पथभ्रष्ट थी, बल्कि शिक्षा के नाम पर भी जोर-जबरदस्ती अपनी संस्कृति और इतिहास के प्रति हमारे मन में घृणा का भाव उत्पन्न करना तथा अंग्रेजी भाषा का प्रचार करना भी ब्रिटिश शासन का उद्देश्य था। इतने से ही सन्तोष नहीं हुआ तो उन्होंने भारतवासियों के सबसे नाजुक पहलू यानी धर्म और जाति के नाम पर फूट डालना शुरू कर दिया। इस प्रकार से समूचा जनजीवन अस्त-व्यस्त हो रहा था। लेकिन अंग्रेजी शासन की इन चालों से धीरे-धीरे भारतवासी परिचित होने लगे थे।

---

1. प्रेमचन्द : रंगभूमि भाग-2, पृ० 111
2. वही

उन्नीसवीं सदी के अन्त में कांग्रेस का जन्म हुआ। पहले इसमें प्रार्थना पत्रों एवं प्रस्तावों द्वारा कुछ आर्थिक-राजनीतिक सुविधाएँ हासिल करना ही शामिल था। किन्तु धीरे-धीरे इसमें सदस्यों की संख्या बढ़ने लगी। इन व्यक्तियों में जोश की भी कमी नहीं थी। आगे चलकर कांग्रेस नेताओं की ही जमात नहीं रह गयी बल्कि लोक संस्था का रूप धारण करने लगी थी। इसका नतीजा यह हुआ कि स्वाधीनता के लिए सारे देश में एक साथ आन्दोलन तेज हुआ। इन आन्दोलनों ने समस्त भारत को अपनी चपेट में ले लिया। ब्रिटिश सरकार ने इन आन्दोलनों के दमन के लिए अपनी सम्पूर्ण शक्ति लगा दी। इनका साथ वे भारतवासी भी दे रहे थे जो सरकार के मुलाज़िम थे तथा न चाहते हुए भी उन्हें मजबूरन गरीबों पर अत्याचार करना पड़ता था। 'प्रेमाश्रम' में प्रेमचन्द ने इस ओर संकेत करते हुए लिखा है, "हम बदनसीबों की जिन्दगी तो अपनी तनपरवरी में ही गुजरती जाती है। क्या करूँ? अगर अभी साफ कह दूँ कि बेगार में मजदूर नहीं मिलते तो नालायक समझा जाऊँगा। आँखों से देखता हूँ कि मजदूरों को आठ आने रोज मिलते हैं, पर इन साहब बहादुर से इतनी मजदूरी माँगू तो हर्गिज नहीं देंगे।"[1] अयोध्या सिंह ने अपने लेख 'भारत का राष्ट्रीय मुक्ति-आन्दोलन और प्रेमचन्द' में प्रेमचन्द के राष्ट्रीय-मुक्ति से सम्बन्धित विचारों को उद्घाटित करते हुए लिखा है, "प्रेमचन्द ने समझ लिया था कि भारत की पराधीनता ही उसकी दुर्दशा का कारण है। इसी के चलते ब्रिटिश शासक भारतवासियों के साथ अपमानजनक व्यवहार करते हैं।·· उन्होंने अपनी इस भावना को अपनी कहानियों तथा उपन्यासों के जरिए भारतवासियों के अन्दर भरसक जमाने का प्रयत्न किया था।"[2]

वास्तव में प्रेमचन्द उस युग के लेखक थे, जिसमें ब्रिटिश शासन के क्रूर चरित्र की कहानी भारतवर्ष के जर्रे-जर्रे से सुनने को मिलती थी। जब समूचा राष्ट्र गुलामी की बेड़ियों से जकड़ा कराह रहा हो तो ऐसे में भला कोई विचारशील, कर्मठ और प्रबुद्ध लेखक कैसे चुप्पी साध सकता है। उपर्युक्त सभी गुणों से प्रेमचन्द का व्यक्तित्व निर्मित था। उनकी प्रत्येक साँस में देश-प्रेम की भावना संचित होकर उपन्यासों तथा कहानियों में अविकल धारा के रूप में फूट रही थी।

तिलक, गांधी और गोखले के व्यक्तित्व से प्रेमचन्द को देश-प्रेम का सच्चा सबक मिला। प्रेमचन्द को इन राजनीतिक नेताओं के व्यक्तित्व से अपने साहित्य के लिए एक नयी जमीन तलाशने में काफी सहायता मिली। लेकिन बाद में प्रेमचन्द का झुकाव गोखले की अपेक्षा तिलक की तरफ अधिक हो गया। गोखले की आलोचना करते हुए प्रेमचन्द ने लिखा है, "आप जैसे विद्वान् और बहुज्ञ व्यक्ति से यह बात छिपी नहीं थी कि विदेशी सरकार सदा जनता की सहानुभूति से वंचित और गलत फ़हमियों का शिकार बनी रहती है···इसी दृष्टि से आपने कभी सरकार

---

1. प्रेमचन्द : प्रेमाश्रम, पृ० 189
2. चन्द्रबली सिंह, कलम : सं० प्रेमचन्द विशेषांक, पृ० 49

को जनसाधारण की निगाह में गिराने या दोषी बनाने की चेष्टा नहीं की बल्कि जब कभी मौका मिला बड़े गर्व से उन बड़े-बड़े लाभों की चर्चा की जो अंग्रेजी राज्य की बदौलत हमें प्राप्त हैं।…।"[1]

1920-21 के आस-पास महात्मा गांधी ने कांग्रेस का नेतृत्व अपने हाथ में लेकर असहयोग आन्दोलन छेड़ा। मुसलमानों ने खिलाफत का आन्दोलन छेड़ा। इसमें हिन्दू तथा मुसलमान दोनों ने हिस्सा लिया। सरकार ने इस आन्दोलन को कठोर दमन से दबा दिया और भेद-नीति से काम लेकर हिन्दू और मुसलमानों के मन में दुराव का भाव पैदा कर दिया। इससे भारतव्यापी हिन्दू-मुस्लिम दंगों की परम्परा चल पड़ी। इन दंगों का प्रेमचन्द ने 'कायाकल्प' में विस्तार से चित्रण किया है। हुआ वही जो ब्रिटिश सरकार चाहती थी। धर्म जैसे नाजुक पहलू को उठाकर उन्होंने आम जनता, जिसमें हिन्दू और मुसलमान दोनों सम्मलित थे, आपस में लड़ने लगे और जो संघर्ष अंग्रेजी शासन के खिलाफ होना चाहिए था वह आपस में लड़कर ही पूरा होने लगा। इस प्रकार धर्म की आड़ में ब्रिटिश शासक अपना उल्लू सीधा करने लगे।

चूंकि ये दंगे ब्रिटिश हुकूमत द्वारा करवाये गये थे, इसलिए हिन्दुओं और मुसलमानों के बीच हो रहे मार-काट को रोकने की बजाय शासन सत्ता उसे और बढ़ावा देती गयी। आगे चलकर उसके शासन की बुनियाद को इस प्रकार के दंगों ने मजबूत किया। कांग्रेस द्वारा इस स्थिति को सुधारने का प्रयत्न किया गया पर उसे कोई कामयाबी नहीं मिली। प्रेमचन्द ने ब्रिटिश शासन की क्रूरता भरी दमन-नीति का 'कर्मभूमि' में यथार्थ चित्रण करते हुए लिखा है, "जिस समाज का आधार ही अन्याय हो, उसकी सरकार के पास दमन के सिवा और क्या दवा हो सकती है, लेकिन इससे कोई यह न समझे कि आन्दोलन दब जायेगा, उसी तरह जैसे कोई गेंद टक्कर खाकर और जोर से उछलता है। जितनी ही जोर की टक्कर होगी उतनी ही जोर की प्रतिक्रिया होगी।"[2]

यहाँ पर प्रेमचन्द यह कहना चाहते हैं कि ब्रिटिश शासन का दमन जितना तेज होगा, यह आन्दोलन भी उतना ही मजबूत और संगठित होगा। 'कर्मभूमि' में ब्रिटिश शासन की दमन-नीति उभरकर सामने आयी है। प्रेमचन्द ने स्पष्ट रूप से दिखाया है कि जिस किसी ने भी सरकार के विरोध में आवाज उठाई उसको जेल की सजा हुई या मौत के घाट उतार दिया गया। 'कर्मभूमि' के सभी स्वाधीनता-कामी पात्रों को जेल में ठूंस दिया जाता है। इसमें नारी पात्र सबसे आगे हैं।

भारत के स्वाधीनता संग्राम में सबसे महत्त्वपूर्ण भूमिका राष्ट्रवादी मध्यवर्गीय क्रांतिकारियों की रही है। प्रेमचन्द के उपन्यास 'गबन' में आतंकवाद के रास्ते पर चले गये इन्हीं क्रांतिकारी युवकों को स्थान मिला है। जनकपुर की डकैती में जिन

---

1. अमृतराय : कलम का सिपाही, पृ० 95
2. प्रेमचन्द : कर्मभूमि, पृ० 152

नौजवानों पर मुकदमा चलाया जाता है, उसका नेता दिनेश है, जो कि एक अध्यापक है। ब्रिटिश सरकार के चमचे रमानाथ को मुखबिर बनाकर उसे दंड देने की कोशिश करते हैं। इस विषय में प्रेमचन्द ने स्पष्ट शब्दों में लिखा है, "रमानाथ से स्वयं उसकी पत्नी तथा बेटे की तरह प्यार करने वाली जग्गी भी नफरत करने लगती है।" जग्गी कहती है—"उस कोख में आग लगे जिसने तुम जैसे कपूत को जन्म दिया।"[1]

उसकी पत्नी जालपा मन-ही-मन कोसते हुए कहती है, "तुम मनुष्य हो? कभी नहीं। तुम मनुष्य के रूप में राक्षस हो, राक्षस! तुम इतने नीच हो कि उसको प्रकट करने के लिए कोई शब्द नहीं।"[2] फिर बाद में प्रेमचन्द ने उन क्रांतिकारियों के प्रति लोगों की सहानुभूति को व्यक्त करते हुए लिखा है, "जिस दिन मुलजिमों को छोड़ा गया, आधा शहर उनका स्वागत करने के लिए जमा था।"[3]

अयोध्यासिंह ने अपने लेख 'भारत का राष्ट्रीय आन्दोलन और प्रेमचन्द' में लिखा है, "1933 में प्रकाशित उनके 'कर्मभूमि' उपन्यास का आधार 1930-31 की तीसरी उत्ताल तरंग है। इन दिनों किसान के लगान बन्दी आन्दोलन ने संयुक्त प्रदेश में उग्र रूप धारण किया था। 'कर्मभूमि' में इस आन्दोलन को भी स्थान मिलता है।"[4] राष्ट्रीय आन्दोलन के उग्र रूप तथा ब्रिटिश शासन की दमनकारी भूमिका का सजीव चित्र 'कर्मभूमि' में उभरकर सामने आता है, "पुलिस ने पहाड़ी इलाके पर घेरा डाल रखा था। सिपाही और सवार चौबीस घण्टे घूमते रहते थे। पाँच आदमियों से ज्यादा एक जगह जमा न हो सकते थे। शाम को आठ बजे के बाद कोई घर से निकल न सकता था। पुलिस को इत्तिला दिये वगैर घर में मेहमान ठहराने की मनाही थी। फौजी कानून जारी कर दिया गया था। कितने ही घर जला दिये गये थे। और उसमें रहने वाले हबूड़ों की भाँति वृक्षों के नीचे बाल-बच्चों को लिए पड़े थे। पाठशाला में आग लगा दी गयी थी और उसकी आधी-आधी काली दीवारें मानो केश खोले मातम कर रही थीं।"[5]

इस प्रकार से प्रेमचन्द ने अपने साहित्य सामाजिक चिन्ता के लिए अपने पात्रों तथा घटनाओं को ऐसा मोड़ दिया है कि वे हमारे मन को छू जाती हैं। प्रेमचन्द की रचनाधर्मिता में ऐसा आकर्षण है कि वह जाने-अनजाने हमारे मन को अपनी ओर खींच लेता है। ब्रिटिश सरकार की क्रूरता पर प्रेमचन्द के मन में जो भाव आये हैं वे इन पंक्तियों में प्रवाहित हुए हैं, "यों तो इंग्लैण्ड ने पिछले सौ सालों में बड़ी-बड़ी अद्भुत चीजों का आविष्कार किया···लेकिन सबसे अद्भुत

1. प्रेमचन्द : गबन, पृ० 231
2. वही, पृ० 230
3. वही, पृ० 263
4. कलम : सं० चन्द्रबली सिंह, प्रेमचन्द विशेषांक, पृ० 43
5. प्रेमचन्द : कर्मभूमि, पृ० 188

आविष्कार उसने जो हिन्दुस्तान की नौकरशाही के सहयोग से किया है और जो अन्तकाल तक उसकी यश की ध्वजा को फहराता रखेगा वह नीतिशास्त्र का चमत्कारपूर्ण, युगान्तकारी आविष्कार है, जिसे डंडाशास्त्र कहते हैं।···इसने शासन विज्ञान को इतना सरल तथा तरल बना दिया है···अब न कानून की जरूरत है न व्यवस्था की, कौंसिलें और असेम्बलियाँ सब व्यर्थ, अदालतें और महकमे सब फिजूल। डंडाशास्त्र क्या नहीं कर सकता—वह अजेय है सर्वशक्तिमान है।"[1]

इस उद्धरण में प्रेमचन्द ने ब्रिटिश शासन की नौकरशाही पर करारा व्यंग्य किया है। इसके एक-एक शब्द में ब्रिटिश शासन के अत्याचारों की कहानी छिपी है। इन्हीं अत्याचारों से पीड़ित होकर अपने देश को गुलामी की जंजीरों से मुक्त करने के लिए राष्ट्र के हितैषी सामने आये, जो अन्ततः गुलामी की जंजीरों को तोड़ने में सफल हुए। लेकिन फिर भी प्रेमचन्द का वास्तविक उद्देश्य पूरा नहीं हो पाया क्योंकि आज भी शोषण-उत्पीड़न की लगभग वैसी ही स्थिति बनी हुई है, जैसी कि पहले थी।

उपर्युक्त तथ्यों से यह स्पष्ट पता चल जाता है कि प्रेमचन्द ने राष्ट्रीय मुक्ति आन्दोलन को साधारण और गरीब जनता की दृष्टि से देखा था। अत: ब्रिटिश शासन का चरित्र निरूपित करते हुए भी उनके सामने देश की साधारण जनता ही रही है। उसी की आर्थिक, सामाजिक और राजनीतिक मुक्ति ही उनकी चिन्ता का केन्द्र था।

1.2 राष्ट्रीय मुक्ति-आन्दोलन की प्रमुख शक्तियाँ

जिस समय प्रेमचन्द ने अपना लेखन-कार्य आरम्भ किया था उस समय भारत की राजनीतिक स्थिति में बड़ी उथल-पुथल थी। भारत ही नहीं बल्कि सारे विश्व में आन्दोलनकारी शक्तियों का जन्म हो रहा था। हर तरफ सामाजिक कुरीतियों को दूर करने के लिए आवाजें उठाई जा रही थीं। सभी लोगों ने मिलकर अपने अधिकारों के प्रति जागरूकता जाहिर की थी। ब्रिटिश शासकों की भ्रष्ट नीतियाँ इस आन्दोलन को उकसाने में महत्त्वपूर्ण भूमिका अदा कर रही थीं। राष्ट्रीय आन्दोलन की नींव राजा राममोहन राय ने सबसे पहले लोगों के दिलों में स्थापित करने का प्रयास किया था। लेकिन राष्ट्रीय आन्दोलन का वास्तविक आरम्भ 1870 के बाद हुआ।

1857 के विद्रोह के बाद ब्रिटिश शासकों की नीति में एक मौलिक परिवर्तन हुआ। इस परिवर्तन के बारे में डॉ० लल्लन राय ने अपनी पुस्तक 'हिन्दी की प्रगतिशील कविता' में लिखा है, "इससे पूर्व ब्रिटिश शासकों की नीति आमतौर पर राजे-रजवाड़ों और सामन्त-सरदारों के खिलाफ थी। क्योंकि उन्हें जीतकर समस्त भारतभूमि पर अधिकार करना जरूरी था। इसलिए ब्रिटिश शासकों ने नये

---

1. अमृतराय : कलम का सिपाही, पृ० 461 से उद्धृत

जमींदारों, बिचौलिए भारतीय व्यापारियों, कम्पनी-राज्य पर निर्भर पढ़े-लिखे बाबुओं तथा भारतीय ईसाइयों को अपना सामाजिक आधार बनाया था। लेकिन 1857 के बाद ब्रिटिश शासकों ने भारतीय सामन्तों को अपने शासन का सामाजिक आधार बनाया। अब देशी रियासतों को बनाए रखने की नीति अपनायी गयी, उनके मुखियों को प्रशासन में शामिल किया गया और उन्हें हर तरह की सुविधा और सुरक्षा प्रदान की गयी।"[1]

ब्रिटिश शासकों की नीति में यह एक बहुत बड़ा परिवर्तन था। अब उनका मुख्य कार्य नये देशी उद्योगपतियों और भारतीय जनता को अपने वश में रखना रह गया था। इस कार्य में राजों-रजवाड़ों और बड़े जमींदारों ने उनकी सहायता की। अंग्रेज शासकों ने इसके लिए कई सुधार योजनाएँ लागू कीं। इस कार्य से भारतीयों के दिल पर जो सबसे गहरी चोट लगी, वह बंग-भंग योजना थी। उस समय बंगाल में पश्चिम बंगाल, बंगलादेश और उड़ीसा शामिल थे। लार्ड कर्जन के मुताबिक प्रशासन की दृष्टि से इतना बड़ा प्रान्त होना ठीक नहीं। अतः इसके दो टुकड़े कर देना चाहिए। 17 अक्टूबर 1905 में यह योजना लागू कर दी गयी। इस विभाजन से ब्रिटिश शासकों ने राष्ट्रीय आन्दोलन की नींव को कमजोर करना चाहा था, प्रशासन-सुधार तो मात्र एक छलावा था। इस योजना का समाचार पाते ही समूचे देश में इसके विरुद्ध आन्दोलन शुरू हो गये। कलकत्ता में जगह-जगह पर सभाएँ होने लगीं, जिसमें बंग-भंग की योजना के विरोध में आन्दोलन करने की शपथ ली गयी। कलकत्ता में विदेशी वस्तुओं का बहिष्कार करने का आन्दोलन पूरे जोर-शोर से छिड़ा, जिसमें विद्यार्थी वर्ग सबसे आगे था। जन-जन में राष्ट्रीयता की भावना का बीजारोपण होने लगा।

स्वदेशी आन्दोलन के कारण बम्बई और अहमदाबाद की कपड़ा मिलों के कपड़ों की माँग बढ़ गयी। कपड़ा ही क्या विदेश में बनी सभी वस्तुओं का बहिष्कार किया जाने लगा। इसमें देशी पूँजीपतियों से लेकर आम जनता तक सभी ने सक्रिय रूप से भाग लिया। यह आन्दोलन जिन-जिन प्रान्तों में उभरा उसका समुचित लेखा-जोखा अयोध्यासिंह ने अपनी पुस्तक 'भारत का मुक्ति-संग्राम' में बड़े ही विस्तारपूर्वक दिया है, "वायकाट और स्वदेशी आन्दोलन ने 1905 के अन्त तक अखिल भारतीय चरित्र धारण कर लिया। आन्दोलन की अग्रगति की रिपोर्ट संयुक्त प्रदेश के 23 जिलों, मध्यप्रदेश के 15 शहरों, बम्बई प्रेसीडेंसी के 24 शहरों, पंजाब के 20 जिलों और मद्रास प्रेसीडेंसी के 13 जिलों से आयी। गुप्तचरों की इन रिपोर्टों में कहा गया कि बम्बई प्रेसीडेंसी के इस आन्दोलन के नेता बाल गंगाधर तिलक और एस०एम० परांजये, तिलक की पुत्री, श्रीमती केतकर और एक अन्य महिला श्रीमती ए०वी० जोशी आदि थे।..."[2]

1. डॉ० लल्लन राय : हिन्दी की प्रगतिशील कविता, पृ० 25
2. अयोध्यासिंह : भारत का मुक्ति संग्राम, पृ० 190

इन सभी आन्दोलनों का प्रभाव प्रेमचन्द तथा उनके साहित्य पर पड़ा। जब समूचा देश ब्रिटिश शासन से मुक्ति पाने के लिए तड़प रहा हो तो ऐसे में भला प्रेमचन्द जैसा प्रबुद्ध और विचारशील लेखक कैसे चुप बैठ सकता था ? यही कारण है कि प्रेमचन्द के उपन्यासों तथा कहानियों में ये आन्दोलनकारी शक्तियाँ उभरकर सामने आयी हैं। एक सच्चे देश-भक्त की तरह प्रेमचन्द ने भी इस आन्दोलन में अपनी लेखनी द्वारा सक्रिय रूप से हिस्सा लिया। इन आन्दोलनों से प्रभावित होकर प्रेमचन्द ने भी 20 साल पुरानी सरकारी नौकरी को लात मारकर देश-प्रेम का अनूठा परिचय दिया।

स्वदेशी आन्दोलन का यथार्थ चित्रण हमें 'गबन' में देखने को मिलता है। उपन्यास के नायक रमा के लिए देवीदीन कपड़ा लेने जाता है, और पाँच-छह कपड़ों के नमूने लाकर रमा के सामने रख देता है। रमा कपड़ों के इतने सारे नमूने देखकर कहता है, "इतने महँगे कपड़े क्यों लाये दादा ? और सस्ते न थे ?" "सस्ते थे मुदा विलायती थे। तुम विलायती कपड़े नहीं पहनते ?" "इधर बीस साल से तो नहीं लिए उधर की बात नहीं कहता। कुछ बेसी दाम लग जाता है, पर रुपया तो देश में रह जाता है।"[1]

उपर्युक्त शब्दों द्वारा प्रेमचन्द की अपार देश-भक्ति का परिचय मिल जाता है। इन वाक्यों से तो ऐसा लगता है कि प्रेमचन्द नामक आन्दोलनकारी अपने तन-मन से अपने छोटे से हथियार यानी 'कलम' के साथ, समूचे देशवासियों के साथ, तत्कालीन आन्दोलन से सक्रिय रूप से जुड़ा हुआ था। आगे देवीदीन फिर कहता है, "जिस देश में रहते हैं, जिसका अन्न-जल खाते हैं, उसके लिए इतना भी न करें तो जीने को धिक्कार है।"[2]

प्रेमचन्द इस वाक्य के द्वारा समूचे देश को अपना सन्देश देते हैं कि भारत के निवासियो अपनी मातृभूमि के लिए तुम भी जो करने लायक हो वह करो। अगर कुछ नहीं कर सकते हो तो इतना तो कर ही सकते हो कि अपने ही देश में बनी चीजों का प्रयोग करो, जिससे तुम्हारा पैसा अंग्रेजों के देश में न जाकर अपने ही देश में रहे।

'गबन' उपन्यास में विदेशी दुकानों पर धरनों के चित्र भी देखने को मिलते हैं। देवीदीन अपने दो जवान बेटों को विदेशी चीजों के बहिष्कार के आन्दोलन में कुर्बान कर देता है। वह कहता है, "दो जवान बेटे इसी सुदेशी की भेंट कर चुका हूँ, भैया !···दोनों विदेशी कपड़ों की दुकान पर तैनात थे। क्या मजाल थी कि कोई गाहक दुकान पर आ जाय। घिघियाकर कर, हाथ जोड़कर, धमकाकर, लजवाकर सबको फेर लेते थे। बजाजे में सियार लोढ़ने लगे। सबों ने जाकर कमिसनर से फरियाद की। सुनकर आग हो गया।···गोरों ने दोनों भाइयों से कहा यहाँ से

1. प्रेमचन्द : गबन, पृ० 144
2. वही

चले जाओ। मुदा वह अपनी जगह से जौ भर नहीं हिले।'' उन पर घोड़े चढ़ाये, पर चट्टान की तरह खड़े रहे ''दोनों वीर डंडे खाते थे पर जगह से न हिलते। जब बड़ा भाई गिर पड़ा तो छोटा उसकी जगह आकर खड़ा हो गया।'''अन्त में छोटा भी वहीं गिर पड़ा'''उसी रात दोनों स्वर्ग सिधार गये।''[1] ऐसे बलिदानियों के प्रति प्रेमचन्द के मन में सच्ची श्रद्धा का भाव था। वे ऐसे शहीदों का हृदय से आदर करते थे। इन बलिदानियों का हृदय से आदर करते थे। इन बलिदानियों को ही वे भारत के सच्चे सपूत मानते थे। प्रेमचन्द की दृष्टि में स्वाधीनता आन्दोलन की सबसे बड़ी शक्ति ये साधारण लोग ही थे।

'कर्मभूमि' में उन्होंने ब्रिटिश साम्राज्य की भ्रष्ट शिक्षानीति की धज्जियाँ उड़ाते हुए लिखा है, "वही हृदयहीन दफ्तर जो अन्य विभाग में हैं हमारे शिक्षालयों में भी है। वह किसी के साथ रियायत नहीं करता। चाहे जहाँ से लाओ कर्ज लो, गहने गिरो रखो, लोटा-थाली बेचो, मगर फीस जरूर दो, नहीं तो दूनी फीस देनी पड़ेगी या तो नाम कट जायेगा।'''हमारे शिक्षालयों में नर्मी को घुसने नहीं दिया जाता'''देर से आइए तो जुर्माना, न आइए तो जुर्माना, सबक न याद हो तो जुर्माना, शिक्षालय क्या है जुर्मानालय है।"[2] आगे वे विदेशी शिक्षानीति पर कटाक्ष करते हुए कहते हैं, "यही हमारी पश्चिमी शिक्षा का आदर्श है, जिसकी तारीफों के पुल बाँधे जाते हैं। यदि ऐसे शिक्षालयों में पैसों पर जान देने वाले, पैसों के लिए गरीबों का गला काटने वाले, पैसों के लिए अपनी आत्मा बेचने वाले छात्र निकलते हैं तो आश्चर्य क्या है।"[3]

उपर्युक्त कथनों से प्रेमचन्द ने अपने स्वयं के भोगे हुए अनुभवों को जाहिर किया है। स्वयं उन्हें अपने दाखिले के लिए बड़े-बड़े पापड़ बेलने पड़े थे। आर्थिक विपन्नता के कारण उनका दाखिला नहीं हो सका था। 'कर्मभूमि' के शुरुआत के सफ़ों पर उनकी अपनी जिन्दगी के कटु अनुभव अंकित हैं। यही नहीं धीरे-धीरे उनका मन पाश्चात्य शिक्षा की भ्रष्ट नीतियों को समझने लगा था। यही कारण है कि उनकी लेखनी से निकला एक-एक शब्द विदेशी-शासन की भ्रष्ट नीति की कहानी कहता है। प्रेमचन्द के लेखन का मूल उद्देश्य भी यही था कि वे ब्रिटिश शासन के काले कारनामों को भारत के जन-जन तक पहुँचा सकें। आज भी हमारी युवा पीढ़ी पाश्चात्य सभ्यता की ओर भाग रही है। इन भूले लोगों के लिए प्रेमचन्द का साहित्य एक सबक है इसलिए आज भी वे हमारे बीच वैसे ही प्रासंगिक हैं जैसे तत्कालीन समाज में थे। 'कर्मभूमि' में प्रेमचन्द डॉ० शान्तिकुमार के माध्यम से राष्ट्रीय शिक्षा के महत्त्व को ध्यान में रखकर सेवाश्रम की स्थापना करवाते हैं। इस सम्बन्ध में अयोध्यासिंह ने अपने लेख 'भारत का राष्ट्रीय आन्दोलन और

---

1. प्रेमचन्द : गबन, पृ० 144
2. प्रेमचन्द : कर्मभूमि, पृ० 5
3. वही

प्रेमचन्द' में लिखा है, "काशी में राष्ट्रीय शिक्षा के प्रचार के लिए स्थापित विद्यापीठ के शिक्षकों में से एक स्वयं प्रेमचन्द भी थे।"[1]

प्रेमचन्द के उपन्यासों और कहानियों को पढ़कर हमें ऐसा प्रतीत होता है कि उन्हें देश की पराधीनता असह्य थी। उनके विचार से भारत का पराधीन होना ही उसकी दुर्दशा का प्रमुख कारण है। यही कारण है कि उनके समूचे साहित्य में इस पराधीनता की बेड़ी को तोड़ने की अनुगूंज सुनाई देती है। 'कर्मभूमि' में मुन्नी के साथ हुए बलात्कार की मन-ही-मन व्याख्या करता हुआ अमर सोचता है, "इन टके के सैनिकों की इतनी हिम्मत क्यों हुई? यह गोरे सिपाही इंग्लैण्ड के निम्नतम श्रेणी के मनुष्य होते हैं। इनका इतना साहस कैसे हुआ? इसीलिए कि भारत पराधीन है।"[2]

यह कथन अमर का नहीं बल्कि प्रेमचन्द का है। वह भारतवासियों के मन में यह भाव पैदा करना चाहते हैं कि जब तक हम पराधीन रहेंगे तब तक हमारी बहू-बेटियों के साथ यही होता रहेगा और हम कुछ नहीं कर सकते। उस समय हर तरफ आजादी के लिए विद्रोह शुरू हो गये थे। अवाम के हौसले अपने मुल्क की आजादी के लिए बुलन्द हो रहे थे। इन्हीं लोगों के साथ प्रेमचन्द भी अपने लेखन के माध्यम से डटे हुए थे। 'सेवासदन' में बताया गया है कि इस पराधीनता के कारण भारतवासियों का महत्त्व कुत्ते-बिल्लियों के बराबर भी नहीं है। प्रेमचन्द ने इस सम्बन्ध में लिखा है, "शान्ता ने देखा उसके देशवासी सिर पर बड़े-बड़े गट्ठर लादे एक संकरे द्वार पर खड़े हैं और बाहर निकलने के लिए एक-दूसरे पर गिर पड़ते हैं। एक दूसरे तंग दरवाजे पर हजारों आदमी अन्दर आने के लिए धक्कम-धक्का कर रहे हैं। लेकिन दूसरी ओर एक चौड़े दरवाजे से अंग्रेज लोग छड़ी घुमाते कुत्तों को लिए आते-जाते हैं। कोई उन्हें नहीं रोकता, कोई उनसे नहीं बोलता।"[3]

इस 'नहीं रोकना' और 'नहीं बोलना' में कितनी वेदना छिपी है। ऐसा लग रहा है कि प्रेमचन्द कहना चाह रहे हैं कि उन्हें रोकना चाहिए। लेकिन हमारी गुलामी की बेड़ी उन्हें नहीं रोकने देती। वे हमारे ऊपर अत्याचारों की इसी तरह बौछार करते रहेंगे। इसी उपन्यास में वे कुंवर अनिरुद्ध से कहलवाते हैं, "हममें से कोई भी किसी को गुलाम कहने का अधिकार नहीं रखता। अंधों के नगर में कौन किसको अंधा कहेगा? हम सबके सब राजा हों या रंक, गुलाम हैं।"[4]

यही नहीं प्रेमचन्द ने उन अंग्रेज-भक्तों पर तीखा व्यंग्य प्रहार करते हुए राष्ट्रवादी जमींदार कुँवर अनिरुद्ध से कहलवाया है, "तो अपने पूर्व जन्म के कुकर्मों

1. कलम : सं० चन्द्रबली सिंह, प्रेमचन्द विशेषांक-5, पृ० 38
2. प्रेमचन्द : कर्मभूमि, पृ० 19
3. प्रेमचन्द : सेवासदन, पृ० 201
4. वही, पृ० 189

को कैसे भोगूंगा ? बड़े दिन में मेवे की डालियाँ कैसे लगाऊँगा ? सलामी के लिए खानसामा की खुशामद कैसे करूँगा ? डिनर पार्टी देकर लेडियों के कुत्तों को गोद में कैसे उठाऊँगा ? देवताओं को प्रसन्न करने के लिए देशहित के कार्यों में असम्मिलित कैसे हूँगा ?"[1]

यहाँ पर 'देवताओं' का मतलब अंग्रेजों से है। ऊपर कहे गये एक-एक शब्द में छुपा व्यंग्य तत्कालीन जनता को स्वदेश प्रेम का सन्देश देता हुआ जान पड़ता है। अपनी पवित्र संस्कृति और सभ्यता को छोड़कर लोग अंग्रेजियत के रंग में रंगे हुए थे और उसी के पीछे भागने में सबसे ज्यादा गौरव की बात समझते थे। उन लोगों पर प्रेमचन्द ने तीखा व्यंग्य करते हुए कहा है, "यहाँ तो लोगों को अंग्रेजी जैसी समुन्नत भाषा मिल गयी, सब उसी के हाथों बिक गये। मेरी समझ में नहीं आता कि अंग्रेजी भाषा बोलने और लिखने में लोग क्यों अपना गौरव समझते हैं।"[2]

प्रेमचन्द स्वयं अच्छी अंग्रेजी लिख-बोल लेते थे पर उन्होंने कभी इस विदेशी भाषा की गुलामी नहीं की। उनकी रचनाएँ पहले उर्दू में छपीं तथा बाद में उन्होंने अपनी राष्ट्रभाषा यानी हिन्दी में लिखना शुरू कर दिया।

गांधी जी ने जब राष्ट्रीय आन्दोलन की बागडोर सम्भाली और असहयोग आन्दोलन तथा सत्याग्रह का कार्यक्रम देशवासियों के सामने उपस्थित किया तो उससे प्रेमचन्द बहुत अधिक प्रभावित हुए। गांधी जी के इस आन्दोलन का प्रभाव उनके साहित्य में देखने को मिलता है। इसे अयोध्यासिंह ने अपने लेख 'भारत का राष्ट्रीय आन्दोलन और प्रेमचन्द' में प्रेमचन्द के कथा-साहित्य पर गांधीवाद के प्रभावों की चर्चा करते हुए लिखा है, "1920 में वे 'स्वराज के फायदे' नामक पुस्तिका लिखकर बेचा करते थे। फरवरी 1921 में उन्होंने पेंशन आदि का मोह छोड़कर 20 साल पुरानी नौकरी से इस्तीफा दे दिया। उनकी पत्नी शिवरानी देवी सत्याग्रह कर जेल गयीं और प्रेमचन्द बच्चों की देख-रेख करते पूरी तरह से कलम के सिपाही बन गये। उनके अमर उपन्यासों की रचना इसके बाद हुई। 1920 और उसके बाद लिखित कहानियाँ और उपन्यास उस वक्त के राष्ट्रीय आन्दोलन के दस्तावेज हैं।"[3]

1922 में प्रकाशित 'प्रेमाश्रम' का रचनाकाल 1918-19 है। इस समय गांधी जी का भारतीय राजनीति में पदार्पण हो चुका था। इस उपन्यास में तत्कालीन किसानों के असन्तोष का जीता-जागता चित्र देखने को मिलता है, जो तत्कालीन इतिहास की सच्ची कहानी हमारे सामने उपस्थित करता है। 'प्रेमाश्रम' के रचनाकाल के समय पूर्वी उत्तर प्रदेश में भीषण अकाल पड़ा था। इसके परिणामस्वरूप किसानों में अपने हकों तथा अधिकारों के प्रति जागृति पैदा हुई।

1. प्रेमचन्द : सेवासदन, पृ० 190
2. वही, पृ० 192
3. कलम : सं० चन्द्रबली सिंह, प्रेमचन्द विशेषांक, पृ० 40

किसानों के मन में जमींदारों के प्रति विद्रोह का भाव पैदा हो गया। इस उपन्यास में किसानों के आक्रोश को प्रेमचन्द ने बड़े ही यथार्थ ढंग से प्रस्तुत किया है। जमींदार के आदमी सब को जबरदस्ती घी देने के लिए पैसे बांटते हैं जो बाजार के भाव से बहुत ही कम है। जिसके पास घी है वह तो दे देगा पर जिसके पास नहीं है वह खरीद कर देगा, पर देना जरूर है। इस बात पर मनोहर गर्म होकर कहता है; "कारिन्दा कोई लाट नहीं न जमींदार कोई हौवा है। यहाँ कोई दबैल नहीं हैं। जब कौड़ी-कौड़ी लगान चुकाते हैं तो धौंस क्यों सहें।"[1] यह अकेले सिर्फ मनोहर की ही आवाज नहीं है बल्कि उसकी आवाज के साथ समूचे भारतीय कृषक समुदाय की आवाज है, जो जमींदारों के विरुद्ध उठ रही थी। अपने पिता के समझाने पर भी युवा किसान बलराज कहता है, "सुन लेगा तो किसी से छिपा के कहते हैं।... एक-एक का सिर तोड़ कर रख देंगे। यही न होगा कि कैद होकर चला जाऊंगा। इससे कौन डरता है? महात्मा गांधी भी तो कैद हो आये हैं।"[2]

बलराज का विद्रोह तत्कालीन युवा किसानों का जमींदारों के प्रति खुली चुनौती है। बलराज बेगार के नाम पर एक छटांक दूध देने से भी इनकार कर देता है। वह जमींदार के चपरासियों से कहता है, "मियां हमारी गरमी पांच-पाँच रुपल्ली के चपरासियों के मान की नहीं है, जाओ अपने साहब बहादुर के जूते ठीक करो, जो तुम्हारा काम है, हमारी गरमी के फेर में मत पड़ो नहीं तो हाथ जल जायेंगे।"[3]

बलराज के उपर्युक्त कथन में किसानों की क्रान्तिकारी चेतना तथा विद्रोह की भावना सम्मिलित है। किसानों की यही चेतना आन्दोलन का रूप धारण कर लेती है। कृषक वर्ग की इस जागरूकता पर अयोध्यासिंह ने टिप्पणी करते हुए अपने लेख 'भारत का मुक्ति-आन्दोलन और प्रेमचन्द' में लिखा है, "याद रखने की बात है कि किसानों की इस सुगबुगाहट के रूप में 1920-22 में संयुक्त प्रदेश में किसान आन्दोलन ने तूफान का रूप धारण किया था। इसके दमन के लिए ब्रिटिश शासकों को फौज भेजनी पड़ी।"[4] प्रेमाश्रम के माध्यम से प्रेमचन्द का तत्कालीन राजनीतिक दृष्टिकोण स्पष्ट होकर हमारे सामने आता है। प्रेमचन्द का यह विचार था कि जब रूस के किसान-मजदूर लड़कर अपना राज्य कायम कर सकते हैं तो भारत के किसान-मजदूर भी अपने हक तथा अधिकार के लिए विद्रोह कर सकते हैं। रूस की मजदूर-किसान क्रांति ने प्रेमचन्द को यह बतला दिया कि आज नहीं तो कल भारत में भी ऐसी क्रान्ति होगी। इस सम्बन्ध में मुरली मनोहर प्रसाद सिंह ने अपने लेख 'स्वाधीनता आन्दोलन और प्रेमचन्द की चेतना का विकास' में

---

1. प्रेमचन्द : प्रेमाश्रम, पृ० 8
2. वही, पृ० 13
3. वही, पृ० 56
4. कलम : सं० चन्द्रबली सिंह, प्रेमचन्द्र विशेषांक, पृ० 41

टिप्पणी करते हुए लिखा है, "यह उल्लेखनीय है कि राष्ट्रव्यापी जन-उभार की पहली लहर के काल में ही 'प्रेमाश्रम' की रचना की गयी। एक ओर अवध के ताल्लुकेदारों और ब्रिटिश शासन की दमनकारी मशीनरी के खिलाफ सम्पूर्ण अवध में स्वत: स्फूर्त किसान विद्रोह भड़क उठा था और दूसरी ओर प्रथम-विश्वयुद्ध के समाप्त होने के बाद रोलटऐक्ट, जलियाँवाला हत्याकांड से जो स्वाधीनता आन्दोलन की लहर उठी, उसने राष्ट्रीय पैमाने पर असहयोग आन्दोलन का रूप ले लिया।"[1]

'प्रेमाश्रम' में प्रेमचन्द ने किसानों की कहानी कही है जो कृषकों के साथ हो रहे बर्बरतापूर्ण अन्याय का यथार्थ चित्र प्रस्तुत करती है। पूरे भारतीय साहित्य में प्रेमचन्द पहले लेखक हैं, जिन्होंने शोषित-उत्पीड़ित किसानों को नायकत्व का दर्जा प्रदान किया। इस उपन्यास में प्रेमचन्द राष्ट्रीय मुक्ति-आन्दोलन की प्रमुख शक्तियों का सारतत्त्व प्रस्तुत कर रहे थे, जिसका उभार किसानों में देखा जा सकता है। इस उपन्यास में गांधी जी द्वारा निर्धारित दायरे को तोड़कर जन आन्दोलन भड़क उठता है। प्रेमचन्द ने इस आन्दोलन को उत्साह और गरमजोशी के साथ चित्रित किया है। तत्कालीन घटनाओं का सारतत्त्व इन्हीं घटनाओं के जरिए व्यक्त होकर यथार्थ के अंकुरण की दिशा बतला रहा है।

1924 में प्रकाशित 'रंगभूमि' में भी राष्ट्रीय आन्दोलनकारी शक्तियाँ मुखरित होकर हमारे सामने आती हैं। रानी जाह्नवी अपने पुत्र को देश, राष्ट्र तथा जाति के लिए बलिदान करने में अपना गौरव समझती हैं। वह कहती हैं—"अगर कोई ऐसा अवसर आ पड़े कि जाति-रक्षा के लिए उसे प्राण भी देना पड़े तो मुझे जरा भी शोक न होगा। शोक तब होगा जब मैं उसे ऐश्वर्य के सामने सिर झुकाते कर्तव्य के क्षेत्र से हटते देखूंगी।"[2]

देशी रियासतों का जन आन्दोलन भी हमारे राष्ट्रीय आन्दोलन का प्रमुख अंग रहा है। 1921-22 में राजपूताने में रियासती जनता और विशेषत: भीलों के आन्दोलन ने बड़ा जोर पकड़ा था। रजवाड़ों ने ब्रिटिश शासकों की सहायता लेकर इसके दमन में बड़ी क्रूरता दिखाई थी। यह आन्दोलन भी 'रंगभूमि' की पृष्ठभूमि बना। इस उपन्यास में प्रेमचन्द ने रियासती जनता की हालत का यथार्थ चित्र प्रस्तुत किया है। 'रंगभूमि' में उभरे इस आन्दोलन को अयोध्यासिंह ने इस प्रकार व्यक्त किया है, "किन्तु 'रंगभूमि' के बारे में सिर्फ इतना कहना पर्याप्त न होगा। उसकी कम-से-कम तीन अन्य बातें उल्लेखनीय हैं। पहली यह कि रौलटऐक्ट और जलियाँवाला बाग के हत्याकांड के बाद ब्रिटिश शासकों की न्यायप्रियता के सम्बन्ध में गांधी जी का मोह जितना भंग हुआ था उससे कहीं ज्यादा मोह-भंग 'रंगभूमि' के संस्थापक विनय के गुरु और कौंसिल के सदस्य डॉ० गांगुली का होता है।"[3]

---

1. उत्तरगाथा : सं० सव्यसाची, प्रेमचन्द अंक-6-7, पृ० 152
2. प्रेमचन्द : रंगभूमि भाग-1, पृ० 163
3. कलम : सं० चन्द्रबली सिंह, प्रेमचन्द विशेषांक-5, पृ० 41

गांधी जी की तरह डॉ० गांगुली भी ब्रिटिश शासकों की न्याय-व्यवस्था पर पहले विश्वास करते थे। लेकिन उनका आशावाद अन्ततः निराशावाद की तरफ बढ़ने लगता है। मि० क्लार्क के प्रति उन्होंने कौंसिल में जो हंगामा मचाया वह सब निष्फल हो गया। क्लार्क के दोषी होने पर भी सरकार उसका तिरस्कार नहीं कर सकी। डॉ० गांगुली कहते हैं, "आज मेरे दिल से यह विश्वास उठ गया जो गत चालीस वर्षों से जमा था कि गवर्नमेंट हमारे ऊपर न्यायबल से शासन करना चाहती है। आज उस न्यायबल की कलई खुल गयी, हमारी आँखों से पर्दा उठ गया और हम गवर्नमेण्ट को नग्न आवरणहीन रूप में देख रहे हैं। अब हमें स्पष्ट दिखाई दे रहा है कि केवल हमको पीसकर तेल निकालने के लिए, हमारा अस्तित्व मिटाने के लिए, हमारी सभ्यता और हमारे मनुष्यत्व की हत्या करने के लिए, हमको अन्तकाल तक चक्की का बैल बनाए रखने के लिए हमारे ऊपर राज किया जा रहा है।···अब विदित हो गया कि उद्देश्य सबका एक ही है केवल साधनों का अन्तर है।"[1]

उपर्युक्त कथन से स्पष्ट हो जाता है कि यह मोह-भंग चालीस साल पहले हो जाना चाहिए था। कहने का तात्पर्य यह है कि राष्ट्रीय आन्दोलन का उदय और कांग्रेस का जन्म एक साथ हो जाना चाहिए था। राष्ट्रीय आन्दोलन की प्रमुख शक्तियाँ प्रेमचन्द के बाद के उपन्यासों में सबसे ज्यादा उभर कर आयी हैं। इन उपन्यासों में प्रेमचन्द का दृष्टिकोण शोषित तथा दलितों की चेतना के अत्यन्त निकट पहुँचता हुआ प्रतीत होता है। 'कर्मभूमि' की नैना अपने भाषण में अपार जनसमूह के सामने कहती है, "गरीब बहुत दिनों तक गरीब नहीं रहेंगे और वह जमाना दूर नहीं जब गरीबों के हाथ में शक्ति होगी।"[2]

उपर्युक्त कथन के द्वारा प्रेमचन्द की सर्वहारा वर्ग के प्रति सहानुभूति और उसकी अपार शक्ति का आभास मिल जाता है। इसलिए उन्होंने उत्पीड़ित वर्गों के हाथ में राजसत्ता पहुँचाने की बात की है। 'कर्मभूमि' में म्यूनिस्पैलिटी के बोर्ड को जन-आन्दोलन के सामने झुकना पड़ता है। संगठित जन-आन्दोलन की यह तस्वीर प्रेमचन्द के जनहित की चेतना की पहचान कराती है। 'कर्मभूमि' में आये दिन गरीबों के ऊपर हो रहे अत्याचार को देखकर गांधीवादी अमरकान्त के मन में करुणा नहीं उत्पन्न होती, बल्कि उसका खून खौल जाता है। 'कर्मभूमि' के रचनाकाल तक आते-आते प्रेमचन्द गांधी जी के प्रति अपनी पर्याप्त निष्ठा खो चुके थे।

'कर्मभूमि' में 1929-33 के विश्वव्यापी आर्थिक मंदी का भारतीय किसानों पर पड़ने वाले असर का चित्रण प्रेमचन्द ने इस प्रकार किया है, "सारे प्रान्त, सारे देश यहाँ तक कि सारे संसार में यही मंदी थी। चार सेर का गुड़ कोई दस सेर में

---

1. प्रेमचन्द : रंगभूमि, पृ० 300-301
2. प्रेमचन्द : कर्मभूमि, पृ० 215

भी नहीं पूछता था। आठ सेर का गेहूँ डेढ़ रुपये में भी महँगा है। तीस रुपये मन कपास 10 रुपये में जाता है, सोलह रुपये मन का सन चार रुपये में। किसानों ने एक-एक दाना बेच डाला। भूसे का एक तिनका भी नहीं रखा, लेकिन यह सब कुछ करने पर भी चौथाई लगान से ज्यादा न अदा कर सके।"[1]

यही भयंकर आर्थिक संकट उस समय भारत समेत और कई देशों में आये आन्दोलनों के तूफान के लिए जिम्मेदार था। ऐसी ही विकट विपन्नता आन्दोलन को जन्म देने में सहायक होती है। इस आन्दोलन को एक आलोचक ने कितने सही ढंग से व्यक्त किया है, "1928-29 तक भारत के मजदूर आन्दोलन और साम्यवादी आन्दोलन ने नयी शक्ति बनकर स्वाधीनता संग्राम में प्रवेश किया था, और उसे प्रभावित करना आरम्भ किया था। उनके नेताओं को 1929 में गिरफ्तार कर और मेरठ षड्यन्त्र केश चलाकर ब्रिटिश नौकरशाही ने उनके असर को खत्म कर देने की कोशिश की थी।"[2] लेकिन अपने इस कार्य से वह मजदूर-किसान आन्दोलन को रोक न सकी। धीरे-धीरे यह आन्दोलन राष्ट्रीय मुक्ति-आन्दोलन का अभिन्न हिस्सा बनता गया। इस तरह प्रेमचन्द ने जमींदारों के विरुद्ध मजदूर-किसान को राष्ट्रीय मुक्ति-आन्दोलन के साथ जोड़कर देखने का प्रयास किया है। वे तत्कालीन कांग्रेस को नेतृत्व प्रदान करने वाले भारतीय पूंजीपतियों के प्रति आरम्भ से ही सशंकित थे, इसलिए आन्दोलन की सबसे बड़ी शक्ति के रूप में गरीब किसान-मजदूर को देखना चाहते थे।

'कर्मभूमि' में एक तरफ किसानों का आन्दोलन छिड़ा हुआ है तो दूसरी तरफ शहरों में मजदूरों के आवास के लिए आन्दोलन छिड़ा हुआ है, जिसका नेतृत्व अमर की पत्नी सुखदा करती है। यह आन्दोलन जमींदारों और पूंजीपतियों दोनों के विरुद्ध है। इसका सबल स्वर सुखदा द्वारा कही गयी इन पंक्तियों में सुनाई देता है, "मैं इन्हें दिखा दूंगी कि जिन गरीबों को तुम अब तक कुचलते आये हो वे ही अब साँप बनकर तुम्हारे पैरों से लिपट जायेंगे। अब तक यह लोग उनसे रियायत चाहते थे अब अपना हक माँगेंगे। रियायत न करने का उन्हें अधिकार है, पर हमारे हक से हमें कौन वंचित कर सकता है।"[3]

इससे स्पष्ट हो जाता है कि 'रंगभूमि' की अन्याय के विरुद्ध लड़ाई 'कर्मभूमि' में हक की लड़ाई में बदल जाती है। इस उपन्यास में प्रेमचन्द पूरी तरह से गरीबों तथा दलितों के साथ हैं। किसानों तथा मजदूरों के आन्दोलन में वे हमेशा उनके ही पक्षधर रहे हैं। प्रेमचन्द की वर्ग-चेतना 'कर्मभूमि' में स्पष्ट रूप से हमारे सामने आ जाती है। वे वर्ग संघर्ष के तीव्र होने और शोषित वर्गों की विजय तथा शोषण-मुक्त विश्व की बात करते हैं, "यह दौलत का जमाना है, अब कौम में अमीर और

---

1. प्रेमचन्द : कर्मभूमि, पृ० 162
2. कलम : सं० चन्द्रबली सिंह, प्रेमचन्द विशेषांक-5, पृ० 44
3. प्रेमचन्द : कर्मभूमि, पृ० 145

गरीब, जायदाद वाले और मरभुखे अपनी-अपनी जमातें बनायेंगे उनमें कहीं ज्यादा खूँरेजी होगी, कहीं ज्यादा तंगदिली। आखिर एक-दो सदी के बाद दुनिया में एक सल्तनत हो जायेगी, सबका एक कानून होगा।···न कोई राजा होगा न परजा।"[1]

इस आन्दोलन को लेकर मुरली मनोहर प्रसाद सिंह अपने लेख 'स्वाधीनता-आन्दोलन और प्रेमचन्द की चेतना का विकास' में प्रेमचन्द और सामन्त-विरोधी आन्दोलन के रुख को स्पष्ट करते हुए लिखते हैं, "सामन्तवाद विरोधी जुझारू जन-आन्दोलन की यह सिफारिश बतलाती है कि प्रेमचन्द गांधीवादी रास्ते से भारत के उत्पीड़ित जनगण की मुक्ति अभी सम्भव नहीं मानते थे। 'कर्मभूमि' के रचना काल तक आते-आते प्रेमचन्द गांधी जी के प्रति अपनी निष्ठा खो चुके थे।"[2]

प्रेमचन्द के लगभग सभी उपन्यासों में राष्ट्रीय आन्दोलन की प्रमुख शक्तियों का बड़े विस्तार से चित्रण मिलता है। उन्होंने खुद अपनी लेखनी के माध्यम से इन आन्दोलनकारी शक्तियों के साथ हिस्सा लिया। 'प्रेमाश्रम', 'कर्मभूमि', 'रंगभूमि', 'सेवासदन' तथा 'गबन' आदि उपन्यासों में आन्दोलनकारी शक्तियों का सबल रूप देखने को मिलता है। 'कर्मभूमि' में लाला समरकान्त का पूरा का पूरा परिवार राष्ट्रीय मुक्ति-आन्दोलन में भाग लेता है। उनकी बेटी नैना गरीबों की जमीन के पीछे अपने प्राणों का होम कर देती है।

सन् 1930 के बाद स्वाधीनता आन्दोलन में एक नया उभार आया। उसमें किसानों, मजदूरों तथा अन्य मेहनतकश जनता की संगठित भूमिका को प्रेमचन्द ने बहुत गौर से देखा और उनके संगठित आन्दोलन का स्वागत किया। उन्हें यह आभास हो गया कि अब यह आन्दोलन ज्यादा प्रभावकारी होगा। इससे स्पष्ट है कि प्रेमचन्द गरीब किसान-मजदूर को राष्ट्रीय आन्दोलन की प्रमुख शक्ति मानते थे। स्वाधीनता आन्दोलन के आरम्भिक दौर में कांग्रेस का नेतृत्व प्रायः उच्च वर्ग के हाथों में था, जो शिक्षा और सम्पत्ति के प्रभुत्व को बनाए रखना चाहते थे। इस तथ्य को अपनी 'आहुति' शीर्षक कहानी में प्रेमचन्द ने रूपमणि के माध्यम से इस प्रकार प्रस्तुत किया है, "अगर स्वराज आने पर भी सम्पत्ति का यही प्रभुत्व रहे और पढ़ा-लिखा समाज यों ही स्वार्थांध बना रहे तो मैं कहूँगी, ऐसे स्वराज का न आना अच्छा है··· जिन बुराइयों को दूर करने के लिए आज हम प्राणों को हथेली पर लिए हुए हैं, उन्हीं बुराइयों को क्या प्रजा इसलिए सिर चढ़ायेगी कि वे विदेशी नहीं स्वदेशी हैं? कम-से-कम मेरे लिए तो स्वराज का यह अर्थ नहीं है कि जॉन की जगह गोविन्द बैठ जायें। मैं समाज की ऐसी व्यवस्था देखना चाहती हूँ, जहाँ कम-से-कम विषमता को आश्रय मिल सके।" यहाँ प्रेमचन्द ने स्वराज को जिस रूप में देखा है, वह तत्कालीन राजनीतिक नेताओं से पर्याप्त भिन्न है।

यदि राष्ट्रीय मुक्ति-आन्दोलन की प्रमुख शक्तियों का ऐतिहासिक मूल्यांकन

---

1. प्रेमचन्द : कर्मभूमि, पृ० 176
2. उत्तरगाथा : सं० सव्यसाची, प्रेमचन्द अंक-6-7, पृ० 157

किया जाये तो उसमें देशी नवोदित पूंजीपतियों का योगदान अत्यन्त महत्त्वपूर्ण था। यही नहीं, बल्कि इस आन्दोलन की प्रमुख शक्ति कांग्रेस के अन्दर और बाहर भी राष्ट्रीय मुक्ति आन्दोलन का नेतृत्व भी कर रही थी। लेकिन प्रेमचन्द ने कभी उन्हें स्वाधीनता आन्दोलन की वास्तविक शक्ति के रूप में स्वीकार नहीं किया। जहाँ तक राजों-रजवाड़ों तथा बड़े जमींदारों-जगीरदारों का प्रश्न है, आरम्भ से अंत तक उनके प्रति प्रेमचन्द शंकालु बने रहे हैं। दिसम्बर 1921 को 'जमाना' पत्रिका में 'वर्तमान आन्दोलन के रास्ते में रुकावट' शीर्षक अपनी टिप्पणी में उन्होंने लिखा है, "कांग्रेस में जनता का अंश प्रधान हो गया है और असहयोग ने एक राजनीतिक आन्दोलन का रूप ले लिया है।…हालांकि इस वक्त भी कितने ही बड़ी-बड़ी मिलों के मालिक, कितने ही बड़े-बड़े पूंजीपति और जमींदार उसके (कांग्रेस के) हमदर्द हैं और कम-से-कम रुपये-पैसे से उनकी मदद करते हैं।… बहुत मुमकिन है कि आगे चलकर यह लोग अपने स्वार्थ और हित और अधिकारों को कांग्रेस जैसी जनतांत्रिक संस्था के हाथों में सुरक्षित न समझे।"[1] इससे साफ पता चलता है कि प्रेमचन्द किसान और मजदूर गरीब जनता को ही राष्ट्रीय आन्दोलन की प्रमुख शक्ति मानते थे तथा पूंजीपतियों और जमींदारों की स्वाधीनता प्राप्ति के इरादों को शक की नजर से देखने लगे थे।

1.3 कांग्रेस और गांधीवाद

कुछ लोगों की यह धारणा है कि प्रेमचन्द का समूचा साहित्य गांधीवाद से पूरी तरह प्रभावित है। पर यह धारणा नितान्त भ्रान्तिपूर्ण है। यह सही है कि प्रेमचन्द के साहित्य में गांधीवाद का प्रभाव है पर वह ऐसा प्रभाव भी नहीं है कि उनका समूचा साहित्य गांधीवादी कहलाए। ऐतिहासिक तथ्यों की दृष्टि से यह स्पष्ट है कि भारतीय राजनीति में गांधी जी का आगमन 1916 के बाद होता है। प्रेमचन्द का महत्त्वपूर्ण लेखन इससे पहले ही आरम्भ हो जाता है। उनकी 'सोज़े वतन' शीर्षक पहली रचना 1906-7 में ब्रिटिश सरकार द्वारा प्रतिबंधित होती है। तब तक भारतीय राजनीति में गांधी जी का नाम भी नहीं दर्ज हो पाया था।

निःसन्देह प्रेमचन्द गांधी जी के व्यक्तित्व से प्रभावित हुए थे। उन्होंने गांधी जी को एक ऐसे नेता के रूप में देखा था, जिसने राष्ट्रीय आन्दोलन में बहुसंख्यक भारतीय जनता को अपने साथ लिया था। उनके आह्वान पर ही समस्त भारतीय जन-समूह देश की आजादी के लिए उमड़ पड़ा था। यह वह आधार था जो प्रेमचन्द को गांधी जी से जोड़े था। उन्हें गांधी जी से कुछ ऐसी ही आशा थी। वे सोचते थे कि गरीबी, अन्याय और शोषण से पीड़ित किसान-मजदूरों को गांधी के रूप में एक सच्चा नेता मिल गया है। प्रेमचन्द ने गांधी को कोई बहुत बड़े व्यक्तित्व

1. उत्तरगाथा : सं० सव्यसाची, प्रेमचन्द अंक-6-7, पृ० 20

के रूप में नहीं देखा था, बल्कि गांधी जी के व्यक्तित्व को एक विशाल सामाजिक शक्ति के रूप में पाया था। उनकी सादगी, नैतिकता तथा गरीबों के प्रति सहानुभूति ने ही प्रेमचन्द को आकर्षित किया था। इसका प्रभाव उनकी आरम्भ की रचनाओं पर पड़ा है। 'प्रेमाश्रम' में प्रेमचन्द गांधी जी के रास्ते पर चलते हुए नजर आते हैं। इस उपन्यास में प्रेमशंकर गांधीवाद का प्रतिनिधित्व करते हैं। वह गांधी जी के विचारों से पूरी तरह प्रभावित थे। गांधी जी का व्यक्तित्व ही ऐसा था कि उनके एक इशारे पर लाखों लोग अपना सर्वस्व बलिदान करने को तत्पर रहते थे। 1920 से 1930 तक गांधी जी के आह्वान पर जिस प्रकार विशाल पैमाने पर आम लोगों में हलचल मची थी, उससे प्रभावित होकर प्रेमचन्द ने राष्ट्रीय आन्दोलन में उन्हें ही सबसे अधिक विश्वास-योग्य नेता माना था। किसानों के प्रति अपनी सहानुभूति के चलते ही उन्होंने यह कल्पना कर ली थी कि राष्ट्रीय कांग्रेस वास्तव में उसके हितों का प्रतिनिधित्व करती है और उसमें जमींदारों तथा दूसरों की उपस्थिति का कांग्रेस के चरित्र पर कोई असर नहीं पड़ेगा।

प्रेमचन्द केवल गांधी जी की ही वजह से तत्कालीन समस्याओं के प्रति सजग नहीं हुए थे, बल्कि उनके हृदय में धधकती राष्ट्रीयता की ज्वाला उनके विचारों को प्रखर बनाने के लिए जिम्मेवार थी। प्रेमचन्द के साहित्य से यह बात बिल्कुल सही लगती है कि "साहित्य समाज का दर्पण होता है।" उन्होंने जो कुछ देखा था तथा महसूस किया था सब अपने साहित्य में उतारते चले गये थे। वे भारतीय राजनीति में गांधी जी के आगमन के बहुत पहले और 1906 के स्वदेशी आन्दोलन से प्रभावित होकर अपने लेखन के माध्यम से राष्ट्रीय आन्दोलन से जुड़े रहे हैं।

प्रेमचन्द के प्रारम्भिक लेखन में अपने युग के सभी सुधार आन्दोलनों का प्रभाव था। आर्यसमाज का प्रभाव इस दृष्टि से उल्लेखनीय है। अपने बाद के लेखन में वे गांधीवाद से अधिक प्रभावित हुए हैं। यह प्रभाव रंगभूमि तक अधिक प्रबल रहा है। 'प्रेमाश्रम', 'रंगभूमि' आदि में चित्रित सविनय अवज्ञा आन्दोलन अहिंसात्मक सत्याग्रह, ग्रामीण उद्योग, किसानों की दयनीय दशा, जमींदारों एवं पूंजीपतियों के अत्याचार एवं शोषण, राष्ट्रीय चेतना, पुलिस के जुल्म एवं हिन्दू-मुस्लिम एकता आदि की समस्याएँ गांधीवादी प्रभाव के युग की ही देन है। यहां तक प्रेमचन्द गांधी जी से अवश्य प्रभावित थे, पर उससे पूरी तरह से सन्तुष्ट नहीं थे। इस असन्तोष की प्रतिध्वनि उनके बहुत सारे उपन्यासों में सुनाई पड़ती है। इस सन्दर्भ में डॉ० रमेश कुन्तल मेघ ने लिखा है, "सूरदास औद्योगिककरण का कट्टर विरो[illegible] नहीं है। उसके माध्यम से गांधीवादी सिद्धान्तों के वे अन्तर्विरोध उद्घा[illegible] जो प्रेमशंकर में नहीं हो सके थे। सूरदास प्रेमचन्द के जीव[illegible] की ज्यादा है। उनकी नयी समझ का आईना है।...वस्[illegible] की असफलताओं के कारण सूरदास की पराजय[illegible]

विजय में ढूंढ़ लेते हैं।"[1]

'प्रेमाश्रम' में गांधीवादी विचारधारा का तेज स्वर जरूर सुनाई देता है। राय कमलानन्द के माध्यम से पूंजीवाद का विरोध करते हुए प्रेमचन्द कहते हैं, "आपकी यह कम्पनी धनवानों को और धनवान बनाएगी, पर जनता को इससे बहुत लाभ पहुँचाने की संभावना निःसन्देह नहीं। आप कई हजार कुलियों को काम पर लगा देंगे, पर यह मजूरे अधिकांश किसान ही होंगे और मैं किसानों को कुली बनाने का कट्टर विरोधी हूँ।"[2]

प्रेमचन्द यह समझ रहे थे कि पूंजीपतियों को सिर्फ अपना ही नफ़ा-नुकसान हर जगह दिखाई देता है। उनके पास भारत के शोषित किसान तथा मजदूरों की समस्याओं का कोई हल नहीं है। इसलिए वे किसानों को कुली नहीं बनाना चाहते। गांधी जी तथा प्रेमचन्द दोनों कुटीर उद्योग के पक्षपाती थे। वे कुटीर उद्योग को बढ़ावा देने के पक्ष में थे तथा उसे ग्रामीण जीवन के विकास का अच्छा साधन मानते थे।

1906 में मुस्लिम लीग की स्थापना के बाद में 1925 में हिन्दू महासभा का जन्म हुआ। कांग्रेस के वरिष्ठ नेता लाला लाजपत राय ने हिन्दू महासभा के पहले अधिवेशन का सभापतित्व किया। कांग्रेस कई विरोधी सामाजिक विचार-धाराओं का मंच था, जिनकी स्वराज की अलग-अलग अवधारणाएँ थीं। कांग्रेस का बूर्जुवा चरित्र प्रेमचन्द के सामने लगातार स्पष्ट होता जा रहा था। कांग्रेसी नेताओं के इस चरित्र को उद्‌घाटित करते हुए देवीदीन कहता है, "सुराज आने पर तुम भी बड़ी-बड़ी तलब लोगे, तुम भी अंग्रेजों की तरह बँगलों में रहोगे, पहाड़ों की हवा खाओगे, अंग्रेजी ठाट बनाये घूमोगे। अभी तुम्हारा राज नहीं है। तब भी तुम भोग विलास पर इतना मरते हो, जब तुम्हारा राज हो जायेगा तब तुम गरीबों को पीसकर पी जाओगे।"[3]

यह कथन प्रेमचन्द के गांधी और उनकी कांग्रेस के प्रति आस्था को अनास्था में बदलने का संकेत देता है। 'प्रेमाश्रम' में घरेलू उद्योग के फायदे बतलाते हुए कमलानन्द ने कहा है, "हमारा घरेलू शिल्प इन समस्त बाधाओं से मुक्त रहेगा और कोई कारण नहीं कि उचित संगठन के साथ वह विदेशी व्यापार पर विजय न पा सके। वास्तव में हमने कभी इस प्रश्न पर ध्यान नहीं दिया। पूंजीवाले लोग इस समस्या पर विचार करते हुए डरते हैं। वे जानते हैं कि घरेलू शिल्प हमारे प्रभुत्व का अन्त कर देगा। इसलिए वह इसका विरोध कर देंगे।"[4] यहाँ राय साहब के माध्यम से प्रेमचन्द की गांधीवादी दृष्टि प्रकट हुई है।

---

1. उत्तरगाथा : सं० सव्यसाची, प्रेमचन्द अंक-6-7, पृ० 137
2. [प्रेम]चन्द : प्रेमाश्रम, पृ० 86
3. [वही] : गबन, पृ० 145-146
4. [वही : प्रेमा]श्रम, पृ० 88

प्रेमचन्द केवल पूंजीवाद का ही विरोध करके नहीं सन्तोष कर लेते हैं। वे रूस जैसी समाज-व्यवस्था को पूंजीवाद के उन्मूलन के लिए उपयुक्त समझते थे। जब कि गांधी जी वर्ग-सहयोग में विश्वास करते थे। प्रेमचन्द किसानों और मजदूरों की मुक्ति का आधार उन्हीं के संगठित आन्दोलनों को मानते थे। उनके उपन्यासों के अध्ययन के बाद एक बात जो हमारे सामने स्पष्ट होकर आती है वह यह है कि किसानों-मजदूरों का उद्धार सत्याग्रह आदि के द्वारा नहीं हो सकता। उनका विचार था कि किसानों और मजदूरों का उद्धार उनके सामूहिक संघर्ष के द्वारा ही सम्भव है। इसी सामूहिक संघर्ष में भाग लेने के लिए वे महात्मा गांधी के आह्वान पर 20 साल पुरानी नौकरी को तिलांजलि दे देते हैं। उनके विचार से विदेशी सत्ता से मुक्ति पाने के साथ-साथ देशी-शोषकों से भी मुक्ति पाना मजदूरों और किसानों के लिए जरूरी था। गांधी जी इस विषय में कोई स्पष्ट या निश्चित घोषणा करने में असमर्थ थे क्योंकि कांग्रेस का बल और संगठन देशी पूंजीपतियों पर आधारित था। यही वह कारण था जिससे प्रेरित होकर देशी पूंजीपतियों ने कांग्रेस के स्वदेशी आन्दोलन में सहयोग दिया था। इससे विदेशियों की टक्कर में उनका अपना व्यापार और लाभ बढ़ सकता था। प्रेमचन्द पूंजीपतियों की इस चाल को समझते थे। इसलिए उसका विरोध उन्होंने अपने उपन्यासों में किया है। गांधीवाद से दूर होते हुए प्रेमचन्द के विषय में डॉ० कुंवरपाल ने इस प्रकार टिप्पणी की है, "पूंजीवाद और सामन्तवाद के सक्रिय विरोध ने प्रेमचन्द को गांधीवादी कैम्प से दूर कर दिया। वे बिना किसी घोषणा के गांधी जी के विरोधी कैम्प में पहुंच चुके थे।"[1]

1920-22 के बाद 'प्रेमाश्रम' में प्रेमचन्द का गांधीवाद की तरफ झुकाव संकेतित करते हुए राजेश्वर गुरु ने लिखा है, "स्वयं प्रेमचन्द ने स्वीकार किया है कि क्या हुआ यदि महात्मा गांधी के दर्शन के पहले ही मैं 'प्रेमाश्रम' लिख रहा था, मैंने प्रेमाश्रम के द्वारा उनके गुणों को अपनाना चाहा है।"[2] इस उपन्यास की कथावस्तु किसानों और जमींदारों के संघर्ष को लेकर चलती है। इसमें तीन तरह के जमींदारों की श्रेणियां आयी हैं। इन जमींदारों से हटकर एक पात्र प्रेमशंकर है जो गांधीवाद का सन्देश देता है। राय कमलानन्द जो कि जमींदार हैं उनके भी विचार प्रगतिशील हैं।

धर्म और ईश्वर के सन्दर्भ में भी प्रेमचन्द और गांधी जी में मूल मतभेद है। गांधी जी मूलतः धार्मिक प्रवृत्ति के थे और प्रेमचन्द के लिए धर्म और ईश्वर अत्यन्त गौण वस्तु है। इस बात को स्पष्ट करते हुए डॉ० कुंवरपाल सिंह ने लिखा है, "अपने सम्पूर्ण लेखन में प्रेमचन्द ने धर्मान्धता का जमकर विरोध किया है। सभी तरह की धार्मिक संस्थाएँ साधारण जन के शोषण का हथियार रही हैं तथा

1. कलम : सं० चन्द्रबली सिंह, प्रमचन्द विशेषांक-5, पृ० 63
2. डॉ० राजेश्वर गुरु : प्रेमचन्द एक अध्ययन, पृ० 156-157

इनका नियन्त्रण भी सदैव सत्ताधारियों के हाथ में रहा है।"[1]

गांधी जी अपने प्रत्येक काम की शुरुआत ईश्वर के प्रति समर्पित भाव से करते थे तो प्रेमचन्द मानवीय शक्ति में अपने विश्वास के साथ। गांधी जी तथा प्रेमचन्द दोनों ही साम्प्रदायिक समस्या के प्रति चिन्तित थे। पर गांधी जी को हिन्दू-मुसलमान मतभेदों को समाप्त करने के प्रयास में असफलता का मुंह देखना पड़ा।

इस प्रकार हम देखते हैं कि प्रेमचन्द अपने शुरू के लेखन काल में गांधी जी के सीधे व्यक्तित्व तथा गरीबों के प्रति उनकी सहानुभूति को देखकर बहुत प्रभावित हुए थे। पर ज्यों-ज्यों उनकी चेतना का विकास होता गया त्यों-त्यों उनका रास्ता गांधी जी तथा कांग्रेसियों के सम्मोहन से दूर होता गया। इसी कारण उनकी बाद की रचनाओं में दलितों तथा मजदूर-किसानों के संघर्षपूर्ण जीवन का यथार्थ चित्रण ही अधिक हुआ है।

जहाँ तक राष्ट्रीय आन्दोलन में एक दल के रूप में समूचे कांग्रेस की भूमिका का प्रश्न है, उसे पूरे विश्वास के साथ प्रेमचन्द ने कभी स्वीकार नहीं किया। कांग्रेस के अन्दर नरमदल की समाजसुधार सम्बन्धी मान्यताओं को स्वीकार करते हुए भी उन्होंने उसकी राष्ट्रीय स्वाधीनता सम्बन्धी नीति का कभी समर्थन नहीं किया। इसी प्रकार गरमदल वालों की राष्ट्रीय स्वाधीनता की नीति को पसन्द करते हुए भी उसकी समाज और धर्म सम्बन्धी कट्टरतावादी मान्यताओं को कभी स्वीकार नहीं किया। अत: कांग्रेस के अन्तर्विरोधों के वे कभी शिकार नहीं हुए। गांधी जी के प्रति अटूट श्रद्धा के कारण उन्होंने कांग्रेस का कभी भी खुलकर विरोध नहीं किया, लेकिन दबे स्वर में उसकी गलत नीतियों के प्रति असहमति अवश्य व्यक्त कर दी है।

यह एक वास्तविकता है कि 1930 से 35 तक एक राजनीतिक दल के रूप में कांग्रेस का कार्य पूरी तरह रुक गया था। गांधी-इरविन पैक्ट और कई गोलमेज कांफ्रेंसों के परिणाम से उदासीन गांधी जी राजनीतिक संन्यास ग्रहण कर हरिजन कल्याण के कार्यों में लग गये। कांग्रेस का 1933 और 34 का सालाना अधिवेशन नाम मात्र का था। 1935 में दूसरा कोई अधिवेशन ही नहीं हुआ। इन परिस्थितियों में कांग्रेस के प्रति किसी प्रकार का विश्वास रखना प्रेमचन्द के लिए असम्भव था। इस बीच उन्हें कहीं आशा की किरण दिखाई दी तो वे किसान और मजदूर आन्दोलन ही थे। इनके प्रति वे विशेष रूप से आशान्वित भी हुए हैं।

1.4 आर्यसमाज सुधार-आन्दोलन

प्रेमचन्द का युग सभी दृष्टियों से उथल-पुथल का युग था। समाज और व्यक्ति के मानवीय मूल्यों में महान् परिवर्तन हो रहे थे और समाज-सुधार सम्बन्धी आन्दोलन

---

1. कलम : सं० चन्द्रबली सिंह, प्रेमचन्द विशेषांक-5, पृ० 64

बड़ी तीव्र गति से अपना कार्य कर रहे थे। आर्यसमाज के समाज सुधार-सम्बन्धी कार्यों का व्यापक प्रभाव प्रेमचन्द पर भी पड़ा था। आर्यसमाज मूर्तिपूजा, बाल-विवाह, धार्मिक अन्धविश्वास तथा सामाजिक रूढ़ियों के विरोध और विधवा-विवाह के समर्थन पर जोर दे रहा था। ये वे क्रान्तिकारी विचार थे जिनको अपनाना सभी के बूते की बात नहीं थी। प्रेमचन्द जैसा व्यक्तित्व इन विचारों को अपनाने में भला कैसे पीछे रह सकता था ? यहाँ पर 'अपनाने' से हमारा तात्पय सिर्फ बातों या विचारों से नहीं बल्कि अपने जीवन में इन्हें उतारने से भी है। आर्य-समाज के सुधार-आन्दोलन का परिणाम था कि प्रेमचन्द ने एक विधवा से शादी करने का फैसला किया। उनके इस फैसले के बारे में दयाराम निगम ने लिखा है, "शादी के बारे में बड़े सोच-विचार और बहुत कुछ बहस-मुबाहसे के बाद उन्होंने तय किया कि दूसरी शादी की जाय तो किसी विधवा से ही की जाय।"[1] इस निश्चय के बाद उन्होंने विधवा समस्या पर 'प्रेमा' नामक उपन्यास लिखा, जिसमें विधवा नारी की समस्त कठिनाइयों को बड़ी ही बारीकी के साथ उठाया गया है।

प्रेमचन्द शुरू से ही नारी की दयनीय स्थिति को लेकर चिन्तित थे। आश्चर्य तो इस बात का है कि प्रेमचन्द पुरुष होकर नारी मन की गहराइयों को जितनी अच्छी तरह से समझ सके हैं, शायद ही कोई लेखक या लेखिका नारी मन की इतनी गहराई तक जाने में सक्षम हुई हो। उन्होंने लिखा है, "एक नजर इस गरीब औरत जात पर भी तो डालिए। क्या मिट्टी पलीद की है बेचारियों की। कहने को तो कह दिया—जहाँ नारियों की पूजा होती है वहाँ देवता निवास करते हैं। लेकिन कोई पूछे कि आपने किसी तरह का अधिकार नारियों को दिया है ? बराबरी का दर्जा न देते लेकिन कुछ तो ऐसे अधिकार देते कि नारी पुरुष के अत्याचारों से अपनी रक्षा कर सकती। उसकी सच्ची स्थिति दासी के अलावा कुछ नहीं है।"[2]

तत्कालीन समाज में औरतों पर हो रहे अत्याचारों की सच्ची-सच्ची झांकी उन्होंने उपर्युक्त वक्तव्य में दी है। इन समस्याओं को उन्होंने समाज के सामने एक चुनौती के रूप में प्रस्तुत किया है। समाज के मुखौटे को बेनकाब करते हुए उन्होंने लिखा है, "समाज यह सब अपनी आँखों के सामने होता देखता है, लेकिन तो भी उसके कानों पर जूं नहीं रेंगती, अपनी जिम्मेदारियों की तरफ से कितना बेखबर, लेकिन बेकसों को सताने के लिए कितना शेर।"[3]

यहाँ 'बेकसों' से तात्पर्य औरतों से है। यह पुरुष-प्रधान समाज औरतों की दुर्दशा का सबसे बड़ा कारण है। स्त्री पराधीनता के न जाने कितने दृश्य प्रेमचन्द

1. अमृतराय : कलम का सिपाही, पृ० 74
2. वही, पृ० 44
3. वही, पृ० 45

की आँखों के सामने से गुजर चुके थे। अनमेल विवाह, विधवा स्त्रियों पर पुरुषों तथा स्त्रियों द्वारा निर्मम अत्याचार तथा समाज को खोखला करने वाली दहेज की कुरीतियाँ जैसी न जाने कितनी कहानियाँ उनकी आँखों के सामने घूम रही थीं। दहेज जैसा विकराल दानव हर बेटी तथा उसके माँ-बाप के सामने मुँह बाए खड़ा था। इस दहेज नामक दानव ने अनगिनत लड़कियों को मौत की नींद सुला दिया था। इसने लड़कियों के माता-पिता को निगलने में भी कोई कोर-कसर नहीं छोड़ी। लड़कियाँ जब बड़ी होने लगती हैं तो उनके बड़े होने का एहसास उनके माता-पिता को उतना नहीं होता जितना कि समाज तथा पड़ोसियों को होता है। ये सभी बातें प्रेमचन्द के ही समय में नहीं थीं, बल्कि आज भी अपने मूल रूप में समाज में व्याप्त हैं।

यहाँ एक बात कहना उचित होगा कि तत्कालीन समाज में तो प्रेमचन्द जैसा लेखक हुआ जो मन की गहराइयों से स्त्रियों के दुःख को समझने तथा अपनी रचनाओं के माध्यम से लोगों तक पहुँचाने का प्रयास किया। आज की स्थिति कुछ भिन्न है। आज हमारे समाज में ऐसे लेखकों तथा आलोचकों की कमी नहीं है पर उनके विचार सिर्फ लेखन तक ही सिमटकर रह गये हैं इसी से आज के लेखक आम जनता तथा स्त्रियों के उतने करीब नहीं आ सके जितने कि प्रेमचन्द थे।

प्रेमचन्द के उपन्यासों तथा कहानियों में स्त्रियों के शोषण की तपिश को यथार्थ रूप में उतारा गया है। आर्यसमाज का आन्दोलन इन दिनों काफी जोर पकड़े हुए था। जगह-जगह पर सभाएँ तथा उपदेश दिये जाते थे। प्रचारक लोग अपने उपदेशों तथा विचारों से लोगों को अवगत कराते। वे बाल-विवाह, अनमेल-विवाह की बुराइयों तथा विधवा-विवाह के शास्त्रीय प्रमाण जुटाने में जी-जान से लगे हुए थे। यहाँ पर एक प्रश्न हमारे दिमाग को यह सोचने के लिए मजबूर कर देता है कि क्या ये उपदेशक अपने जीवन में भी इन आदर्शों को उतारने का प्रयास करते थे? क्या वे खुद अपना ब्याह किसी विधवा से करते थे? या अपने बेटों का ब्याह किसी विधवा के साथ करने के लिए तैयार होते थे? शायद नहीं। कहना कितना आसान होता है पर करके दिखाना बड़ा ही मुश्किल। इसे प्रेमचन्द ने अपने जीवन में करके भी दिखाया था।

प्रेमचन्द ने जो कुछ कहा या लिखा उसे उन्होंने अपने जीवन में भी मूर्त रूप दिया। वे एक विचारशील लेखक तथा सामाजिक व्यक्ति थे। आर्यसमाजी आन्दोलन का असर उनपर अवश्य पड़ा। फलस्वरूप उन्होंने स्वयं अपना विवाह बाल-विधवा शिवरानी देवी से किया। स्त्रियों के प्रति गहरी सहानुभूति रखने वाले इस पुरुष को स्त्री मन का पारखी बनाने में उसके आस-पास के परिवेश ने काफी सहयोग दिया। प्रेमचन्द ने इस आन्दोलन के दोषों को नकारते हुए गुणों को अपने जीवन में उतारा।

प्रेमचन्द की व्यापक दृष्टि और उनकी सामाजिक सुधार सम्बन्धी योजना उन्हें आर्यसमाज की उपलब्धियों की ओर अवश्य ले गयी, लेकिन वे आर्यसमाजी नहीं

थे। वे आर्यसमाज के शुद्धि-आन्दोलन, हिन्दू-मुस्लिम तथा हिन्दू-ईसाई वैमनस्य, हिन्दू-राष्ट्र की परिकल्पना आदि के कट्टर विरोधी थे। आर्यसमाज और उसके प्रवर्तक दयानन्द की शिक्षाएँ न होतीं तो भी प्रेमचन्द अपनी इस सुधार-योजना को अपने साहित्य में अवश्य प्रस्तुत करते। नारी-शिक्षा और विधवा-विवाह का समर्थन, अनमेल-विवाह, बाल-विवाह आदि के विरोध की बातें उन्हें अपने सामाजिक जीवन की परिस्थिति से मिली थीं। अतः इस दृष्टि से उनके लिए वास्तविक प्रेरक समाज ही रहा है। इसे कहीं-कहीं उन्होंने आर्यसमाज के आन्दोलन से भी जोड़ने का प्रयास किया है। क्योंकि किसी सामाजिक आन्दोलन से जुड़कर ही कोई सुधार अधिक सफल हो पाता है।

प्रेमचन्द को यथार्थ के इतने निकट लाने में उनके घर के माहौल ने काफी साथ दिया। प्रेमचन्द के पिता ने खुद 50 साल की उम्र में एक जवान लड़की से शादी की थी। इससे उनके मन में छिपी वेदना आक्रोश बनकर इन पंक्तियों में फूट पड़ी, "लेकिन अगर किसी औरत ने ऐसी उम्र में पहुँच कर दुबारा शादी की होती तो आपका समाज उसे जिन्दा रहने देता? इस उम्र की बात तो जाने दीजिए, आप तो भरी जवानी में बेवा लड़की को शादी नहीं करने देते। उसे संयम का पाठ पढ़ाते हैं। सारा संयम, सारा इन्द्रिय-निग्रह उसके लिए है, आपके लिए कुछ नहीं है? भूख बस आपको लगती है, औरत को भूख नहीं लगती।"[1]

वास्तव में हमें यह तो मानना ही पड़ेगा कि पुरुष होकर पुरुष समाज के ऊपर इतना करारा व्यंग्य प्रेमचन्द के सिवाय और कोई नहीं कर सका है। यह पुरुष समाज के वहशीपन पर एक जोरदार तमाचा है। 'प्रतिज्ञा' उपन्यास में आर्य-समाज के आन्दोलन के प्रभाव को स्पष्ट रूप से देखा जा सकता है। उपन्यास की शुरुआत आर्य-मन्दिर के एक व्याख्यान से शुरू होती है। इस उपन्यास में प्रेमचन्द ने पंडित जी के माध्यम से उनसे प्रश्न पूछा है, जिन्होंने अपनी पत्नियों को खो दिया है। वे कहते हैं, "आप लोगों में से कितने महाशय हैं जो वैधव्य में पड़ी अबलाओं के साथ अपने कर्तव्य का पालन करने का साहस रखते हैं?···अरे। यह क्या? ···एक भी हाथ नजर नहीं आता, हमारा युवक-समाज इतना कर्तव्यशून्य, इतना साहसहीन है।"[2] यहाँ तत्कालीन समाज की वास्तविक स्थिति हमारे सामने प्रस्तुत हुई है। फिर 'प्रतिज्ञा' का एक पात्र सामने आता है और वह विधवा से शादी करने का संकल्प लेता है। प्रेमचन्द ने इस उपन्यास में यही सन्देश दिया है कि जिस पुरुष की पत्नी मर चुकी हो उसे विधवा से ही विवाह करना चाहिए।

तत्कालीन समाज में किसी विधवा स्त्री से विवाह करना एक क्रान्तिकारी कदम था। तमाम सारे धर्म के ठेकेदार इस काम में रोड़े अटकाते थे। इस उपन्यास में समाज के तथाकथित ठेकेदारों द्वारा विधवा-विवाह के विरोध में कहा गया है,

---

1. अमृतराय : कलम का सिपाही, पृ० 47
2. प्रेमचन्द : प्रतिज्ञा, पृ० 6

"और ये सभाओं वाले क्या करेंगे। यही सब तो इन सभों को सूझती है। लाला अब किसी विधवा से शादी करेंगे। अच्छी बात है⋯बहुत पढ़ने से बुद्धि भ्रष्ट हो जाती है। जब आँखें कमजोर हो जाती हैं तो बुद्धि कैसे बची रह सकती है? तो कोई विधवा ठीक हो गयी कि नहीं?⋯कहाँ हैं मिसरानी अब उनके भाग्य चमके। रहेगी बिरादरी की ही विधवा न। कि बिरादरी की भी कैद नहीं।"[1]

इस तरह की रुकावटें थीं जो कि उत्साही पुरुषों के भी उत्साह को क्षीण करने पर तुली हुई थीं। बड़ी अजीब बात है कि जिस समाज ने पुरुषों को इस रूप में अबाध स्वच्छन्दता दे रखी है वही किसी नारी को आश्रय-प्राप्ति के रूप में भी पुर्नविवाह की अनुमति नहीं देता। इसे क्रूरता और पशुता के अलावा और क्या कहा जा सकता है। आर्यसमाज की सबसे बड़ी विशेषता यह थी कि उसने समाज के अन्दर व्याप्त हीन भावों को दूर करने में बड़ी तत्परता से काम किया। इसी से शुरू-शुरू में इस संस्था के उत्तम विचारों ने प्रेमचन्द को अपनी ओर आकर्षित किया। 'प्रतिज्ञा' में पुरुष को विधवा-उद्धार के लिए प्रेरित करती हुई प्रेमा अपनी माँ देवकी से कहती है, "ऐसे सुशिक्षित पुरुष अगर यह काम नहीं करेंगे तो कौन करेगा? जब तक ऐसे लोग साहस से काम न लेंगे हमारी अभागिनी बहनों की रक्षा कौन करेगा?"[2]

उपर्युक्त वाक्यों से लगता है कि प्रेमचन्द औरतों को भी यह सन्देश देते हैं कि वे भी अपना सहयोग अपनी वैधव्य में पड़ी हुई बहनों के लिए दें। वे विधवाओं से नफरत नहीं सहानुभूति करें। क्योंकि पुरुषों से ज्यादा औरतें ही विधवा औरतों की दुश्मन बनती हैं।

'प्रतिज्ञा' उपन्यास के साथ ही प्रेमचन्द ने 'सेवासदन', 'प्रेमाश्रम' आदि उपन्यासों में विधवाश्रमों या अन्य आश्रमों की स्थापना द्वारा आर्यसमाजी प्रभाव का किंचित् परिचय दिया है। लेकिन बाद में इस तरह के आश्रमों से उनका मोह-भंग हो गया। इसके बाद वे नारी मात्र की मुक्ति के लिए प्रयत्नशील हुए हैं, जिसमें पुरुषों की अपेक्षा स्त्रियों की भूमिका का अधिक महत्त्व सांकेतिक हुआ है।

1.5 मार्क्सवाद की प्रतिध्वनियाँ

प्रेमचन्द के कथा-साहित्य में मार्क्सवादी प्रतिध्वनियों की गूँज आरम्भ से ही सुनाई देती है। लेकिन इससे यह आशय नहीं निकाल लेना चाहिए कि प्रेमचन्द मार्क्सवाद के सैद्धांतिक ज्ञान और उसकी कला सम्बन्धी अपेक्षाओं से लैस होकर साहित्य-रचना के क्षेत्र में आये थे। जिस प्रकार उन्होंने राष्ट्रीय मुक्ति आन्दोलन, गांधी, कांग्रेस, आर्यसमाज आदि के प्रभावों को अपने जीवनानुभवों की कसौटी पर

1. प्रेमचन्द : प्रतिज्ञा, पृ० 18
2. वही, पृ० 15-16

कसकर और सामाजिक जीवन की अपेक्षाओं को ध्यान में रखकर ग्रहण किया था; ठीक उसी प्रकार मार्क्सवाद के प्रभाव को भी। इस तथ्य को दूसरे शब्दों में इस प्रकार प्रस्तुत करना अधिक सही है कि मार्क्सवाद की प्रकृति और उद्देश्यों से प्रेमचन्द के चिन्तन की प्रकृति और उद्देश्यों में अद्भुत समानता थी। इसलिए दोनों का पथ और मंजिल अधिकांशतः एक हो गयी है।

मार्क्सवाद साहित्य-सृजन में यथार्थवाद पर अधिक जोर देता है। मानवी समाज के विकास और उसकी गतिशीलता के कारण यथार्थ निरन्तर परिवर्तन-शील होता है। मार्क्सवाद की यह दृढ़ मान्यता है कि यथार्थ स्थिर और शाश्वत नहीं होता। इसके साथ ही वह यह मानकर चलता है कि हर प्रकार के सृजन की भाँति साहित्य का सृजन भी सोद्देश्य होता है। इस दृष्टि से वही साहित्य सोद्देश्य और उपयोगी है जो सामाजिक ह्रास की गति को रोके और सामाजिक विकास के लिए मार्ग प्रशस्त करे। मार्क्सवाद एक समाजवादी दर्शन भी है, जो परस्पर विरोधी हितों वाले वर्ग-विभक्त समाज में दलित-शोषित बहुसंख्यक वर्ग की मुक्ति में ही समाज की वास्तविक मुक्ति मानता है। ये सारी बातें प्रेमचन्द के जीवन-दर्शन से मिलती-जुलती हैं। अपने लेखनकाल के आरम्भिक दौर से ही प्रेमचन्द का प्रमुख उद्देश्य रहा है—शोषित-उत्पीड़ित, किसान-मजदूर गरीब जनता का उद्धार। इस उद्धार की सीमा में केवल आर्थिक, राजनीतिक और सामाजिक मुक्ति ही नहीं, वरन् अज्ञान, रूढ़ियों, अन्धविश्वासों आदि से मुक्ति भी अनिवार्य रूप से आयी है। इस उद्देश्य-निर्धारण में उनके आसपास के सामाजिक परिदृश्य का महत्त्वपूर्ण योगदान रहा है। हाँ मार्क्सवादी प्रभाव ने इसे और अधिक पुष्ट, तर्क-संगत और प्रमाणिक बना दिया है।

गांधीवादी घोर प्रभावकाल में भी जनहित के मूल्य पर उन्होंने गांधीवाद से कभी समझौता नहीं किया। सैद्धान्तिक और व्यावहारिक दोनों ही रूपों में वे स्वदेशी के बहुत बड़े समर्थक रहे हैं और इसे अपने कथा-साहित्य में एक अभियान के रूप में चित्रित्र भी किया है। लेकिन जब-जब इसे गरीब किसान-मजदूरों के हितों के विरुद्ध पाया है, इसका खुलकर विरोध भी किया है। 'विविध प्रसंग' भाग-3 में संगृहीत बहुत सारी टिप्पणियाँ इस तथ्य को रेखांकित करती हैं। 'स्वदेशी की आड़ में लूट', 'असली-नकली स्वदेशी चीजें', 'संरक्षण क्यों रखा जाए', 'ग्राहकों का बलिदान : मिल मालिकों के लिए', 'कोढ़ पर खाज' आदि टिप्पणियाँ स्वदेशी के नाम पर चल रहे भ्रष्टाचार को उजागर करने के साथ ही देशी पूंजी-पतियों की लूट का पर्दाफाश भी करती हैं। प्रेमचन्द ने भारतीय रुई से जापान में बने कपड़े को विदेशी सूत से बने भारतीय मिलों में बने कपड़े से अधिक स्वदेशी माना है। जापान भारतीय रुई का सबसे बड़ा ग्राहक था, जो उससे कपड़े बनाकर अधिक सस्ती दर पर भारत को भेजता था। जब जापानी कपड़े पर अंग्रेज सरकार ने 75 प्रतिशत टैक्स लगा दिया तो जापान ने भारत की रुई खरीदने से इनकार कर दिया। इससे भारतीय किसानों को दुहरा नुकसान उठाना पड़ा। एक तो

उन्हें बहुत कम दर पर रुई बेचनी पड़ी और दूसरे अधिक मूल्य पर बम्बई की मिलों का कपड़ा खरीदना पड़ा। इस पर टिप्पणी करते हुए प्रेमचन्द ने लिखा है, "इन संरक्षणों से संसार तंग आ गया है।... अगर जापान ने भारत की रुई बन्द कर दी तो कपड़े की खपत और भी कम हो जायगी।...इसका [illegible] और चीजों पर भी होगा। अभी बगलें बजा लीजिए, मगर बहुत जल्द हा[illegible]ना पड़ेगा। जनता में संगठन नहीं है, लेकिन सौ संगठन का एक संगठन तो उनकी दिन-दूनी रात-चौगुनी बढ़ती हुई दरिद्रता है। हम जापानी कपड़े के वकील नहीं हैं। पर जनता के वकील अवश्य हैं और हम चाहते हैं कि कृत्रिम साधनों से उसका गला न घोंटा जाय।"[1] इससे स्पष्ट है कि 1930 के बाद प्रेमचन्द भारतीय पूंजीपतियों और उनके इशारों पर नाचने वाली कांग्रेस की नीतियों से आशंकित हो गये थे। इसके बाद समाजवाद की ओर उनका झुकाव बराबर बढ़ता गया है।

प्रेमचन्द के कथा-साहित्य में पात्र स्थान-स्थान पर सामाजिक परिवर्तन और संघर्ष की बात करते दिखाई देते हैं। 1936 तक आते-आते प्रेमचन्द की वर्ग-चेतना 'महाजनी सभ्यता' नामक निबन्ध में समाजवादी चेतना का रूप धारण कर लेती है। उनमें इस प्रकार का परिवर्तन एक लम्बे विकासक्रम का परिणाम है। मार्क्स अपने ऐतिहासिक विश्लेषण के आधार पर इस निष्कर्ष पर पहुंचे थे कि क्रान्ति द्वारा ही सामाजिक असमानता को दूर किया जा सकता है। लेकिन प्रेमचन्द के सामने ऐसी कोई स्पष्ट विचारधारा नहीं थी। वे समस्या की तह तक पहुंच तो गये थे पर यह निश्चित नहीं कर पाये थे कि स्थिति कैसे बदली जा सकती है। इस स्थिति को बदलने के लिए वे अपने प्रारम्भिक तथा बीच के उपन्यासों में विभिन्न प्रकार के प्रयोग करते रहे, जिन पर प्राचीन भारत की परम्परा एवं महात्मा गांधी का पर्याप्त प्रभाव देखा जा सकता है। परन्तु इससे उन्हें सन्तोष नहीं हुआ और वे अपने जीवन के अन्तिम समय में गांधीवादी प्रयोगों एवं विचारों के कट्टर विरोधी बन जाते हैं। क्योंकि उनके क्रियाकलापों के परिणाम का अन्दाजा प्रेमचन्द ने अच्छी तरह से लगा लिया था। इस सबके बावजूद उनके अन्दर कहीं-न-कहीं आदर्शवाद का मोह बना रहा, जो अन्त समय में जाकर टूटा। यहीं से हमें प्रेमचन्द की विकसित मनोवृत्ति का आभास मिलने लगता है।

प्रेमचन्द आरम्भ में अपने युग की आर्यसमाजी सुधारवादी भावना से प्रभावित होने के कारण सुधारवादी थे। 'रंगभूमि' तक उनकी यह भावना अत्यन्त प्रबल रही। 'प्रेमाश्रम' 'रंगभूमि' आदि से सविनय अवज्ञा आन्दोलन, अहिंसात्मक सत्याग्रह, ग्रामीण उद्योग, किसान की दयनीय स्थिति, जमींदार एवं पूंजीपतियों के निर्मम शोषण, अत्याचार एवं राष्ट्रीय चेतना पुलिसकर्मियों की निर्ममता, हिन्दू-मुस्लिम एकता आदि की समस्याएं गांधी युग की ही देन थी। यहां तक प्रेमचन्द गांधीवाद से पूरी तरह प्रभावित थे। लेकिन प्रेमचन्द को उपर्युक्त प्रभाव से सन्तोष

---

1. उत्तरगाथा : सं० सव्यसाची, प्रेमचन्द अंक, अप्रैल 1980, पृ० 31

नहीं था। इसी असन्तोष की ध्वनि की गूंज उनके उपन्यासों में सुनाई पड़ती है। 'प्रेमाश्रम' का बलराज कहता है, "तुम लोग ऐसी हँसी उड़ाते हो मानों काश्तकार कुछ होता होता ही नहीं। वह जमींदार की बेगार भरने के लिए ही बनाया गया है, लेकिन मेरे पास जो पत्र आता है, उसमें लिखा है कि रूस के देश में काश्तकारों का ही राज है, वह जो चाहते हैं करते हैं। उसी के पास कोई देश बलगारी है वहाँ अभी हाल की बात है, काश्तकारों ने राजा को गद्दी से उतार दिया और अब किसानों तथा मजदूरों की पंचायत राज करती है।"[1]

बलराज का उक्त कथन मानों हमें प्रेमचन्द का सन्देश दे रहा है कि आज नहीं तो कल रूस जैसी क्रान्ति भारत में भी होगी। जीवन के अन्तिम क्षणों में सुधारवादी तथा गांधीवादी विचारों से विमुख होकर सामाजिक यथार्थ की कठोर भूमि पर खड़े होना साम्यवादी रुझानों का संकेत करता है। उनका लेख 'महाजनी सभ्यता' तथा उपन्यास 'गोदान' इसका स्पष्ट प्रमाण है। अचानक उनकी मौत से उनके आगामी विकास की दिशा स्पष्ट नहीं हो पायी। फिर भी अपने पूरे विकास-क्रम में उन्होंने एक प्रगतिशील साहित्यकार की भूमिका का सफल निर्वाह किया है।

'कर्मभूमि' तक आते-आते प्रेमचन्द की वर्ग-चेतना और मुखर हो जाती है। राष्ट्रीय आन्दोलन में विभिन्न वर्गों की हिस्सेदारी, उसके मध्यवर्गीय नेतृत्व की सीमाओं और उसकी शक्ति, उसकी समझौतापरस्ती आदि को प्रेमचन्द ने बड़ी सफाई से इस उपन्यास में प्रश्रुत किया है। कठिन अवसर आने पर मध्यवर्ग के लोग वास्तविक क्रान्तिकारी शक्तियों के साथ विश्वासघात भी करने से नहीं चूकते। इन सबके बावजूद मार्क्सवाद की प्रतिध्वनि इस उपन्यास में यत्र-तत्र स्पष्ट रूप से सुनाई पड़ती है। इसकी एक पात्रा सुखदा म्यूनिस्पैलिटी के अधिकारियों को चुनौती देती हुई कहती है, "मैं इनको दिखा दूंगी कि जिन गरीबों को तुम अब तक कुचलते आये हो, वही अब साँप बनकर तुम्हारे पैरों में लिपट जायेंगे। अब तक यह लोग उनसे रियायत चाहते थे। अब अपना हक मांगेंगे। रियायत न करने का उन्हें अधिकार है, पर हमारे हक से हमें कौन वंचित कर सकता है। रियायत के लिए कोई जान नहीं देता, पर हक के लिए जान देना सभी जानते हैं।"[2] इस प्रकार की संघर्ष चेतना गांधीवादी प्रभाव से भिन्न मार्क्सवाद के प्रभाव की संकेतक है।

इस उपन्यास का एक उदार जिला अफसर गजनवी स्पष्ट रूप से वर्ग-संघर्ष की बात करते हुए कहता है, "अब कौम में अमीर और गरीब, जायदादवाले और भरभुखे, अपनी-अपनी जमाअतें बनायेंगे। उनमें कहीं ज्यादा खूँरेजी होगी, कहीं ज्यादा तंगदिली होगी। आखिर एक-दो सदी के बाद दुनिया में एक सल्तनत

---

1. प्रेमचन्द : प्रेमाश्रम, पृ० 50
2. प्रेमचन्द : कर्मभूमि, पृ० 145-146

हो जायेगी। सबका एक कानून, एक निजाम होगा, कौम के खादिम कौम पर हुकूमत करेंगे। न कोई राजा होगा न परजा।"[1] यहाँ प्रेमचन्द के विश्व साम्यवाद का स्वप्न उद्घाटित हुआ है साथ ही मार्क्सवाद के प्रति उनकी अटूट आस्था भी व्यक्त हो गयी है। इस दृष्टि से यदि देखें तो प्रेमचन्द का समूचा साहित्य हमें प्रगतिशील दिखाई पड़ेगा। उन्होंने प्रगतिशीलता को एक सिद्धान्त के रूप में नहीं लिया वरन् एक मानवीय सामाजिक धर्म के रूप में स्वीकार किया था। इसीलिए उन्होंने अपने साहित्य में समाज के विकास की प्रगतिशील शक्तियों का अनुसन्धान किया। उनकी दृष्टि में यह वास्तविक शक्ति हिन्दुस्तान की गरीब जनता है। उसके विकास पर ही भारतीय समाज का विकास निर्भर करता है। इस जनता की गरीबी, भुखमरी, रूढ़वादिता, अन्धविश्वास तथा अमानवीय जीवन-स्तर आदि का चित्रण करते हुए भी प्रेमचन्द ने उसकी अपार मानवीय क्षमता और परिवर्तनकारी शक्ति में पूर्ण आस्था प्रकट की है। यहाँ इस बात का उल्लेख जरूरी है कि प्रेमचन्द ने तत्कालीन भारतीय समाज की वर्गीय शक्तियों को पहचानकर हमेशा शोषक वर्ग के विरुद्ध शोषित वर्ग की पक्षधरता की है। यह पक्षधरता ही उन्हें मार्क्सवाद के काफी निकट ले जाती है। उनके उपन्यास के पात्र एक ओर किसान-मजदूर और गरीब जनता के बीच से आते हैं, तो दूसरी ओर सामन्त, जमींदार, व्यापारी और पूंजीपतियों में से भी। इनके बीच मध्यवर्ग के वकील, अध्यापक, बड़े-छोटे कर्मचारी और कर्मकाण्डी पण्डे-पुरोहित भी हैं। प्रेमचन्द ने इन सभी वर्गों की निजी विशेषताओं को उद्घाटित करते हुए भारतीय समाज का एक यथार्थ चित्र प्रस्तुत किया है। उनकी इस यथार्थवादिता में बहुत सारे ऐसे तत्त्व हैं, जिन्हें सामाजिक व्यवस्था के परिवर्तन का आज भी आधार बनाया जा सकता है।

मार्क्सवाद मूलतः सामाजिक क्रान्ति का दर्शन है। दुनिया साहित्य, कला आदि के निरीक्षण-परीक्षण और प्रत्यक्षीकरण तक अपने को सीमित न रखकर वह सामाजिक बदलाव का एक वैज्ञानिक दृष्टिकोण है। इस दृष्टि से देखें तो प्रेमचन्द में अपने समय की सम्पूर्ण सामाजिक संरचना के प्रति क्षोभ की भावना मिलती है। पूंजीवादी-सामन्ती शोषण, जात-पाँत, साम्प्रदायिकता, छुआछूत, धार्मिक पाखण्ड, अन्धविश्वास जैसी तमाम सामाजिक विकृतियों पर भी उन्होंने बेधड़क प्रहार किया है। अपने इस कार्य के माध्यम से वे तत्कालीन समाज-व्यवस्था के ही नहीं, बल्कि आज की समाज-व्यवस्था के सामने भी एक चुनौती के रूप में खड़े हुए हैं।

अपने इन्हीं सद्गुणों के कारण उन्हें अंग्रेजी सरकार के कोप का भाजन बनना पड़ा। यही नहीं अपने समय के पूंजीपतियों तथा अभिजात्यवादी वर्ग के विरोध के लिए उन्हें अधिक मूल्य चुकाना पड़ा था। इसीलिए उन्हें ब्राह्मण-विरोधी,

---

1. प्रेमचन्द : कर्मभूमि, पृ० 117

मुसलमान-विरोधी तथा जमींदार-विरोधी भी कहा गया और ये कहने वाले कोई और नहीं बल्कि उनके अपने ही भाई-बन्धु थे। लेकिन उन्होंने इन विरोधों का धैर्यपूर्वक सामना करते हुए युगजीवन की समस्याओं का जो समाधान प्रस्तुत किया है, उसमें आम जनता के पक्ष में व्यापक शोषण-उत्पीड़न के विरुद्ध एक प्रगतिशील जुझारू चेतना निहित है। इस सम्बन्ध में आलोचक डॉ० लल्लन राय ने अपने लेख 'मार्क्सवादी साहित्य की अपेक्षाएँ और प्रेमचन्द का साहित्य' में लिखा है, "प्रेमचन्द ने अपने संघर्ष के माध्यम से यह विश्वास पैदा किया है कि राजनीति, दर्शन, संस्कृति, साहित्य आदि के विभिन्न क्षेत्रों का नेतृत्व उच्चवर्ग और उनकी प्रभाव-छाया में पलने वाले वर्ग की बपौती नहीं है, यह कार्य शोषित-उत्पीड़ित निम्नजन-श्रेणियों का प्रतिनिधि भी कर सकता है। इसे वैचारिकता और कला के क्षेत्र में बहुत बड़ी मार्क्सवादी अपेक्षा के रूप में स्वीकार किया जा सकता है।"[1]

इस प्रकार की प्रतिध्वनियों की गूंज उनके समूचे साहित्य में सुनाई देती है। 'गबन' में जब देवीदीन कहता है, "तो सुराज मिलने पर दस-पाँच हजार के अफसर नहीं रहेंगे? वकीलों की लूट बन्द हो जायेगी?"[2] इस प्रश्न पर वैसे तो रमानाथ ने कभी विचार नहीं किया था फिर भी वह समाजवादी विचारों का सहारा लेते हुए बोला, "दादा तब तो सभी काम बहुमत से होगा। अगर बहुमत कहेगा कि कर्मचारियों के वेतन घटा दिये जायें तो घट जायेंगे। अभी दस-पाँच बरस चाहे न हो लेकिन आगे चलकर बहुमत किसानों और मजदूरों का ही हो जायेगा।"[3]

यहाँ रमानाथ ने नहीं बल्कि प्रेमचन्द ने समाजवाद पर अपना पूरा विश्वास प्रकट किया है। उनकी यह मान्यता थी कि आज नहीं तो कल रूस की ही भाँति भारत में भी किसानों और मजदूरों का राज्य हो जायेगा। यह बात उनके 'महाजनी सभ्यता' शीर्षक लेख से एकदम स्पष्ट हो जाती है।

प्रेमचन्द की शक्ति का सबसे ठोस आधार है, उनके जीवन तथा साहित्य का स्रोत। उनके साहित्य में यह सोता किसानों तथा मजदूरों के जीवन से फूट कर निकला है। यही सोता उनके साहित्य का आधार बना। प्रेमचन्द अपने आपको किसी भी सिद्धान्त में बाँधकर नहीं रखना चाहते थे। उनके वैचारिक धरातल पर मानव सभी सिद्धान्तों से ऊपर था। उनका विश्वास था कि यदि मनुष्य किसी सिद्धान्त से बँध जाता है तो समाज को सही रूप में कुछ नहीं दे सकता, जो उसे देना चाहिए। सिद्धान्त किसी भी लेखक को स्वतन्त्र रूप से अपने विचार प्रस्तुत करने में बाधा उत्पन्न कर सकता है। इस बात की पुष्टि हमें उनके अन्तिम अधूरे उपन्यास 'मंगलसूत्र' में देखने को मिल जाती है, "श्रम और त्याग का जीवन ही मुझे तथ्य जान पड़ता है। आज समाज और देश की जो दूषित अवस्था है उसमें

1. प्राधिकृत : सं० रमेश कुन्तल मेघ, प्रेमचन्द विशेषांक, खण्ड 1, पृ० 9, अंक-2
2. प्रेमचन्द : गबन, पृ० 146
3. वही

असहयोग करना मेरे लिए जनून से कम नहीं है। बाबू जी को एक हजार रुपये अपने छोटे से परिवार के लिए लेने का क्या हक है और मुझे बेकाम-धन्धे इतने आराम से रहने का क्या अधिकार है।"[1]

उपर्युक्त कथन में प्रेमचन्द की अन्तर-आत्मा की आवाज सुनाई पड़ती है। वे समाज के उन लोगों की खिलाफत कर रहे थे जो सिर्फ अपने स्वार्थ के लिए ही जीते-मरते हैं और सुख-चैन से मौज कर रहे हैं। अपने निम्नलिखित कथन में उन्होंने पूंजीपतियों पर बहुत ही तीखा व्यंग्य किया है, "यह आशा करना कि पूंजी-पति किसानों की दीन दशा से लाभ उठाना छोड़ देंगे, कुत्ते से चमड़े की रखवाली करने की आशा करना है। इस खूंखार जानवर से अपनी रक्षा करने के लिए हमें स्वयं सशस्त्र होना पड़ेगा।"[2] इसके बाद धीरे-धीरे प्रेमचन्द का झुकाव समाजवाद की तरफ बढ़ता गया और वे कांग्रेस तथा गांधी के विचारों से दूर होते गये। उन्हें महसूस होने लगा कि कोरे आदर्श से कुछ नहीं हो सकता। जब तक शोषित तथा उत्पीड़ित जनता अपने लिए संघर्ष नहीं करेगी उन्हें उनका अधिकार मिल पाना सम्भव नहीं। उनकी यह स्पष्ट धारणा है कि, "हमारा तो विचार है कि जो साम्यवाद का समर्थक नहीं है, वह हिन्दू नहीं है, समाजवाद यही तो चाहता है कि मनुष्य मात्र को समानभाव से शिक्षित होने और काम करने का अवसर दिया जाय।"[3]

1934 में प्रेमचन्द ने 'जागरण' में 'ठेलमठेला' शीर्षक से एक सम्पादकीय लिखकर गांधी जी से असहमति प्रकट की। इस प्रकार समय ने उन्हें कल्पना लोक से खींचकर यथार्थ की तपोभूमि पर अपने विचारों को फैलाने के लिए खड़ा कर दिया। उन्होंने सत्य की तपती भूमि पर अपने विचारों की तलाश जारी की। यह भूमि 1934 तक आते-आते उन्हें मिल गयी और उनके विचारों पर समाजवाद ने पूरी तरह से अपना आधिपत्य जमा लिया।

उपर्युक्त तथ्यों के आधार पर यह विश्वासपूर्वक कहा जा सकता है कि प्रेमचन्द ने हमेशा दलितों, शोषितों तथा उत्पीड़ितों का साथ दिया है। उनके रहन-सहन, उनकी सभ्यता, उनकी संस्कृति आदि सभी प्रेमचन्द के साहित्य में अपने यथार्थ रूप में उभरकर हमारे सामने आयी हैं। ये सभी उनके प्रगतिशील विचारों की पुष्टि करते हैं। 'गोदान' में मिल मजदूरों का पक्ष लेकर वह मेहता से कहलवाते हैं कि, "क्या आपका विचार है कि मजूरों को इतनी मजूरी दी जाती है कि उसमें चौथाई कम कर देने से मजूरों को कष्ट नहीं होगा? आपके मजूर बिलों में रहते हैं—जहाँ आप एक मिनट रह जायें तो आपको कै हो जाय। कपड़े जो पहनते हैं उनसे आप जूते न पोंछेंगे, खाना जो खाते हैं वह आपका कुत्ता न खायेगा। मैंने

1. प्रेमचन्द : मंगलसूत्र, पृ० 42
2. अमृतराय : कलम का सिपाही, पृ० 535
3. उत्तरार्द्ध : सं० सव्यसाची, प्रेमचन्द अंक, अप्रैल 1980, पृ० 118

उनके जीवन में भाग लिया है। आप उनकी रोटियाँ छीनकर अपने हिस्सेदारों का पेट भरना चाहते हैं।"[1]

यहाँ प्रेमचन्द ने स्वयं अपने अनुभव को स्पष्ट किया है। उन्होंने वही सब कुछ लिखा है जो स्वयं मजदूरों के बीच रहकर महसूस किया था। इतने नजदीक से मजदूरों के रहन-सहन को महसूस करने वाला लेखक यदि प्रगतिशील नहीं होगा तो कौन होगा? मेहता के माध्यम से मजदूरों का पक्ष लेते हुए वे खन्ना से कहते हैं, "जो आदमी किसी व्यापार में हिस्सा लेता है, वह इतना दरिद्र नहीं होता कि इससे नफे ही को जीवन का आधार समझे। हो सकता है नफा कम मिलने पर उसे एक नौकर कम कर देना पड़े या उसके मक्खन और फलों का बिल कम हो जाये, लेकिन वह नंगा-भूखा नहीं रहेगा। जो अपनी जान खपाते हैं, उनका हक उन लोगों से ज्यादा है, जो केवल रुपया लगाते हैं।"[2]

इससे स्पष्ट है कि प्रेमचन्द अपनी सामाजिक-राजनीतिक मान्यताओं की दृष्टि से मार्क्सवाद के अधिक निकट थे। 1930-35 के मध्य मजदूरों और किसानों के बीच बढ़ते हुए असन्तोष ने प्रेमचन्द की चेतना में एक गुणात्मक परिवर्तन का सूत्रपात किया था। इस तथ्य पर आगे विस्तार से विचार किया जायेगा।

1.6 किसान और मजदूर-आन्दोलन

प्रेमचन्द के लेखन के अंतिम आठ-दस वर्ष के दौरान किसान और मजदूर आन्दोलन राष्ट्रीय मुक्ति आन्दोलन की सबसे बड़ी शक्ति बन गया था। 1928 से लेकर 1936 तक राष्ट्रीय मंच पर कुछ ऐसी घटनाएँ घटीं, जिनसे स्वाधीनता आन्दोलन की दिशा ही बदल गयी। प्रथम विश्वयुद्ध के परिणामस्वरूप आने वाली आर्थिक मन्दी का भारत में सबसे गहरा प्रभाव मजदूरों और किसानों को ही झेलना पड़ा। 1928 के आस-पास वेतन में कटौती, मजदूरी की छटनी, बढ़ती हुई महँगाई के बावजूद किसानों की पैदावार के मूल्यों में स्थिरता, बढ़ती हुई मालगुजारी से समस्त भारतीय जनता के मन में व्यापक असन्तोष पैदा हुआ। इससे जहाँ एक ओर देशी पूँजीपतियों और विदेशी पूँजीपतियों के बीच विरोध भाव की वृद्धि हुई, वहाँ दूसरी ओर पूँजीपतियों और मजदूरों के बीच भी विरोध बढ़ा। जमींदारों और किसानों के बीच गहरा विरोध था ही। लेकिन इन परिस्थितियों में जो सबसे तीखा विरोध पैदा हुआ, वह था समस्त भारतीय जनता और ब्रिटिश शासकों के बीच पैदा होने वाला विरोध। इससे एक उग्र जनान्दोलन की शुरुआत हुई, जिसे महात्मा गांधी एक अहिंसक रूप देना चाहते थे।

नमक सत्याग्रह के लिए अपनी डाँडी यात्रा की समाप्ति पर अप्रैल 1930 को उन्होंने भारतीय जनता को निम्नलिखित आदेश दिया, "हमारा पथ हमारे

---

1. प्रेमचन्द : गोदान, पृ० 281
2. वही

लिए निर्धारित हो चुका है। प्रत्येक गाँव अवैध नमक लाये या बनाये। बहनों को शराब की दुकान, अफीम के अड्डों और विदेशी वस्त्र विक्रेताओं की दुकानों पर धरना देना चाहिए। हर घर के बूढ़ों और नौजवानों को तकली चलानी चाहिए। ···छात्र सरकारी स्कूल तथा कालेज छोड़ दें। सरकारी नौकर अपनी नौकरी से इस्तीफा दे दें और लोगों की सेवा में जुट जायें। और हम जल्दी ही देख लेंगे कि पूर्ण-स्वराज आकर हमारे दरवाजों को खटखटाने लगेगा।"[1]

उस समय तक गांधी जी देश के सर्वमान्य नेता बन चुके थे। उनके आदेश का लोगों ने अपूर्व उत्साह के साथ पालन किया। फिर भी वे इस आन्दोलन को अहिंसा और असहयोग की जिन सीमाओं में कैद करना चाहते थे, वह सम्भव नहीं हुआ। इस पर टिप्पणी करते हुए डॉ० लल्लन राय ने लिखा है, "सविनय अवज्ञा नमक सत्याग्रह तक सीमित न रहकर सशस्त्र संग्राम का रूप धारण कर गया। मिल मजदूरों ने हड़ताल और किसानों ने लगान बन्दी का रास्ता अपनाया। चटगाँव के राष्ट्रवादी क्रान्तिकारियों ने सशस्त्र क्रान्ति द्वारा चटगाँव को ब्रिटिश शासन से मुक्त करने का प्रयास किया।···अंग्रेजी पलटन के गढ़वाली सैनिकों ने पठान विद्रोहियों पर गोली चलाने से इनकार कर दिया। शोलापुर के मजदूरों ने नगर प्रशासन को अपने कब्जे में ले लिया।"[2] इन आन्दोलनों की सबसे महत्त्वपूर्ण उपलब्धि की ओर संकेत करते हुए उक्त लेखक ने बताया है कि "औद्योगिक क्षेत्रों के मजदूरों और ग्रामीण क्षेत्रों के किसानों तक ने यह समझ लिया था कि उनकी रोटी और बेहतर जिन्दगी की लड़ाई और राष्ट्रीय स्वाधीनता आन्दोलन का चोली-दामन का सम्बन्ध है।"[3]

वस्तुतः इसी तूफानी दौर में प्रेमचन्द का परवर्ती लेखन सम्पन्न हुआ है। इसकी झलक हमें 'रंगभूमि' (1924), गबन (1930), कर्मभूमि (1932), गोदान (1936) आदि उपन्यासों और इस काल की बहुत सारी कहानियों में मिलती है। 'विविध प्रसंग' भाग-२ में संगृहीत बहुत सारी टिप्पणियाँ तो प्रेमचन्द की एतद्-विषयक दृष्टि को और अधिक सफाई से प्रस्तुत करती हैं।

प्रेमचन्द के उपन्यासों का केन्द्र-बिन्दु गाँव और उसमें यन्त्रणा भोगने वाले किसान हैं। इन किसानों का सबसे अधिक शोषण करने वाले जमींदार हैं। प्रेमचन्द ने इस तथ्य को बखूबी समझ लिया था कि उनके युग की मुख्य उत्पादक शक्ति जमींदार और किसान ही हैं। अतः इन दोनों के मध्य का विरोध ही उनकी दृष्टि में भारतीय समाज का मुख्य अन्तर्विरोध था। इसलिए प्रेमचन्द मुख्यतः जमींदार-विरोधी थे। यद्यपि जमींदारों द्वारा शोषण के लिए ब्रिटिश सरकार की उपनिवेश-वादी नीतियाँ ही मुख्य रूप से जिम्मेदार थीं, लेकिन वह बात किसानों की समझ

---

1. अयोध्यासिंह : भारत का मुक्ति संग्राम, पृ० 578 से उद्धृत
2. डॉ० लल्लन राय : हिन्दी की प्रगतिशील कविता, पृ० 39
3. वही, पृ० 40

में नहीं आ सकती थी। अतः उन्होंने जमींदारों द्वारा शोषण को ही किसानों के सामने रखा है। इस सम्बन्ध में डॉ० रामबक्ष ने लिखा है, "प्रेमचन्द ने मुख्य रूप से शोषण के उन रूपों को सामने रखा जो कि भारतीय किसान के दैनिक जीवन से सम्बद्ध थे, जिनका मूर्तिमान रूप किसान के सामने प्रत्यक्ष था, जिसे समझने से किसान समझ सकता था।"[1] इस दृष्टि से देखें तो प्रेमचन्द के यहाँ किसान आन्दोलन मुख्यतः जमींदार-विरोधी आन्दोलन है। लेकिन उसे जब-तब ब्रिटिश शासन के विरुद्ध खड़ा करके उन्होंने इस आन्दोलन को राष्ट्रीय-मुक्ति आन्दोलन के साथ भी जोड़ने का प्रयास किया है।

प्रेमचन्द का समूचा साहित्य किसानों के जीवन का आईना है। उनके साहित्य में किसानों की जागरूकता को भी उभारा गया है। तत्कालीन समाज में ब्रिटिश शासकों तथा उनके कर्मचारियों का जुल्म सहते-सहते किसानों की दशा सबसे ज्यादा खराब हो गयी थी। उनके विचार से किसानों के कर्जे की सूद दर तय की जानी चाहिए, सरकारी लगान में मन्दी-तेजी के अनुसार कमी-बेसी होनी चाहिए और उन्हें धार्मिक रूढ़ियों से मुक्त करना चाहिए। प्रेमचन्द के उपन्यासों में किसानों में जागृति की भावना भी दिखाई पड़ती है। उनके किसान अपने अधिकारों के प्रति जागरूक दिखाई पड़ते हैं। दया और धर्म के नाम पर उन्हें अधिक दिन न्याय नहीं मिल सकता। 'कर्मभूमि' में प्रोफेसर शान्ति कुमार ने इसका जिक्र करते हुए कहा है, "दया और धर्म की बहुत दिनों तक परीक्षा हुई। यह दोनों हल्के पड़े। अब तो न्याय-परीक्षा का युग है।"[2]

इस वाक्य के माध्यम से हम तत्कालीन संवेदना से प्रेमचन्द के उपन्यासों के मूल सन्दर्भों को जोड़ने में सक्षम होंगे। 'कर्मभूमि' में न्याय-परीक्षण और किसानों का संगठित आन्दोलन प्रतिकार की ओर जाता हुआ दिखाई देता है। प्रेमचन्द ने किसानों की तबाही का मूल कारण उनमें संगठन की कमी को माना है। 'कर्मभूमि' में उन्होंने किसान के इसी संगठन पर जोर दिया है। 'कर्मभूमि' में दो तरह के आन्दोलन होते हैं। एक तो मजदूरों के निवास को लेकर और दूसरा किसानों की लगान को लेकर। पहले का नेतृत्व सुखदा करती है और दूसरे का उसका पति अमरकान्त। बाद में वे दोनों पकड़ लिए जाते हैं। ब्रिटिश सरकार ने यहाँ दमन नीति का सहारा लिया है तथा मजदूरों और किसानों के संगठित आन्दोलन को कुचलने की कोशिश की है। किसानों की ऐसी स्थिति का जिम्मेदार आखिर कौन है? इस बारे में रवि भूषण ने अपने लेख 'प्रेमचन्द के किसान' में लिखा है, "किसानों की आर्थिक दुरवस्था के कारणों में अज्ञान, अन्धविश्वास और सामाजिक पिछड़ेपन का जो उल्लेख किया जाता है, वह रजनीपामदत्त के मुहावरे में गाड़ी को घोड़े के आगे रखने की तरह है। सच्चाई यह है कि किसानों की भयंकर

1. डॉ० रामबक्ष : प्रेमचन्द और भारतीय किसान, पृ० 179
2. प्रेमचन्द : कर्मभूमि, पृ० 1

गरीबी के कारण कुछ और ही हैं। भारत में अंग्रेजों की आर्थिक नीति जिसे मार्क्स ने 'सुअरपन' कहा है, किसानों की गरीबी का मुख्य कारण है।"[1]

इसके अतिरिक्त उनकी दुरवस्था का कारण उनका धर्मात्मापन तथा सीधापन भी है, जिसे दिन-प्रतिदिन उनकी बिगड़ती दशा का जिम्मेदार ठहराया जा सकता है। अन्याय और जुल्म के खिलाफ बोलने वाले किसान प्रेमचन्द के यहाँ उनके आरम्भिक उपन्यासों में भी देखने को मिल जायेंगे। 'सेवासदन' का चेतू लात-घूंसों का जवाब मुंह से देता है। इसी तरह से 'प्रेमाश्रम' तथा कई अन्य कहानियों में भी प्रेमचन्द के किसान अब हर जुल्म से लड़ने के लिए मोर्चा कस लेते हैं। गांव के धनी किसान, पुलिस, दारोगा, पटवारी, कारिन्दा, अफसर— सबके सामने अड़ते हैं। उनके पाँवों और भुजाओं में अपार शक्ति आ जाती है। 'प्रेमाश्रम' के लखनपुर के किसान—मनोहर, बलराज, बिलासी, कादिर खाँ आदि इसी तरह के किसान हैं। मनोहर ईंट का जवाब पत्थर से देता है, गौस खाँ के चौपाल से गुजरते हुए अकड़कर चलने लगता है। गौस खाँ तथा गिरधर महराज को आते देखकर सलाम करने के बजाय चारपाई पर पाँव फैलाकर लेट जाता है। अपने पेड़ों के सारे आम तोड़कर रख लेता है और चिरकाल से बंधा जमींदार का चतुर्थांश नहीं देता।

अक्टूबर, 1917 की रूसी समाजवादी क्रान्ति ने किसान और मजदूर आन्दोलनों को हवा दी, जिससे वे अधिक तेजी के साथ बढ़ने लगे। इन आन्दोलनों का सबसे बड़ा ऐतिहासिक कारण प्रथम विश्वयुद्ध को मान सकते हैं। इस युद्ध ने साम्राज्यवाद के संकट को और अधिक बढ़ा दिया। भारत में इसका सबसे अधिक बोझ किसानों के कन्धों पर पड़ा। इसके परिणामस्वरूप आर्थिक संकट पैदा हुआ, जिसने किसानों में असन्तोष का बीजारोपण किया और यही असन्तोष किसानों और मजदूरों के आन्दोलन का मुख्य कारण बना। 'प्रेमाश्रम' में मनोहर, बलराज और कादिरमियाँ के रूप में हमें किसान नेताओं की अभिव्यक्ति मिल जाती है। 'प्रेमाश्रम' का लेखन-कार्य मार्च, 1920 में समाप्त हो चुका था, इस दौरान अवध का किसान आन्दोलन काफी लम्बे समय तक चला था, जिसका पूरा ब्योरा 'कर्मभूमि' में मिल जाता है।

'कर्मभूमि' में ग्रामीण किसानों और शहरी मजदूरों का आन्दोलन एक साथ चित्रित हुआ है। किसान आन्दोलन के सबसे बड़े मुद्दे पर प्रकाश डालते हुए सलीम कहता है, "जब पैदावार के महँगे हो जाने पर लगान बढ़ा दिया जाता है तो कोई वजह नहीं कि पैदावार के सस्ते हो जाने पर घटा न दिया जाये। मन्दी में तेजी का लगान वसूल करना सरासर बेइन्साफी है।"[2] गांधीवादी प्रभाव

---

1. प्राधिकृत : सं० रमेश कुन्तल मेघ, प्रेमचन्द विशेषांक, खण्ड-1 अंक-2, पृ० 74
2. प्रेमचन्द : कर्मभूमि, पृ० 208

के वशीभूत अमरकान्त को बार-बार अहिंसात्मक आन्दोलन की हिमायत करते हुए देख सलीम खीझकर कहता है, "तो तुम चाहते क्या हो ? लगान हम दे नहीं सकते। वे लोग कहते हैं, हम लेकर छोड़ेंगे तो क्या करें ? अपना सब कुछ कुर्क हो जाने दें ?···फिर दूसरा कौन-सा रास्ता है ? हम जितना दबते हैं, उतना वह लोग शेर होते जाते हैं।"[1] वस्तुतः यहाँ प्रेमचन्द ने किसान-आन्दोलन की संघर्षशील चेतना की हिमायत की है। हक की लड़ाई अहिंसा के बल पर नहीं लड़ी जा सकती, उस समय तो और भी नहीं, जब हक को छीनने के लिए क्रूर दमन का सहारा लिया जा रहा हो। प्रेमचन्द ने अपनी चिन्ता को व्यक्त करते हुए 'स्वराज से किसका अहित होगा' शीर्षक टिप्पणी में. लिखा है, "अंग्रेजी राज में गरीबों, मजदूरों और किसानों की दशा जितनी खराब है और होती जा रही है, उतनी समाज के किसी अंग की नहीं, सरकार के हाथों इतनी किसी सम्प्रदाय की बरबादी नहीं हुई होगी जितनी किसानों और मजदूरों की—खासकर किसानों की। उन पर लगान बढ़ता जाता है, सख्तियाँ बढ़ती जाती हैं। कौंसिलों में उनके हितों का कोई रक्षक नहीं। अगर उन्हें संगठित करने की कोशिश की जाती है, तो सरकार, जमींदार, सरकारी मुलाजिम और महाजन सभी भन्ना उठते हैं। चारों ओर से हाय-हाय मच जाती है। बोलशेविज्म का हौआ बताकर उस आन्दोलन की जड़ खोदकर फेंक दी जाती है।"[2] 'कर्मभूमि' में अन्ततः यही होता है।

प्रेमचन्द के साहित्य की मुख्य चिन्ता किसान और उनसे जुड़ी हुई समस्याएं हैं। अपने प्रथम उपन्यास 'वरदान' से शुरू होकर अन्तिम उपन्यास 'गोदान' तक यह चिन्ता लगातार गहरी तथा यथार्थ के निकट पहुँचती हुई दिखाई देती है। प्रेमचन्द के किसान तथा मजदूर कमजोर नहीं हैं बल्कि वे अपने अधिकारों के प्रति अधिक जागरूक दिखाई देते हैं। वे अपने हक तथा अधिकारों को प्राप्त करने के लिए निरन्तर संघर्षरत भी हैं। किसानों की दयनीय स्थिति का सजीव चित्र प्रेमचन्द के प्रथम उपन्यास 'वरदान' में इस प्रकार मिलता है, "टूटे-फूटे फूस के झोंपड़े, मिट्टी की दीवारें, घरों के सामने कूड़े-करकट के बड़े-बड़े ढेर···मनुष्यों को देखो तो उनकी शोचनीय दशा है। हड्डियां निकली हुई हैं। ये विपत्ति की मूर्तियाँ और दरिद्रता के जीवित चित्र हैं···और कैसे भाग्यहीन कि रात-दिन पसीना बहाने पर भी कभी भरपेट रोटियाँ नहीं मिलतीं।"[3]

'सेवासदन' जो कि मुख्यतः वेश्या-समस्या को लेकर लिखा गया उपन्यास है, उसमें भी प्रेमचन्द किसानों की दशा को नहीं भूले। 'सेवासदन' का चेतू अहीर

---

1. प्रेमचन्द : कर्मभूमि, पृ० 209
2. उत्तरगाथा : सं० सव्यसाची, प्रेमचन्द अंक-6-7, पृ० 21
3. प्रेमचन्द : वरदान, पृ० 73

बलराज और मनोहर का पूर्वज है। वह शोषण और अन्याय का विरोध करने वाले किसानों का प्रतिनिधि है। इस उपन्यास में धर्म की आड़ लेकर किसानों का खून चूसने वाले महन्त का पर्दाफाश किया गया है। धर्म और राजनीति का मेल कितना अपवित्र और अमानवीय होता है, यह इन वाक्यों में जाहिर हो जाता है, "यज्ञ के नाम पर पाँच रुपये चंदा न देने के कारण एक गरीब किसान को ठाकुर जी की साक्षी में मार ही नहीं पड़ती बल्कि अपने प्राणों से भी हाथ धोना पड़ता है।"[1]

इसके बावजूद भी चेतू जब तक जिन्दा है लात और घूँसों का जवाब गालियों से देता है। किसानों के सामने बेगार की समस्या भी काफी गम्भीर थी। 'कर्मभूमि' में चलने वाले आन्दोलन में इस बेगार को खत्म करने की माँग सबसे प्रमुख थी। 'कायाकल्प' में जगदीशपुर की जनता बेगार के विरुद्ध खड़ी होकर सभी शोषकों से मोर्चा लेती है। अधिकारियों के बढ़ते हुए अत्याचार के कारण रियासतों की जनता में असन्तोष फैला हुआ था, यहाँ मुकाबला मजदूर और किसान मिलकर करते हैं। इस संघर्ष में वे स्वयं अपना नेतृत्व करते हैं। गांधीवादी विचारों से प्रभावित चक्रधर जब उन्हें मना करता है तब वे किसान-मजदूर उससे प्रश्न करते हैं, "हमारे एक सौ जवान भून डाले तब आप कहाँ थे?"[2] यह प्रश्न प्रेमचन्द में आ रहे परिवर्तन की ओर संकेत करता है।

प्रेमचन्द किसानों और मजदूरों के मनोविज्ञान से भली भाँति परिचित थे। क्योंकि उनका जीवन उन्हीं के बीच व्यतीत हुआ था। उनकी सरकारी नौकरी का क्षेत्र भी ग्रामीण क्षेत्र ही रहा। इस सबके अलावा प्रेमचन्द को ग्रामीणों से प्रेम था। इसी से उनके उपन्यासों में ग्रामीण-जीवन के सजीव चित्र उभर कर हमारे सामने आते हैं। किसान तथा मजदूरों के आन्दोलन को प्रेमचन्द जरूरी समझते थे। बिना संघर्ष के किसानों तथा मजदूरों की स्थिति में सुधार नहीं होगा, ऐसा उनका विश्वास था। उनके लेखन से एक बात स्पष्ट होकर हमारे सामने आती है कि वे किसानों की मुक्ति सामन्ती और महाजनी व्यवस्था में नहीं देखते थे। इसी सन्दर्भ में रविभूषण ने अपने लेख 'प्रेमचन्द के किसान' में अपने विचार व्यक्त करते हुए लिखा है, "किसानों की यह टक्कर साम्राज्यवाद के दलालों और रखैलों से होती है। साम्राज्यवादी शासक से सीधी टक्कर न होकर, जमींदार, पण्डे, पुरोहित, अफसर तथा उनके चाकर सिपाही और दारोगा तथा महाजनों और सूदखोरों से होती है।···साम्राज्यवाद, सामन्तवाद तथा पूंजीवाद में से प्रेमचन्द के यहाँ मुख्य विरोध सामन्तवाद और साम्राज्यवाद से है।"[3]

---

1. प्रेमचन्द : सेवासदन, पृ० 9-10
2. प्रेमन्द : कायाकल्प, पृ० 211
3. प्राधिकृत : सं० डॉ० रमेश कुन्तल मेघ, प्रेमचन्द विशेषांक, अंक-1, खण्ड-2, पृ० 82

प्रेमचन्द की यह हार्दिक मंशा थी कि रूस की तरह यहाँ भी किसानों तथा मजदूरों का राज्य हो। उनकी यह इच्छा उनके उपन्यासों में यत्र-तत्र उभर कर सामने आयी है। इस सम्बन्ध में डॉ० कुंवरपाल सिंह ने 'भूमि सम्बन्ध, किसान आन्दोलन और प्रेमचन्द' में प्रेमचन्द के मत को स्पष्ट करते हुए लिखा है, "वे रूसी क्रान्ति के पश्चात् स्थापित वहाँ की समाज-व्यवस्था से सहमति प्रकट करते हैं। रूस है, जहाँ पर बड़े-बड़ों को मारकर दुरुस्त कर दिया है। अब वहाँ गरीबों का आनन्द है। शायद यहाँ भी कुछ दिनों बाद रूस जैसा ही हो।"[1] अपने इन्हीं विचारों को प्रेमचन्द ने प्रेमाश्रम में भी अभिव्यक्ति दी है। युवा तथा जागरूक किसान बलराज भी किसानों की मुक्ति रूस जैसी समाज-व्यवस्था में देखता है। वह सभी को एकजुट होकर जमींदारों के खिलाफ बगावत करने के लिए उकसाता है। किसानों को उत्तेजित करते हुए वह कहता है, "जमींदार कोई बादशाह नहीं है कि चाहे जितनी जबरदस्ती करे और हम मुँह न खोलें। इस जमाने में तो बादशाह का भी इतना अख्तियार नहीं जमींदार किस गिनती में हैं।"[2]

बलराज के इसी आक्रोश ने उपन्यास के अन्त में किसानों तथा मजदूरों को सुख-चैन से रहने का हक दिलाया है। प्रेमचन्द की यह मान्यता थी कि आदर्श व्यवस्था वही है, जिसमें सबको समान रूप से जीने का अवसर मिले। किसान तथा मजदूर आन्दोलन को लेकर प्रेमचन्द शहरी नेताओं से सदैव ही असन्तुष्ट रहे हैं कि वे किसानों की परेशानियों के ऊपर ध्यान नहीं देते। 'कायाकल्प' में उन्होंने अपने इसी असन्तोष को व्यक्त करते हुए कहा है, "हमारे नेताओं में यही बड़ा ऐब है कि वे स्वयं देहातों में न जाकर शहरों में जमे रहते हैं, जिससे देहातों की सच्ची दशा उन्हें नहीं मालूम होती, और न जनता पर उनका वह प्रभाव ही पड़ता है।"[3]

प्रेमचन्द का यह अनुभव रहा है कि बिना किसी सही संगठन के किसानों की मुक्ति सम्भव नहीं है। इसका उल्लेख उन्होंने 'पुराना जमाना : नया जमाना' शीर्षक लेख में इस प्रकार किया है, "क्या यह शर्म की बात नहीं कि जिस देश की नब्बे फीसदी आबादी किसानों की हो, उस देश में कोई किसान सभा, किसानों की भलाई के आन्दोलन का कोई प्रयत्न न हो। आने वाला जमाना अब किसानों और मजदूरों का है। दुनिया की रफ्तार इसका सबूत दे रही है।"[4] आने वाले जमाने में किसानों और मजदूरों के शोषण-रहित होने का प्रश्न प्रेमचन्द ने सिर्फ

1. प्राधिकृत : सं० डॉ० रमेश कुन्तल मेघ, प्रेमचन्द विशेषांक, अंक-1, खण्ड-2, पृ० 61
2. प्रेमचन्द : प्रेमाश्रम, पृ० 49
3. प्रेमचन्द : कायाकल्प, पृ० 202-203
4. उत्तरार्द्ध : सं० सव्यसाची, प्रेमचन्द अंक, अप्रैल 1980, पृ० 31

भावुकतावश नहीं उठाया था, बल्कि उन्होंने अपने दृढ़ अनुभवों के माध्यम से इस विचार को प्रगाढ़ता प्रदान की थी। इस सम्बन्ध में विद्वान् आलोचक डॉ० कुंवरपाल ने अपने विचार व्यक्त करते हुए कहा है, "जीवन की अंतिम संध्या में उन्होंने इस विश्वास को फिर दुहराया था—जब तक कोई काश्तकारों के बीच रहकर काम नहीं करेगा तब तक उनकी स्थिति सुधारी नहीं जा सकती। जरूरत है कि खुद उनके बीच रहकर काम करें। लम्बी-लम्बी स्पीचों से किसानों की भलाई सम्भव नहीं। यह पढ़ने-लिखने का काम छोड़कर देहातों में काम करने की मेरी इच्छा है।"[1]

जहाँ तक शहरी फैक्टरी-मजदूर आन्दोलन का प्रश्न है, उस पर प्रेमचन्द ने अधिक ध्यान नहीं दिया है। यह आन्दोलन उस समय तक बड़े-बड़े शहरों में ही सीमित था। राष्ट्रीय-मुक्ति आन्दोलन में उसका योगदान भी कम नहीं था। लेकिन किसानों की तुलना में मिल और फैक्टरी मजदूरों की संख्या उस समय तक नगण्य थी। 'गोदान' में खन्ना और उनकी मिल के माध्यम से इस क्षेत्र की विसंगतियों की ओर उन्होंने संकेत अवश्य किया है।

उपर्युक्त विवेचन-विश्लेषण से यह स्पष्ट हो जाता है कि प्रेमचन्द ने अपने उपन्यासों में राष्ट्रीय मुक्ति आन्दोलन को एक महत्त्वपूर्ण मुद्दे के रूप में उठाया है। इस प्रक्रिया में उन्होंने जहाँ एक ओर ब्रिटिश शासन के साम्राज्यवादी चरित्र के अतिशय उत्पीड़नकारी स्वरूप को उद्घाटित किया है, वहीं दूसरी ओर उसकी समाप्ति की अनिवार्यता को भी रेखांकित किया है। इस दृष्टि से प्रेमचन्द का सबसे बड़ा योगदान यह माना जा सकता है कि अपने समय के राजनीतिक नेतृत्व की अपेक्षा उन्होंने आन्दोलनकारी शक्तियों के वर्ग-चरित्र को अधिक सही ढंग से पहचाना था। इसलिए किसान-मजदूर और गरीब जनता को ही उसकी वास्तविक शक्ति के रूप में स्वीकार किया था। यह सही है कि अपने लेखन के आरम्भिक दौर में प्रेमचन्द आर्यसमाज के सुधार-आन्दोलन और फिर गांधी जी के सत्य, अहिंसा, असहयोग, हृदय परिवर्तन के सिद्धान्तों में विश्वास के कारण आदर्शवाद के शिकार हुए हैं। यह प्रेमचन्द की अपनी युगीन सीमा है। कोई भी लेखक या सुधारक इस सीमा से पूर्ण स्वतन्त्र नहीं हो सकता। लेकिन प्रेमचन्द ने गोखले, रानाडे, तिलक, मोतीलाल नेहरू, मदनमोहन मालवीय, लाला लाजपत राय आदि जैसे नरम और गरम दल के तत्कालीन कांग्रेसी नेताओं की अपेक्षा अपने युग की सीमाओं से स्वतन्त्र होने का अधिक प्रयास किया है। यही कारण है कि उन्होंने राष्ट्रीय मुक्ति-आन्दोलन में किसान-मजदूर गरीब जनता की वास्तविक शक्ति को पहचाना और उसे ही नेतृत्व प्रदान करने की कोशिश की। जबकि गांधी जी आदि जैसे उदारवादी नेता इन शक्तियों के बढ़ते हुए पग पर प्रायः अंकुश लगाते रहे।

---

1. प्राधिकृत : सं० डॉ० रमेश कुन्तल मेघ, प्रेमचन्द विशेषांक, अंक-1, खण्ड-2, पृ० 62

इस दृष्टि से राष्ट्रीय-मुक्ति आन्दोलन के लिए प्रेमचन्द का योगदान अविस्मरणीय माना जायेगा।

उपर्युक्त विवेचन से यह स्पष्ट है कि प्रेमचन्द अपने उपन्यासों में राष्ट्रीय मुक्ति-आन्दोलन से लेकर अन्यान्य आन्दोलनों की ओर अपनी सामाजिक चिन्ता के कारण ही गये हैं, सर्वत्र उनकी चिन्ता व्यापक सामाजिक मुक्ति से ही जुड़ी है।

अध्याय 2

सामाजिक परिदृश्य

2.1 ग्रामीण परिवेश : किसान-जमींदार सम्बन्ध

प्रेमचन्द का सर्वाधिक परिचय ग्रामीण परिवेश से था। ग्रामीण जीवन की समस्त अच्छाइयों और बुराइयों से वे पूरी तरह परिचित थे। उनके समय तक ये गाँव ही भारतीय समाज का प्रतिनिधित्व करते थे। गाँवों का सबसे प्रमुख और बहुसंख्यक समुदाय किसानों-मजदूरों का था। प्रेमचन्द के सम्पूर्ण कथा-साहित्य का भी प्रमुख विषय यही समुदाय बना है। इसी की मुक्ति में वे राष्ट्र की वास्तविक मुक्ति मानते थे। प्रेमचन्द ने इस समुदाय का सबसे बड़ा शोषक जमींदारों को माना है। अत: ग्रामीण जीवन का चित्रण करते हुए उन्होंने जमींदारों के वास्तविक चरित्र का भी उद्घाटन किया है। 'वरदान', 'कायाकल्प', 'प्रेमाश्रम', 'सेवा सदन', 'कर्मभूमि', 'गोदान' आदि उनके अधिकांश उपन्यासों में किसान-जमींदार सम्बन्धों की यथार्थ झांकी प्रस्तुत हुई है। इस सम्बन्ध के माध्यम से ही प्रेमचन्द की सामाजिक चिन्ता की सर्वाधिक अभिव्यक्ति हुई है।

'कायाकल्प' में प्रेमचन्द ने 'जमींदार' द्वारा किसानों के निर्मम शोषण का अत्यन्त स्वाभाविक चित्रण किया है। जगदीशपुर के रियासत का उत्तराधिकार पाने से पूर्व राजकुमार विशाल सिंह अत्यन्त उदार युवक था। वह गाँवों की दशा सुधारने और किसानों के प्रति हमदर्दी का दम भरता था। उत्तराधिकार प्राप्ति के बाद राज्याभिषेक की तैयारी के लिए वह अपने दीवान और प्रमुख कारिन्दों को गाँव की प्रजा से चन्दा लेने के लिए मना करता है। लेकिन जब कारिन्दे प्रत्येक हल के पीछे दस रुपये चन्दा वसूल करने की एक बार अनुमति प्राप्त कर लेते हैं, तो उसे उत्पीड़न की खुली छूट मान लेते हैं। इसका चित्रण करते हुए प्रेमचन्द ने लिखा है, "वसूली का हुक्म पाते ही बाग-बाग हो गये। फिर तो वह अन्धेर मचा कि सारे इलाके में कुहराम पड़ गया।···चारों तरफ लूट-खसोट हो रही थी। गालियां और ठोंक-पीट तो साधारण बात थी। किसी के बैल खोल लिए जाते थे, किसी की गाय छीन ली जाती थी, कितनों ही के खेत कटवा लिये गये। बेदखली और इजाफे की धमकियां दी जाती थीं। जिसने खुशी से दिये, उसका तो दस रुपये में ही गला छूटा। जिसने हीले-हवाले किये, कानून बघारा, उसे

दस रुपये के बदले 20 रुपये 30 रुपये, 40 रुपये देने पड़े।"[1] जब चक्रधर ने कर्मचारियों की शिकायत राजा विशाल सिंह तक पहुँचाई तो उसे टका सा जबाव मिला, "मैं अपने कर्मचारियों से अलग कुछ नहीं हूँ।"

रियासत का अधिकार मिलते ही राजा विशाल सिंह का सारा धर्मातमापन गायब हो जाता है। उसके राजतिलक के अवसर पर एक सप्ताह तक भूखे रहकर काम करने वाले बेगारों ने जब काम करने से इन्कार कर दिया तो यह सुनकर वह आगबबूला हो जाता है और बेगारों के समूह पर गोली चलाने की धमकी देता है। चक्रधर जब मना करता है तब क्रोध के आवेश में वह कहता है, "मैं प्रजा का गुलाम नहीं हूं। प्रजा मेरे पैरों की धूल है। मुझे अधिकार है कि उसके साथ जैसा उचित समझूं वैसा सलूक करूं। किसी को हमारे और हमारी प्रजा के बीच बोलने का हक नहीं है।"[2] इस प्रकार की अधिकार-भावना सभी जमींदारों की विशेषता थी, जिसे प्रेमचन्द ने अपने अधिकांश उपन्यासों में चित्रित किया है। लेकिन उनकी निरर्थकता की ओर भी वे बराबर संकेत करते हैं। उसे स्पष्ट करते हुए डॉ० रामबक्ष ने लिखा है, "प्रेमचन्द ने समाज में जमींदारों की भूमिका का सवाल बार-बार उठाया है।...इसने अपनी हरकतों से अपने आपको समाज का दुश्मन सिद्ध कर दिया, और दूसरी तरफ जमींदार वर्ग को सलाहनुमा चेतावनी भी दी है कि अभी उन्हें अपने होने का कारण समाज के सामने स्पष्ट करना है।"[3]

हर जमींदार किसानों से तरह-तरह के कर वसूल करता था। शादी-विवाह से लेकर, प्रत्येक उत्सव, त्योहार आदि के अवसर पर होने वाला खर्च किसानों से ही वसूल किया जाता था। गोदान में दशहरे के अवसर पर धनुष-यज्ञ होता है और सगुन के बहाने पांच-पांच रुपये प्रत्येक असामी से वसूल किया जाता है। गरीब किसानों के खून-पसीने की गाढ़ी कमाई जमींदार अपने मेहमानों की खातिरदारी में लगा देता था। 'गोदान' में जमींदार राय साहब पर कटाक्ष करते हुए मिस्टर मेहता कहते हैं, "आप कृषकों के शुभेच्छु हैं। उन्हें तरह-तरह की रियायत देना चाहते हैं, जमींदारों के अधिकार छीन लेना चाहते हैं...उन्हें आप समाज का शाप कहते हैं। फिर भी आप जमींदार हैं, वैसे ही जमींदार जैसे हजारों जमींदार हैं। अगर आपकी धारणा है कि कृषकों के साथ रियायत होनी चाहिए तो खुद शुरू करें—काश्तकारों को बगैर नजराने लिए पट्टे लिख दें, बेगार बन्द कर दें, इजाफा लगान को तिलांजलि दे दें, चरावर जमीन छोड़ दें।"[4] लेकिन राय साहब इसके लिए कभी तैयार नहीं होते।

---

1. प्रेमचन्द : कायाकल्प, पृ० 105
2. वही, पृ० 117
3. डॉ० रामबक्ष : प्रेमचन्द और भारतीय किसान, पृ० 114
4. प्रेमचन्द : गोदान, पृ० 58

जमींदारों के यहाँ कोई भी कार्य या परोजन हो वहाँ किसानों से बेगार में काम करवाया जाता है। पूरा दिन उनसे कमरतोड़ मेहनत करवाई जाती है और उसके बदले में मजदूरी तो दूर उन्हें भरपेट भोजन भी नहीं दिया जाता। 'कायाकल्प' में प्रजापालक का स्वांग भरने वाला विशाल सिंह भी राय साहब की तरह गिरगिट जैसा रंग बदलता रहता है। उसके गद्दी पर बैठने के समारोह के लिए कई दिन पहले ही से तैयारी शुरू हो जाती है। इसमें सारा काम किसानों तथा मजदूरों से बेगार में करवाया जाता है। अंग्रेज मेहमानों के घोड़ों के लिए घास लाना, पानी भरना तथा रात-दिन छाती फाड़कर काम करना ही मजदूरों की नियति बन गयी थी। उस पर भी कभी इन्हें पेटभर भोजन नहीं दिया जाता। इनकी खोज-खबर लेने वाला वहाँ कोई नहीं था। जब तक इनमें शक्ति थी तब तक तो काम किया। लेकिन जब सहनशक्ति जवाब दे गयी तब उन्होंने जमींदार के अत्याचारों के विरोध में हड़ताल करना शुरू कर दिया। 'प्रेमाश्रम' में बेगार के भय से कहार गाँव छोड़कर चले गये। रामलीला के अवसर पर 'गोदान' में भी सारा काम बेगार में करवाया जाता है। प्रेमचन्द ने बेगार को जमींदार के परम्परागत अधिकार के रूप में चित्रित किया है। जहाँ भी वे जमींदारों को उपस्थित करते हैं, वहाँ 'बेगार' का वर्णन अवश्य होता है। प्रेमचन्द ने जिस तरह से बेगार को प्रस्तुत किया है, उससे तो यही प्रतीत होता है कि मानों वह यह कहना चाह रहे हों कि बेगार के बिना जमींदार जमींदार, ही नहीं लगता। बेगारी मानों जमींदार का मुकुट हो। जमींदारों को चाहे बेगार में काम करवाना हो या फिर नजर-नजराना वसूल करना हो वह हर तरफ से इन्हीं किसानों की गर्दन पकड़ता है। यह पकड़ इतनी मजबूत होती थी कि किसानों की पीढ़ी-दर-पीढ़ी इसी में पिस जाया करती थी। 'गोदान' का होरी सारी उम्र राय साहब की जी-हुजूरी करता है। पर वह भोला किसान उनके इतने लम्बे हाथों से भला कैसे बच सकता था? तीन साल से लगान बाकी था। जमींदार राय साहब के कारिन्दे ने उस पर बेदखली का दावा कर दिया, "कहीं से रुपये मिलने की आशा न थी। जमीन उसके हाथ से निकल जायेगी और उसके जीवन के बाकी दिन मजूरी करने में कटेंगे। भगवान् की इच्छा राय साहब को क्या दोष दें? असामियों से उनका भी गुजर है।"[1]

यहाँ पर होरी की व्यथा के साथ-साथ समस्त भारतीय किसानों की व्यथा भी व्यक्त हुई है। होरी जैसे सीधे-साधे किसानों के लिए नियति ही सब कुछ है। परन्तु प्रेमचन्द के उपन्यासों में चित्रित सब किसान होरी जैसे ही नहीं हैं। उनमें स्थान-स्थान पर विद्रोह की भावना भी व्यक्त हुई है। यह विद्रोह युवा किसानों में ज्यादा है। 'गोदान' का गोबर अपने पिता से राय साहब के लिए हमेशा कटु वचन का ही प्रयोग करता है। 'प्रेमाश्रम' का बलराज भी इन्हीं

1. प्रेमचन्द : गोदान, पृ० 338

विद्रोहियों की श्रेणी में आता है। 'कायाकल्प' के किसान-मजदूर बेगार में काम करने से इन्कार कर देते हैं और जमींदार तथा उसके कर्मचारियों के साथ सशस्त्र संग्राम में उतर आते हैं। ऐसे विद्रोही किसानों की अवतारणा करके प्रेमचन्द यह बताना चाहते हैं कि हमेशा जमींदारों का ही राज नहीं रहेगा बल्कि आने वाला कल किसानों और मजदूरों का होगा। 'प्रेमाश्रम' में मनोहर के इस कथन में समस्त भारतीय किसानों के स्वाभिमान का परिचय मिलता है। वह जमींदारों को चुनौती देते हुए कहता है, "जमीन कोई खैरात नहीं जोत ले? उसका लगान देते हैं। एक भी किश्त बाकी पड़ जाय तो नालिस होती है।"[1] और आगे युवा किसान बलराज के कथन से यह बात और स्पष्ट हो जाती है, "जमींदार कोई बादशाह नहीं है कि चाहे जितनी जबरदस्ती करे और हम मुँह न खोलें। इस जमाने में तो बादशाहों का भी अख्तियार नहीं, जमींदार किस गिनती में हैं। कचहरी-दरबार में कहीं सुनवायी नहीं है तो (लाठी दिखाकर) यह तो कहीं नहीं गयी है।"[2]

जमींदार स्वयं अपनी स्थिति से परिचित हो चुके हैं। 'गोदान' के राय साहब निर्धन और असहाय होरी के सामने अपना दुखड़ा रोते हुए कहते हैं, "हम जो-जो और अंगुल-अंगुल और पोर-पोर भस्म हो रहे हैं। उस हाहाकार से बचने के लिए हम पुलिस की, हुक्काम की, अदालत की, वकीलों की शरण लेते हैं।··· जिसकी चोटी दूसरों के पैरों के नीचे दबी हो, जो भोग-विलास के नशे में अपने को बिलकुल भूल गया हो, जो हुक्काम के तलवे चाटता हो और अपने अधीनों का खून चूसता हो, उसे मैं सुखी नहीं कहता।··· मुफ्तखोरी ने हमें अपंग बना दिया है, हमें अपने पुरुषार्थ पर लेशमात्र भी विश्वास नहीं। केवल अफसरों के सामने दुम हिला-हिला कर किसी तरह उनके कृपापात्र बने रहना और उनकी सहायता से अपनी प्रजा पर आतंक जमाना ही हमारा उद्यम है।···लक्षण कह रहे हैं कि बहुत जल्द हमारे वर्ग की हस्ती मिट जाने वाली है। मैं उस दिन का स्वागत करने के लिए तैयार हूँ।"[3] वस्तुतः यह सभी जमींदारों की असली स्थिति है। इसी बीच जब चपरासी सूचना देता है कि बेगारों ने काम करने से इन्कार कर दिया तो राय साहब की त्योरी चढ़ जाती है। वे कहते हैं, "चलो मैं इन दुष्टों को ठीक करता हूँ। जब कभी खाने को नहीं दिया तो आज यह नयी बात क्यों? एक आने रोज के हिसाब से मजूरी मिलेगी, जो हमेशा मिलती रही है और इस मजूरी पर काम करना होगा, सीधे करें या टेढ़े।"[4] किसान-मजदूरों का यह विरोध-भाव 'प्रेमाश्रम', 'कायाकल्प' 'कर्मभूमि', आदि सभी उपन्यासों में स्पष्ट रूप से दिखाई

---

1. प्रेमचन्द : प्रेमाश्रम, पृ० 8
2. वही, पृ० 49
3. प्रेमचन्द : गोदान, पृ० 22
4. वही, पृ० 23

देता है।

उपर्युक्त बातों से यह स्पष्ट पता चलता है कि किसान जमींदारों के अत्याचार को अब बहुत दिन नहीं सह सकते। प्रेमचन्द ने अपने उपन्यासों में गोबर, मनोहर, बलराज आदि जैसे पात्रों की रचना इसी उद्देश्य से की है कि जमींदारों का भय किसानों के मन से निकल जाये। 'गोदान' में अपने पिता होरी का बार-बार जमींदार राय साहब के यहाँ जाना गोबर को अच्छा नहीं लगता। उसका विद्रोही तथा स्वाभिमानी मन बार-बार यही सोचता है कि जब हम लगान पूरा देते हैं, बेगार में काम करने जाते हैं तो इनकी खुशामद क्यों करें? इस सम्बन्ध में गोबर का प्रतिशोधात्मक स्वर इस प्रकार मुखरित हुआ है, "यह तुम रोज-रोज मालिकों की खुशामद क्यों करने जाते हो? बाकी न चुके तो प्यादा आकर गालियाँ सुनाता है, बेगार देनी ही पड़ती है, नजर-नजराना हमसे भराया ही जाता है। फिर किसी की क्यों सलामी करें।"[1]

यह विद्रोही स्वर पूरे भारतीय नवयुवक किसानों का प्रतिनिधित्व करता है। जमींदारों के निर्मम शोषण से नवयुवक किसानों का खून खौलने लगता है। 'प्रेमाश्रम' में राय कमलानन्द स्वयं यह स्वीकार करते हैं कि जमींदारों के हाथों किसानों की बड़ी दुर्दशा होती है। वे कहते हैं, "मैं स्वयं इस विषय में निर्दोष नहीं हूँ, बेगार लेता हूँ, डाँड़-बीज भी लेता हूँ। बेदखली या इजाफा का कोई भी अवसर हाथ से नहीं जाने देता, असामियों पर अपना रोब जमाने के लिए अधिकारियों की खुशामद भी करता हूँ।"[2] इस सम्बन्ध में डॉ० रामबक्ष ने अपने लेख 'प्रेमचन्द-साहित्य में किसानों के शोषण की प्रकृति' में प्रेमचन्द द्वारा चित्रित जमींदारों की स्थिति को स्पष्ट करते हुए लिखा है, "जमींदार किसानों से चाहे जितनी लगान वसूल कर सकता है। इन जमींदारों ने कानूनी लगान के साथ-साथ बेगार, शगुन, नजराना आदि कई गैर-कानूनी कर लेने शुरू किये। चूँकि इन जमींदारों की सृष्टि साम्राज्यवादी की नीति के तहत हुई थी, अतः इनका विरोध साम्राज्यवाद की नीतियों का विरोध था।"[3] यहाँ डॉ० रामबक्ष ने प्रेमचन्द के समय की जमींदारी प्रथा और भारत की सामन्तवादी प्रथा में अन्तर किया है। परम्परागत सामन्ती प्रथा में राजा जहाँ किसानों का शोषण करता था, वहीं कठिनाई के समय उनकी मदद भी करता था। विवाह, मृत्यु आदि के अवसरों पर राजा या जमींदार की ओर से मिलने वाली सहायता परम्परा से निश्चित थी। लेकिन ब्रिटिश शासन की नीतियों के अधीन निर्मित जमींदारी एक व्यवसाय बन गयी थी। इसे स्पष्ट करते हुए डॉ० रामबक्ष ने लिखा है, "इस व्यवसाय में हितकर परम्पराओं का तो वह पालन करता है और अपने लिए आर्थिक दृष्टि से अहितकर परम्परा

1. प्रेमचन्द : गोदान, पृ० 24
2. प्रेमचन्द : प्रेमाश्रम, पृ० 87
3. उत्तरगाथा : सं० सव्यसाची, प्रेमचन्द अंक 6-7, पृ० 179

को तोड़ देता है। पुराना जमींदार अपनी जमींदारी का हिसाब जमीन के क्षेत्र में या उसमें आने वाले गाँवों की संख्या से लगाता था, लेकिन नया जमींदार अपनी जमींदारी का हिसाब लगान के रूप में मिलने वाले रुपयों से लगाने लगा। 'प्रेमाश्रम' में लखनपुर दो ढाई हजार रुपये सालाना आमदनी का गांव है। लेकिन जमींदार ज्ञानशंकर इजाफा लगान आदि के द्वारा वहाँ से चार हजार रुपये कमाना चाहता है। इसी तरह राय कमलानन्द की आमदनी एक लाख रुपये वार्षिक थी। पुराने जमींदारों की दृष्टि आमदनी से ज्यादा कुल-मर्यादा की रक्षा पर होती थी। परन्तु अब नये जमींदारों को कुल-मर्मादा से क्या लेना-देना ! वे तो कुल-मर्यादा को उठाकर ताक पर रख दिये थे और पैसों के पीछे भागने लगे थे।

इस नये परिवर्तन के साथ ही किसान-जमींदार सम्बन्धों में भी परिवर्तन होता गया। 'प्रेमाश्रम' में इस अन्तर को स्पष्ट करते हुए मनोहर कहता है, "भैया तब की बातें जाने दो। तब साल-दो-साल की देन बाकी पड़ जाती थी। मुदा मालिक भी कभी कुड़की-बेदखली नहीं करते थे। जब कोई काम-काज पड़ता था तब हमको नेवता मिलता था। लड़कियों के ब्याह के लिए उनके यहाँ से लकड़ी-चारा और 25 रुपये बंधा हुआ था।··· जब वह अपने लड़कों की तरह पालते थे तब रैयत भी हँसी-खुशी उनकी बेगार करती थी। अब यह बातें तो गयीं बस एक-न-एक पच्चड़ लगा रहता है।"[1]

उपर्युक्त बातचीत में किसानों द्वारा पुराने जमींदारों के प्रति आदर तथा सम्मान की भावना की स्पष्ट झलक दिखाई देती है। लेकिन नया जमींदार जमींदारी को एक व्यवसाय समझता है। व्यवसाय की दृष्टि से उसे जो उचित लगता है वह वही करता है। स्वस्थ परम्पराओं को वह जमींदारी के लिए घातक समझता है। इसलिए उन्हें क्रूरतापूर्वक त्याग देता है। ये बातें 'गोदान' के राय साहब ने स्वयं स्वीकार की हैं। वे मिस्टर मेहता से कहते हैं, "मेरे स्वर्गवासी पिता असामियों पर इतनी दया करते थे कि पाले या सूखे में कभी आधा और कभी पूरा लगान माफ कर देते थे। अपने बखार से अनाज निकालकर असामियों को खिला देते थे। घर के गहने बेचकर कन्याओं के विवाह में मदद देते थे, मगर उसी वक्त तक, जब तक प्रजा उनको सरकार और धर्मावतार कहती रहे।···प्रजा का पालन उनका सनातन धर्म था, लेकिन अधिकार के नाम पर वह कौड़ी का एक दांत भी फोड़कर देना न चाहते थे।"[2] इससे स्पष्ट है कि जमींदारों की स्थिति में तेजी से गिरावट आने लगी थी। वे अपने परम्परागत न्यूनतम आदर्शों को भी भूल चुके थे। इसका जिक्र करते हुए प्रेमचन्द ने अपने 'महाजनी सभ्यता' शीर्षक लेख में पुरानी सामन्ती प्रथा के गुणों का जिक्र इस प्रकार किया है, "सामन्ता प्रथा में

1. प्रेमचन्द : प्रेमाश्रम, पृ० 14
2. प्रेमचन्द : गोदान, पृ० 59

बादशाह अगर अपने हुक्म को कानून समझता था और उसकी अवज्ञा को कदापि सहन न कर सकता था, तो प्रजा-पालन भी करता था, न्यायाधीश भी होता था··· उसकी विजय का उद्देश्य प्रजा का खून चूसना कदापि न होता था। कारण यह कि राजा और सम्राट जन-साधारण को अपने-अपने स्वार्थ-साधन और धन-शोषण की भट्ठी का इंधन न समझते थे, किन्तु उनके सुख-दुःख में शरीक होते थे और उनके गुण की कद्र करते थे।"[1] नये जमींदारों में यह विशेषता पूरी तरह गायब हो गयी थी। वे अंग्रेज सरकार के दलाल मात्र रहकर अपना बसर कर रहे थे।

अपनी बची-खुची स्थिति को बनाये रखने के लिए ये जमींदार लगातार प्रयत्नशील थे। उन्होंने सारे देश में अपने संगठन बना रखे थे। ऐसे ही एक संगठन का सम्मेलन 1934 में आगरा में हुआ, जिसमें उन्होंने अपने लिए संरक्षणों और रियायतों की माँग की थी। इस पर टिप्पणी करते हुए प्रेमचन्द ने लिखा है, "··· तुम क्या जनता का उपकार करते हो? तुम्हारी जात से समाज का क्या भला होता है? तुममें से जो सम्पन्न हैं वे मजे से लखनऊ या इलाहाबाद में बँगलों में ऐश करते हैं, और जो इतने भाग्यवान नहीं हैं वे देहातों में ही मूसलचंद बने घूमते हैं, जैसे गीदड़ मुर्दा जानवरों की खोज में रात में निकलते हैं। उनका उद्यम इसके सिवा और कुछ नहीं कि किसी असामी को किसी बहाने फुसलाकर उसकी जमा-जथा डकार जाय। आपस में कहीं लड़ाई हो जाये जमींदार साहब की चाँदी हो गयी। दोनों ही से कुछ-न-कुछ डांड़ वसूल करेंगे और चैन की वंसी बजायेंगे।"[2]

प्रेमचन्द को यह विश्वास था कि यह जमींदारी प्रथा, जो किसानों तथा मजदूरों पर इतने जुल्म करती है, ज्यादा दिन तक टिकने वाली नहीं है। चाहे वह अपने को जीवित रखने के लिए कितने भी उपाय करे, एक-न-एक दिन इसका अन्त जरूर होगा। प्रेमचन्द ने इसके लिए किसानों की एकजुटता को ज्यादा महत्त्व दिया है। उनकी यह मान्यता थी कि किसानों की दुर्दशा का सबसे बड़ा कारण उनका असंगठन है। किसानों में एकता नहीं है, उनकी इसी कमजोरी का फायदा जमींदार उठाता है। जमींदार हमेशा ही दो असामियों के टकराव का फायदा उठाता है। उन्हें आपस में लड़ाने के लिए वह हमेशा प्रयत्नशील रहता है। उन्हें विश्वास था कि जिस दिन किसान संगठित होकर इन नये जमींदारों का मुकाबला करेंगे, ये टिक नहीं पायेंगे। इनके समाप्त होते ही अंग्रेजी सरकार की रीढ़ भी टूट जायेगी। इसीलिए वे जमींदारी प्रथा की शीघ्र समाप्ति पर जोर दे रहे थे। उन्होंने किसान संगठन की जरूरत पर जोर देते हुए कहा है, "किसान लाख साक्षर हो जाये, जब तक वह संगठित नहीं होता, तब तक वह इन समुदायों का मुकाबला नहीं कर सकता, उसका जीवन कभी सुखी नहीं होगा।"[3]

---

1. डॉ० राजेश्वर गुरु : प्रेमचन्द : एक अध्ययन, पृ० 153 से उद्धृत
2. अमृतराय : कलम का सिपाही, पृ० 548
3. वही, पृ० 549

इस तथ्य को प्रेमचन्द ने 'गोदान' उपन्यास में स्पष्टता के साथ चित्रित किया है। 'कायाकल्प', 'प्रेमाश्रम', 'सेवासदन', 'कर्मभूमि' आदि की भाँति इसमें लेखक ने जमींदारों के शोषण से मुक्ति के लिए कोई कृत्रिम समाधान नहीं प्रस्तुत किया है। अपने इन उपन्यासों में प्रेमचन्द ने जमींदार और पूंजीपति के हृदय-परिवर्तन की पूरी सम्भावना व्यक्त की है और समस्याओं का आश्रमवादी (गांधीवादी) समाधान भी प्रस्तुत किया है। किन्तु 'गोदान' में प्रेमचन्द ने कोई समाधान न प्रस्तुत कर कृषक जीवन की अन्यान्य समस्याओं का निर्ममतापूर्वक उद्घाटन किया है। यदि किसान-जमींदार सम्बन्धों की निर्ममता के समाधान की ओर भी संकेत किया है तो वह बाहरी न होकर अन्दर से ही होने वाला समाधान है। यहाँ जमींदारों ने शोषण से मुक्ति दिलाने के लिए प्रेमशंकर (प्रेमाश्रम), अमरकान्त (कर्मभूमि), चक्रधर (कायाकल्प) आदि जैसे बाहरी लोगों के नेतृत्व को अस्वीकार किया गया है। रामसेवक महतो के निम्नलिखित कथन से यह बात अच्छी तरह प्रमाणित हो जाती है, "संसार में गऊ बनने से काम नहीं चलता। जितना दबो उतना ही लोग दबाते हैं।···भगवान् न करे कोई बेईमानी करे। यह बड़ा पाप है।···हाकिम भी जमींदार का पक्ष करते हैं।···मैंने गाँव भर में डोंडी पिटवा दी कि कोई बेसी लगान न दो और न ही खेत छोड़ो···गाँव वालों ने मेरी बात मान ली और सबने जाफा (इजाफा बढ़ी हुई लगान) देने से इन्कार कर दिया। जमींदार ने देखा सारा गाँव एक हो गया है तो लाचार हो गया। खेत बेदखल कर दे, तो जोते कौन? इस जमाने में जब तक कड़े न पड़ो, कोई नहीं सुनता।"[1] जमींदारों के शोषण से मुक्ति के लिए यह एकमात्र रास्ता है, जो प्रेमचन्द ने रामसेवक के माध्यम से 'गोदान' में प्रस्तुत किया है। गोबर के माध्यम से भी उन्होंने इसी बात की पुष्टि की है कि किसानों को अपनी समस्याओं का हल खुद करना होगा। उसकी मनोदशा पर टिप्पणी करते हुए प्रेमचन्द ने लिखा है, "उसने सुना है और समझा है कि अपना भाग्य खुद बनाना होगा, अपनी बुद्धि और साहस से इन आफतों पर विजय पाना होगा। कोई देवता, कोई गुप्त शक्ति उनकी मदद करने न आयेगी।"[2]

उपर्युक्त तथ्यों से यही निष्कर्ष निकलता है कि प्रेमचन्द ने मुख्यत: किसान-जमींदार सम्बन्धों को ही अपने अधिकांश उपन्यासों का विषय बनाया है। 'कायाकल्प', 'प्रेमाश्रम', 'कर्मभूमि', 'सेवासदन' आदि की भाँति ही 'गोदान' में भी जमींदारी प्रथा की तमाम सारी व्याधियाँ—इजाफा, बेदखली, कुर्की, बेगार, नजराना, बिना रसीद के लगान वसूल करना आदि का व्यापक प्रभाव प्रेमचन्द ने दिखाया है। ये व्याधियाँ किसानों और जमींदारों के बीच गहरी खाई पैदा कर देती हैं। प्राय: इन्हीं को लेकर किसानों और जमींदारों के मध्य संघर्ष की

---

1. प्रेमचन्द : गोदान, पृ० 342
2. वही, पृ० 344

स्थितियाँ भी पैदा हुई हैं। प्रेमचन्द ने इन व्याधियों का चित्रण करते हुए यह स्पष्ट संकेत भी किया है कि जमींदार उत्पादन में एक बहुत बड़ी बाधा है। जमीन पर तात्कालिक अधिकार तो जमींदारों का अवश्य है, लेकिन वास्तविक स्वामित्व अंग्रेज सरकार का है। इस वजह से किसान दो पाटों के बीच पिस रहे थे। वे अपना सबसे बड़ा दुश्मन जमींदार को ही मानते थे। अंग्रेजों की नीति भी यही थी कि वे जमींदार से लड़ते रहें, जिससे प्रशासन पर सीधी चोट न पड़े। इस तथ्य की ओर भी प्रेमचन्द ने स्थान-स्थान पर संकेत किया है।

2.2 ग्रामीण साहूकार : महाजन

ग्रामीण किसानों के शोषण का एक बहुत बड़ा आधार सूदखोर महाजन हैं। यद्यपि गरीबों के शोषण का वह बहुत पुराना रूप है, जिसे सामन्ती शोषण का एक विशिष्ट रूप माना जा सकता है। लेकिन ब्रिटिश शासन काल में यह और अधिक फूला-फला। इस फूलने-फलने के कारण का उल्लेख करते हुए डॉ० रामबक्ष ने लिखा है, "उत्तरी भारत में उस जमाने में शायद ही कोई किसान बचा हो, जिस पर कर्ज न हो। जिसके पास कुछ रुपये इकट्ठे हो गये, वही महाजन बन बैठता है, क्योंकि उद्योग-धन्धों के विकास की सम्भावनाओं को प्रयत्नपूर्वक अंग्रेजों ने रोक रखा था। फिर ब्याज की दर 25 रुपये सैकड़ा थी। उस पर नजर-नजराने की रकम अलग अदालत का खर्च अलग। ये सब रकमें किसी-न-किसी तरह महाजन की ही जेब में जाती थीं।"[1] वस्तुतः सूदखोरी उस समय सबसे आसान और लाभदायक व्यवसाय बन गयी थी। अविकसित क्षेत्रों और गाँवों के लिए तो यह एक अत्यन्त लाभदायक व्यवसाय सिद्ध हुई।

'तगादा', 'बेटी का धन', 'सद्गति', 'सवा सेर गेहूँ' आदि कहानियों में प्रेमचन्द ने सूदखोरी के भयंकर परिणामों का चित्रण किया है। लेकिन 'गोदान' से पूर्व के अपने उपन्यासों में इस प्रथा पर अधिक प्रकाश नहीं डाला है। 'गोदान' में उन्होंने ऋण की समस्या को केन्द्रीय समस्या के रूप में प्रस्तुत किया है। इस उपन्यास में कृषक जीवन का सर्वाधिक शोषण सूदखोर महाजनों द्वारा होते हुए दिखाया गया है। सभी किसान इन सूदखोरों के कर्ज के नीचे दबे हुए हैं। ये सूदखोर अनेक रूपों में ग्रामीण जीवन के अभिन्न अंग बने हुए हैं। पटवारी, मुखिया, पुरोहित आदि सभी इसमें सम्मिलित हैं। किसानों द्वारा अपनी उपज का अधिकांश भाग इन्हें भेंट चढ़ा देने के बाद भी उनका कर्ज घटने के बजाय दिन-प्रतिदिन बढ़ता ही जाता है। इस सम्बन्ध में डॉ० रामविलास शर्मा का निम्नलिखित निष्कर्ष अत्यन्त महत्त्वपूर्ण है, "किसानों के जीवन के अलग-अलग पहलुओं पर वे (प्रेमचन्द) उपन्यास लिख चुके थे—'प्रेमाश्रम' में बेदखली और इजाफा लगान पर, 'कर्मभूमि' में आर्थिक संकट और लगान बंदी की लड़ाई पर—लेकिन कर्ज की समस्या पर उन्होंने विस्तार से कोई उपन्यास नहीं लिखा था।

1. डॉ० रामबक्ष : प्रेमचन्द और भारतीय किसान, पृ० 19

'गोदान' लिखकर उन्होंने किसान की उस समस्या पर प्रकाश डाला जो आये दिन उनके जीवन को सबसे ज्यादा स्पर्श करती है।"[1] इस प्रकार वस्तुतः 'गोदान' में ही प्रेमचन्द ने किसान-समस्या की असली नब्ज पर अंगुली रखी है।

ग्रामीण जीवन के विशाल शोषण-तन्त्र का सबसे भीषण अंग महाजनी शोषण के प्रतिनिधियों का है। 'गोदान' में मगरू शाह, विसेसरशाह, दुलारी सहुआइन के साथ ही पुरोहित पं० दातादीन, पटवारी पटेश्वरी, जमींदार के कारकुन नोखेराम, पूंजीपति खन्ना के एजेण्ट झिंगुरी सिंह आदि सभी इसमें सम्मिलित हैं। इसके परिणामस्वरूप सरकारी, जमींदारी, पूंजीवादी, धार्मिक, सामाजिक, आदि सभी शोषणों के केन्द्र में महाजनी शोषण आ जाता है। कृषक-जीवन पर पटवारी पटेश्वरी, कारकुन नोखेराम, एजेण्ट झिंगुरी सिंह, पुरोहित दातादीन आदि उतने बड़े बोझ नहीं हैं, जितने कि सूदखोर महाजन के रूप में पटेश्वरी, नोखेराम, झिंगुरी सिंह, दातादीन आदि हैं। ये सभी महाजन ग्रामीण जीवन का अभिन्न अंग बनकर विषाक्त कीट की भांति कृषकों की जड़ों को खोखला कर रहे हैं। जमींदार या उनका कार्यकर्त्ता, पूंजीपति या उसका एजेण्ट, सरकार का प्रतिनिधि पटवारी, पुरोहित, मुखिया आदि कभी-कभार अवसर विशेष या स्थिति विशेष पर ही कृषकों का शोषण करते हैं। लेकिन सूदखोर महाजन के रूप में ये सोते-जागते चौबीस घण्टे किसानों की छाती पर सवार रहते हैं।

'गोदान' में जब भोला राय साहब के यहाँ दशहरे पर पाँच रुपये के शगुन के जुगाड़ की बात होरी से पूछता है तो वह अपनी व्यथा को भारतीय-किसान की व्यथा-कथा का रूप प्रदान करते हुए कहता है, "उसी की चिन्ता तो मारे डालती है दादा। अनाज तो सबका सब खलिहान में तुल गया। जमींदार ने अपना लिया, महाजन ने अपना लिया।...जमींदार तो एक है मगर महाजन तीन-तीन हैं, सहुआइन अलग, मगरू अलग, दातादीन पण्डित अलग। हमारा जन्म इस लिए हुआ है कि अपना रक्त बहाएँ और बड़ों का घर भरें। मूल का दुगुना सूद भर चुका पर मूल ज्यों-का-त्यों सिर पर सवार है।"[2] आगे वह फिर कहता है, "कौन कहता है हम तुम आदमी हैं। हममें आदमियत कहाँ? आदमी वह है, जिसके पास धन है, इलम है। हम लोग तो बैल हैं जुतने के लिए पैदा हुए हैं।"[3]

उपर्युक्त कथन में अत्यधिक वेदना छिपी हुई है। होरी का एक-एक शब्द किसानों के शोषित जीवन की करुण गाथा प्रस्तुत कर रहा है। 'गोदान' में किसानों के शोषण के लिए सूदखोरों की ही भूमिका को प्रमुखता दी गयी है। ऋण की चक्की के नीचे दबे किसान कभी उबर नहीं सकते। ऋण का बोझ इस तरह से बढ़ता जाता है कि किसानों के लाख कोशिश करने पर भी वह घटने का

1. डॉ० रामविलास शर्मा : प्रेमचन्द और उनका युग, पृ० 115
2. प्रेमचन्द : गोदान, पृ० 30
3. वही

नाम नहीं लेता। होरी पर लगातार बढ़ रहे ऋण के सम्बन्ध में प्रेमचन्द ने लिखा है, "इस फसल में तो सब कुछ खलिहान में ही तौल देने पर भी अभी उस पर कोई तीन सौ रुपये कर्ज था, जिस पर कोई सौ रुपये सूद के बढ़ते जाते थे। मगरू शाह से आज कोई पाँच साल हुए बैल के लिए साठ रुपये लिए थे, उनमें से साठ दे चुका था पर अभी साठ ज्यों-के-त्यों बने हुए थे। दातादीन पण्डित से तीस रुपये लेकर आलू बोये थे। आलू चोर खोद ले गये उस तीस के इन तीन बरसों में सौ रुपये हो गये थे।"[1]

यह केवल अकेले होरी की ही स्थिति नहीं है। प्रेमचन्द ने आगे लिखा है कि होरी को इससे सन्तोष मिलता है कि गाँव का हर किसान कर्ज से दबा हुआ है, "अगर सन्तोष था तो यही कि यह विपत्ति अकेले उसी के सिर न थी। प्रायः सभी किसानों का यही हाल था। शोभा और हीरा को उससे अलग हुए अभी तीन साल हुए थे, मगर दोनों पर चार-चार सौ का बोझ लद गया। झींगुर दो हल की खेती करता है। उस पर एक हजार से कुछ बेसी ही देना है। जियावन महतो के घर भिखारी भीख नहीं पाता, लेकिन कर्ज का कोई ठिकाना नहीं। यहाँ कौन बचा है?"[2]

इस तरह के शोषण की चक्की में पिसते हुए किसान अपने जीवन के प्रति उदास हो गये हैं। यह दशा सिर्फ होरी की ही नहीं बल्कि सारे गाँव तथा पूरे भारतीय किसानों की भी है। कर्ज के बोझ के नीचे सिर्फ होरी ही नहीं बल्कि पूरा गाँव दबा हुआ है। प्रेमचन्द ने होरी के जीवन के साथ तत्कालीन भारत के सभी किसानों का जीवन जोड़ दिया था। सभी किसानों की आर्थिक दशा इतनी शोचनीय है कि सर्दी आने से पहले ही उन्हें चिन्ता होने लगती है कि जाड़े की रात कैसे कटेगी? क्योंकि वे लगान तथा साहूकार-महाजनों के ऋण से इस कदर दबे हुए हैं कि उन्हें चुकाने में उनका सारा जीवन लग जाता है। अपने बारे में तो कभी सोच ही नहीं सकते। होरी का सारा जीवन गुलामी में बीत जाता है। वह अपने विपक्षियों तथा रक्त चूसने वालों के प्रति आवाज भी नहीं उठा सकता। वह युगीन महाजनी वज्रपात से अपने एवं अपने परिवार के अस्तित्व की रक्षा के लिए परिश्रम में जुटा रहता है। होरी सम्पूर्ण भारतीय साहित्य में उपन्यासकार प्रेमचन्द के संजोए सम्पूर्ण जीवनानुभवों का यथार्थ चित्र है। दातादीन की ईख काटते हुए वह बेहोश हो जाता है। जेठ की दोपहरी में लू लग जाने से वह सदैव के लिए आँखें मूंद लेता है। समय और परिस्थितियों के साथ जोंक की तरह चिपके हुए ये महाजन और साहूकार इस खाते-पीते किसान को मजदूर बनने के लिए विवश कर देते हैं। होरी के रूप में तत्कालीन कृषक पीढ़ी दम तोड़ देती है।

'गोदान' का होरी गाय लाया अपने लिए लेकिन महाजन झिंगुरी सिंह के पेट

---

1. प्रेमचन्द : गोदान, पृ० 41-42
2. वही, पृ० 42

में खलबली मची हुई थी कि कब होरी को फँसाए और गाय उड़ा ले। यह अवसर उसे जल्दी ही मिल गया। असाढ़ की पहली वर्षा होते ही जमींदार के कारकुन ने आदेश दे दिया कि बकाया लगान चुकता किये बिना कोई खेत न बोये। किसानों में खलबली मच गयी। सभी महाजनों के पास कर्ज के लिए दौड़े। होरी झिंगुरी सिंह को छोड़ सभी से कर्ज ले चुका था। उसने झिंगुरी सिंह के पास पहुँचकर अपना दुखड़ा सुनाया। उसने महाजनी की बुराइयों को बताते हुए होरी के सामने गाय बेच देने का प्रस्ताव रखा। यहाँ महाजनी के कुचक्रों को उद्घाटित करते हुए प्रेमचन्द ने लिखा है, "ठाकुर ने ऊँच-नीच सुझाया, महाजनी के हथकण्डों का ऐसा भीषण रूप दिखाया कि उसके मन में यह बात बैठ गयी। ठाकुर ठीक ही तो कहते हैं, जब हाथ में रुपये आ जायँ तब गाय ले लेना। तीस रुपये का कागज लिखने पर कहीं पच्चीस रुपये मिलेंगे और तीन-चार साल तक न दिये गये, तो पूरे सौ हो जायेंगे। पहले का अनुभव यही बता रहा था कि कर्ज वह मेहमान है, जो एक बार आकर जाने का नाम नहीं लेता।"[1]

होरी के मन में बार-बार यह आता था कि वह कर्ज न ले पर अपनी मरजाद तो उसे बनाये रखनी थी। इसलिए वह बार-बार न चाहते हुए भी कर्ज लेने के लिए विवश है। किसान मात्र कहने के लिए कृषक थे, उनका अपना कुछ नहीं था। खेतों में जो कुछ भी पैदा होता, वह जमींदारों, साहूकारों और महाजनों का था। हाँ मेहनत और खून-पसीना अवश्य किसानों का अपना था। जेठ की दोपहरी में तप-तप कर ईख की गुड़ाई ये जरूर करते थे, पर तैयार गन्ने पर इनका कोई अधिकार नहीं था।

इस चौतरफे आक्रमण से किसानों की दशा अत्यन्त शोचनीय हो गयी थी। साहूकार, महाजन गिद्धों की भाँति इनका मांस नोच-नोच कर खाने में लगे हुए थे। यही वजह थी जिससे तत्कालीन भारतीय किसान की आर्थिक स्थिति अत्यन्त दयनीय होती गयी। इस स्थिति को प्रेमचन्द ने अपने प्रथम उपन्यास 'वरदान' में चित्रित किया है, "टूटे-फूटे फूँस के झोपड़े, मिट्टी की दीवारें, घरों के सामने कूड़े-करकट के बड़े-बड़े ढेर···मनुष्यों को देखो तो उनकी शोचनीय दशा है।···वे विपत्ति की मूर्तियां और दरिद्रता के जीवित चित्र हैं। किसी के शरीर पर एक बे-फटा वस्त्र नहीं है और कैसे भाग्यहीन कि रात-दिन पसीना बहाने पर भी कभी भरपेट रोटियां नहीं मिलतीं।"[2]

यह 'वरदान' उपन्यास की नायिका विरजन का अनुभव नहीं है, बल्कि चिन्तनशील लेखक प्रेमचन्द का अनुभव है। उन्होंने अपने जीवनानुभवों को अपनी रचनाओं में साकार रूप प्रदान किया है। उनकी रचनाएँ एक निश्चित सामाजिक चिन्ता को लेकर चलती हैं और समाज के शोषित वर्गों के जीवन की सच्ची झाँकी

1. प्रेमचन्द : गोदान, पृ० 106
2. प्रेमचन्द : वरदान, पृ० 73

प्रस्तुत करती हैं। उनकी रचनाओं में अमीरों के मनोरंजन की सामग्री नहीं है बल्कि गरीबों तथा बेवसों के जीवन पर लिखी गयी एक सच्ची कहानी है। प्रेमचन्द सच्चे मन से किसानों के साथ थे तथा उन्हें शोषण की चक्की से मुक्त करना चाहते थे। गोदान में होरी और शोभा के वार्तालाप से साहूकार तथा महाजनों का जो रूप हमारे सामने आता है वह उनके चेहरों को बेनकाब कर देता है, "न जाने इन महाजनों से कभी गला छूटेगा कि नहीं। इस जनम में तो कोई आशा नहीं है भाई। हम राज नहीं चाहते, खाली मोटा-झोटा पहनना, और मोटा-झोटा खाना और मरजाद के साथ रहना चाहते हैं। वह भी नहीं सधता।"[1]

उपर्युक्त बातों से महाजनों के अमानवीय व्यवहारों का पता लगता है। यही नहीं झिंगुरी सिंह जो बड़े महाजनों में गिने जाते हैं शोभा उनके सम्बन्ध में कहता है, "हैजा हो जाय और फिर कभी नहीं उठे।" क्योंकि इन विषाक्त नर-कीटों से वह ऊब गया है। ये साहूकार-महाजन सोते-जागते चौबीस घण्टे किसानों की छाती पर सवार रहते हैं और बेचारे किसान उनकी शोषण की चक्की से निकल नहीं पाते। महाजनों और साहूकारों का तो यह हाल है कि होरी के गन्ने कटने की उन्हें जैसे ही भनक मिली सबके-सब वहाँ पहुँच गये। मगरू शाह और दुलारी सहुआइन तो उसे ईख ही नहीं काटने दे रहे थे। वे अपने पैसे माँगने लगे। बेचारा होरी कहाँ से लाये इनके पैसे। इस गन्ने का ही तो भरोसा है, जिससे वह बैल की गोई लेना चाहता है, पर इन गिद्धों को पहले ही भनक लग जाती है और सूंघते-सूंघते शिकारी शिकार के पास पहुँच ही जाते हैं। ईख को मिल में पहुँचाने तथा उसे तोलने की सारी जिम्मेदारी झिंगुरी सिंह ने अपने ऊपर ले ली है। इससे वे सारे गाँव को अपने मायाजाल में फँसाकर अपना कर्ज पहले ही चुकता करवा लेते हैं।

जब पूरे गाँव का गन्ना लद कर मिल पर पहुंचता है तो ये महाजन अपना रुपया लेने के लिए वहाँ उपस्थित हैं। इसका चित्रण करते हुए प्रेमचन्द ने लिखा है, "तौल शुरू होते ही झिंगुरी सिंह ने मिल के फाटक पर आसन जमा लिया। हर एक की ऊख तौलते थे, दाम का पुरजा लेते थे, खजांची से रुपया वसूल करते थे और अपना पावन्त काटकर असामी को दे देते थे।"[2] इस तरह होरी को 120 रुपये की जगह केवल 25 रुपये मिले, जो बाद में वह नोखेराम के हवाले कर आया। शोभा को भी इतने रुपये मिले थे, जो पटेश्वरी के हवाले हो गये। गिरधर के गन्ने का सारा पैसा झिंगुरी सिंह ने सूद में काट लिया। केवल एक इकन्नी मुँह में डाल कर बचा पाया था, जिसकी उसने ताड़ी पी ली थी। इस प्रकार सारे किसान अपनी साल भर की कमाई को सूदखोरों के हवाले कर खाली हाथ घर वापस आते हैं। 'गोदान' में प्रेमचन्द ने जहाँ होरी जैसे पात्र की रचना मात्र जुल्म सहने के लिए की है; वहीं गोबर जैसे पात्रों के माध्यम से इस जुल्म के खिलाफ आवाज

1. प्रेमचन्द : गोदान, पृ० 183
2. वही

भी उठवाई है। गोबर लखनऊ से गाँव आता है। जब वह अपने घर की विपन्नता से परिचित होता है तो उसका विद्रोही मन उन सबसे बदला लेने के लिए तड़प उठता है, जो उसके खाते-पीते परिवार को इस दशा में पहुँचाने के जिम्मेवार थे। होली के अवसर पर वह अपने घर पर गाँव के सभी युवकों को बुलाता है और उनकी खूब आवभगत करता है। इस अवसर पर सभी मिलकर एक नाटक खेलते हैं, जिसमें गाँव के महाजनों के असली चेहरों को इस प्रकार बेनकाब किया जाता है, "किसान आकर ठाकुर के चरण पकड़ कर रोने लगता है। बड़ी मुश्किल से ठाकुर रुपये देने पर राजी होते हैं। जब कागज लिखा जाता है और असामी के हाथ पर पाँच रुपये रख दिये जाते हैं तो वह चकराकर पूछता है—

"यह तो पाँच ही हैं मालिक।"

"पाँच नहीं दस हैं, घर जाकर गिनना।"

"नहीं सरकार पाँच हैं।"

"एक रुपया नजराने का हुआ कि नहीं?"

"हाँ सरकार।"

"एक तहरीर का?"

"हाँ सरकार।"

"एक कागद का?"

"हाँ सरकार?

"एक दस्तूरी का?"

"हाँ सरकार।"

"एक सूद का।"

"हाँ सरकार।"

"पाँच नगद, दस हुए कि नहीं?"

"हाँ सरकार अब यह पाँचों भी मेरी ओर से रख लीजिए।"

"कैसा पागल है?"

"नहीं सरकार एक रुपया छोटी ठकुराइन का नजराना है, एक रुपया बड़ी ठकुराइन का। एक रुपया बड़ी ठकुराइन के पान खाने का और एक छोटी ठकुराइन के पान खाने का। बाकी बचा एक वह आप के क्रिया-करम के लिए।"[1]

यहाँ प्रेमचन्द ने यह दिखाना चाहा है कि किस तरह से महाजन इन किसानों को आधे पैसे देकर उसका दुगुना वसूल करता है। किसानों को ऐसे शोषकों के बीच रहकर किसान बने रहना बड़ा ही मुश्किल है। वह किसान से जल्दी ही मजदूर बन जाता है। आखिर उसे किसान से मजदूर बनाने पर कौन मजबूर करता है? इस प्रश्न का उत्तर हम बेझिझक दे सकते हैं कि जमींदार और महाजन—जो कभी अलग और कभी एक-दूसरे का पूरक बनकर किसानों को इस

1. प्रेमचन्द : गोदान, पृ० 214-215

अवस्था तक पहुँचाने के अपराधी हैं। इस नकल से प्रेमचन्द शायद यह भी बता देना चाहते हैं कि अब तुम उन्हें ज्यादा दिन तक सूदखोरी के जाल में फँसा कर नहीं रख सकते। इन जालों को काटने की हिम्मत भी अब उनमें आने लगी है। इस 'नकल' के माध्यम से वे सिर्फ महाजन के शोषण के तरीकों को ही नहीं उद्घाटित करते बल्कि व्यंग्यात्मक शैली के माध्यम से किसानों के क्रान्तिकारी विचारों को भी व्यक्त करते हैं। प्रेमचन्द के साहित्य में हमें किसान पस्त हिम्मत ही नहीं दिखेंगे, बल्कि उनके अन्दर एक नवचेतना का संचार होते भी दिखायी देता है।

प्रेमचन्द ने आगे यह भी बताया है कि किसी भी कानून से इनकी रक्षा नहीं हो सकती। महाजन झिंगुरी सिंह कानून के दाँव-पेंच को पण्डित दातादीन से बताते हुए कहता है, "कानून और न्याय उसका है जिसके पास पैसा है। कानून तो है कि महाजन किसी असामी के साथ कड़ाई न करे, कोई जमींदार किसी काश्तकार के साथ सख्ती न करे, मगर होता क्या है। रोज देखते ही हो। जमींदार मुश्क बँधवा-कर पिटवाता है और महाजन लात और जूते से बात करता है। जो किसान पोढ़ा है, उससे न जमींदार बोलता है, न महाजन। ऐसे असामियों से हम मिल जाते हैं और उनकी मदद से दूसरे असामियों की गर्दन दबाते हैं।...कचहरी अदालत उसी के साथ है, जिसके पास पैसा है। हम लोगों को घबराने की बात नहीं।"[1]

इससे स्पष्ट पता चलता है ग्रामीण सूदखोरों को किसी का भय नहीं है। पटवारी सरकारी नौकरी से मुअत्तल हो सकता है, कारिन्दा जमींदार द्वारा नौकरी से हटाया जा सकता है लेकिन एक सूदखोर महाजन के रूप में उसका कोई बाल भी बाँका नहीं कर सकता। यही कारण है कि इस महाजनी प्रथा से प्रेमचन्द बहुत चिंतित होते हैं। यद्यपि इससे किसानों की मुक्ति का वे कोई स्पष्ट मार्ग नहीं खोज पाते, फिर भी गोबर के माध्यम से उसका संकेत अवश्य कर देते हैं।

2.3 सरकारी-गैर सरकारी कर्मचारी

प्रेमचन्द ने भारतीय ग्रामीण समाज का चित्रण करते हुए उसके दोहरे शोषण का संकेत किया है। इसमें एक तरफ अंग्रेज सरकार का शोषण आता है तो दूसरी तरफ जमींदारों का। अंग्रेज सरकार के शोषण के प्रतिनिधि के रूप में उन्होंने राज-कर्मचारी, तहसील-कचहरी और पुलिस-व्यवस्था की क्रूरता को चित्रित किया है। अंग्रेज शासक इन्हीं के माध्यम से किसानों का शोषण करते थे। जमींदारों के शोषण का संचालन उसके कर्मचारी करते थे, जिसमें उसके कारिन्दे, मुख्तार, चपरासी, मुंशी, दीवान आदि आते हैं। इन्हें गैरसरकारी कर्मचारी के रूप में माना जा सकता है। प्रेमचन्द की दृष्टि में कारिन्दा ही वास्तविक जमींदार होता था। क्योंकि उसी की दृष्टि से जमींदार सारे गाँव की समस्या को देखता और किसानों के बारे में

---

1. प्रेमचन्द : गोदान

अपनी राय कायम करता था। इस पद पर अधिकांशतः ऊँची जातियों के लोग नियुक्त होते थे। चपरासी, पहरेदार जैसे पदों पर प्रायः नीची जाति के लोग भी नियुक्त हो सकते थे। लेकिन इनकी जातीयहीनता से इनके रोब-दाब में कभी कोई कमी नहीं आने पाती थी। इन्हीं सबसे किसानों का सम्पर्क रहता था।

सरकारी कर्मचारी सरकार से किसानों के हितों की कोई बात नहीं करता था। वह गाँवों का दौरा करता था किन्तु स्थिति से परिचित होकर भी न्याय और सत्य का आश्रय नहीं ले सकता था। जनता या सरकार के हित की अपेक्षा वह अपने स्वार्थ को अधिक महत्त्व देता था। इस वर्ग के प्रति अपना क्षोभ प्रकट करते हुए प्रेमचन्द कहते हैं, "कार्तिक का आरम्भ होते ही एक विशेष प्रकार के जन्तु देहातों में निकल पड़ते हैं और अपने खेमों तथा छोलदारियों से समस्त ग्राम-मण्डल को उज्ज्वल कर देते हैं। वर्षा के आदि में राजसिक कीट और पतंग का उद्‌भव होता है, उसके अन्त में तामसिक कीट और पतंग का।"[1]

प्रेमचन्द का राजसिक कीट-पतंग से आशय सरकारी कर्मचारियों से है। उनका काम वैसे तो किसानों तथा समस्त ग्रामवासियों की भलाई का है लेकिन वे भला किसी की भलाई क्या करेंगे? हाँ अपनी स्वार्थ-पूर्ति के लिए किसानों का रक्त चूसने में पीछे नहीं रहते। 'प्रेमाश्रम' में प्रेमचन्द ने इन्हीं सरकारी कर्मचारियों के अत्याचारों से पीड़ित किसानों के दुःख-दर्द का विवरण प्रस्तुत किया है।

'प्रेमाश्रम' में लखनपुर गाँव में हाकिम का दौरा होने वाला है। हाकिम कोई अंग्रेज नहीं है। यह हाकिम अपने लश्करों के साथ देहात में मुकदमे की तहकीकात करने आया है। गरीबों के ऊपर एहसान करने आया है कि घर बैठे-बैठे उन्हें न्याय मिलेगा। लेकिन गरीब किसानों पर इस दौरे का जो असर होता है, उसका यथार्थ चित्र कादिर और मनोहर के निम्नलिखित संवाद में प्रस्तुत हुआ है।

"कादिर--हाकिमों का दौरा क्या है, हमारी मौत है। बकरीद में कुर्बानी के लिए जो बकरा पाल रखा था, वह कल लश्कर में पकड़ गया।···

मनोहर—यह लोग बड़ा अंधेर मचाते हैं। आते हैं इन्तजाम करने, इन्साफ करने लेकिन हमारे गले पर छुरी चलाते हैं। इससे कहीं अच्छा तो यही था कि ये दौरे बन्द हो जाते। यही न होता कि मुकदमे वालों को सदर जाना पड़ता, इस सासत से तो जान बच जाती।"[2]

प्रेमचन्द ने यहाँ इस बात को स्पष्ट किया है कि किस तरह से ये कर्मचारी किसानों के रक्षक की जगह उनके भक्षक बने हुए हैं। यह वर्ग ब्रिटिश शासन का अत्यन्त कुरूप पक्ष प्रस्तुत करता था। किसानों के दुःख-दर्द से किसी को क्या लेना-देना था! ये कर्मचारी तो गाँवों में सिर्फ खाने-पीने और मौज करने के लिए आते थे। बस जिस प्रकार से बन पड़े किसानों को लूटो-खसोटो और अपना घर भरो।

---

1. प्रेमचन्द : प्रेमाश्रम, पृ० 51
2. वही, पृ० 52-53

ये बातें हमें प्रेमचन्द की सोद्देश्यता की ओर इंगित करती हैं। वे हमारा ध्यान उस ओर ले जाना चाहते हैं, जहाँ किसानों की विवशता भरी जिन्दगी है, उनकी कड़ी मेहनत है और साथ में भूख भी है। किसानों को इस विवशता से निकालना ही प्रेमचन्द की सामाजिक चिन्ता थी।

कहने को तो लखनपुर में ज्वाला सिंह न्याय करने आया है। लेकिन किसानों को इतनी स्वतन्त्रता नहीं कि वे अपने न्यायिक अधिकारी के पास पहुँच सकें और उसे अपनी परेशानियों से अवगत करा सकें। क्योंकि ज्वाला सिंह के नीचे जो अधिकारी वर्ग हैं, उनकी अनुमति के बिना हाकिम के पास पहुँचना बहुत ही मुश्किल है। इसका एक कारण और भी है कि सदियों से चली आ रही गुलामी और शोषण की परम्परा ने किसानों के मनोबल को इतना दबा दिया था कि वे अपनी पीड़ा को किसी से व्यक्त करने का साहस नहीं जुटा पाते। किसानों की यह स्थिति प्रेमचन्द के सामने एक चुनौती बनी हुई थी और इसीलिए उन्होंने बलराज और मनोहर जैसे किसान पात्रों की अवतारणा करके किसानों को इस स्थिति से उबारने का संकल्प किया। राष्ट्र के सेवकों से भी प्रेमचन्द यही चाहते थे कि वे किसानों के बीच जाकर उनमें आत्मविश्वास जगाएँ, उन्हें समझाएँ कि अन्याय के विरुद्ध आवाज उठाना उनका हक है, जो उन्हें मिलना चाहिए।

'प्रेमाश्रम' का बलराज एक संघर्षशील युवा किसान है। उसमें नवीन चेतना विकसित हो रही है। वह किसानों के अधिकारों के बारे में भली-भाँति परिचित है। दुनिया का भी हाल जानने लगा है। वह किसी गरीब बेकस के ऊपर अन्याय होते नहीं देख सकता। बलराज गाँव वालों के दुःख-दर्द को ज्वाला सिंह से कहने जाता है लेकिन उसका परिणाम कुछ नहीं निकलता, बल्कि उल्टा वह जमींदार के कारिन्दे गौस खाँ की नजर पर चढ़ जाता है। सारा का सारा गाँव इन कर्मचारियों के दुर्व्यवहारों से पीड़ित है।

सरकारी कर्मचारियों की स्थिति पर प्रेमचन्द ने जो कटाक्ष किया है, शायद ही ऐसा व्यंग्यात्मक कटाक्ष कहीं और मिले, "जिस भाँति प्रकाश की रश्मियाँ पानी में वक्रगामी हो जाती हैं, उसी भाँति सदिच्छाएँ भी बहुधा मानवीय दुर्बलताओं के सम्पर्क से विषम हो जाया करती हैं। सत्य और न्याय पैरों के नीचे आ जाता है, लोभ और स्वार्थ की विजय होती जाती है। अधिकारी वर्ग और उनके कर्मचारी विरहिणी की भाँति इस सुखकाल के दिन गिना करते हैं। शहरों में उनकी दाल नहीं गलती। प्रत्येक चीज के लिए जेब में हाथ डालना पड़ता है, किन्तु देहातों में जेब की जगह उनका हाथ अपने सोटे पर होता है या किसी दीन की गर्दन पर।"[1]

प्रेमचन्द ने जिस गहराई के साथ सरकारी कर्मचारियों द्वारा किये गये अत्याचारों को व्यक्त किया है, जितनी सच्चाई से किसानों की सम्वेदनाओं को अपने साहित्य में उतारा है, इस सम्बन्ध में इतनी पैनी दृष्टि इससे पहले किसी भी

---

1. प्रेमचन्द : प्रेमाश्रम, पृ० 51

साहित्यकार की नहीं दिखाई देती। उन्होंने अपने उपन्यासों में सरकारी कर्मचारियों के शोषण के जो चित्र खींचे हैं, उससे हम उनकी संवेदनशीलता को आसानी से समझ सकते हैं।

'प्रेमाश्रम' का दयाशंकर भी इन्हीं अधिकारियों की श्रेणी में सम्मिलित है। वह जमींदार के कारिन्दे गौस खां की झूठी शिकायत पर रिश्वत लेकर गांव के किसानों को फंसाता है। कहने को पुलिस और दरोगा जनता के हित के लिए हैं और जरूरत पड़ने पर उन्हें सही न्याय देने के लिए हैं। लेकिन सर्वत्र इनका भक्षक रूप ही सामने आता है। इन पुलिस कर्मचारियों की सबसे बड़ी विशेषता यह है कि ये किसी को भी झूठे मुकदमे में फंसा सकते हैं। 'गोदान' का दरोगा कहता है, "तुमने अभी अंधेर नहीं देखा, कहो तो वह भी दिखा दूं? एक-एक को पांच-पांच साल के लिए भेजवा दूं। यह मेरे बायें हाथ का खेल है। डाके में सारे गांव को काले पानी भेजवा सकता हूं। इस धोखे में न रहना।"[1]

किसानों की तैयार फसल के समय पुलिस भी गांव जाकर झूठे-सच्चे डाकों की तहकीकात करती है और इसी बहाने रिश्वत लेती है। रिश्वत लेना तो पुलिस विभाग की शान का द्योतक है। 'प्रेमाश्रम' में गौस खां की हत्या मनोहर करता है। वह अपना जुल्म भी स्वीकार करता है लेकिन पुलिस ने सारे गांव के आदमियों पर न केवल मुकदमा ही चलवाया बल्कि सजा भी दिलवायी। 'कर्मभूमि' में भी किसानों से जबरदस्ती लगान वसूल करने पुलिस ही आती है। पुलिस की इन करतूतों से भारतीय किसान जितना सिपाही से डरता है, उतना वह किसी अन्य से नहीं। आज भी गांवों में पुलिस का यह खौफ व्याप्त है।

'प्रेमाश्रम' में लखनपुर गांव के ऊपर सरकारी अधिकारियों की कृपा कुछ अधिक ही है, क्योंकि यह गांव शहर के पास पड़ता है। इसलिए अधिकारी लोग इस गांव को ज्यादा पसन्द करते हैं। ये अधिकारी गांव के लोगों से बेगार में काम करवाना भी अपनी शान समझते थे। एक चपरासी गांव के ही एक किसान को जूते मारता है। उसका कसूर यही है कि वह सुबह से ही बेगार में काम करके थक जाता है और अपने घर जाना चाहता है। तभी गांधीवादी विचारों से प्रभावित, किसानों की भलाई चाहने वाले प्रेमशंकर वहाँ आ जाते हैं। वे सरकारी आदमियों के निर्ममता भरे व्यवहार को देखकर व्यंग्य करते हुए कहते हैं, "मुझे मालूम नहीं था कि जूते लगवाना भी सरकारी काम है।"[2]

इन कर्मचारियों के पास जितने भी अत्याचार तथा शोषण के तरीके थे सब किसानों के ऊपर आजमाए जाते थे। ये किसान इसे अपनी नियति मानकर झेलते हैं। लेकिन प्रेमचन्द का उद्देश्य इन किसानों में जागृति पैदा करना था। इनके सोये हुए स्वाभिमान को जगाना था क्योंकि उनके उपन्यासों का उद्देश्य ही जन-साधारण

1. प्रेमचन्द : गोदान, पृ० 118
2. प्रेमचन्द : प्रेमाश्रम, पृ० 188

के उत्थान को लेकर हमारे सामने आता है। 'प्रेमाश्रम' के गौस खां के व्यवहारों से समूचा गाँव दुखी है। परन्तु उसकी मृत्यु के बाद जब फैजुल्लाह खां जमींदार के कारिन्दा पद को सँभालता है तो किसानों पर और अधिक जुल्म ढाता है। इस गैर-सरकारी कर्मचारी के काले कारनामों की बखिया उधेड़ते हुए प्रेमचन्द लिखते हैं, "फैजुल्लाह खां नित्य प्रातः ताँगे पर सवार होकर गाँव का चक्कर लगाते हैं कर्तार और बिन्दा महाराज लट्ठ लिये उनके पीछे-पीछे चलते। जो कुछ नोचे-खरोटे मिल जाता वह लेकर लौट आते थे। यों तो समस्त गाँव उनके अत्याचार से पीड़ित था, पर मनोहर के घर पर इन लोगों की विशेष कृपा थी। फैजू को पूरा विश्वास था कि अब चैत में किसी से मालगुजारी वसूल तो होगी नहीं, सभी पर बेदखली के दावे कर दूंगा और एक ही हल्ले में सबको समेट लूंगा। मुसल्लम गाँव बेदखल कर दूंगा, आमदनी चट-पट दूनी हो जायेगी।"[1]

इस तरह से ये कर्मचारी अपनी स्वार्थ-सिद्धि के लिए समूचे गाँव को अपना शिकार बनाने में नहीं झिझकते थे। गरीब किसानों का खून चूसकर सिर्फ अपना घर भर लेना ही इनका सबसे बड़ा उद्देश्य था। 'कायाकल्प' में राजा विशाल सिंह के राज्याभिषेक के लिए प्रत्येक असामी को हल पीछे 10 रुपये चन्दा लगा दिया जाता है। निर्धन असामी जब चन्दा देने में आनाकानी करते हैं तब कर्मचारियों को आदेश मिलता है कि धड़ल्ले से वसूली की जाय। कर्मचारियों के दुर्व्यवहारों का यथार्थ चित्र खींचते हुए प्रेमचन्द लिखते हैं, "हुक्म मिलने की देर थी। कर्मचारियों के हाथ तो खुजला ही रहे थे। वसूली का हुक्म पाते ही बाग-बाग हो गये। फिर तो वह अंधेर मचा कि सारे इलाके में कुहराम मच गया।··· चारों तरफ लूट-खसोट हो रही थी। गालियाँ और ठोक-पीट तो साधारण बात थी, किसी के बैल खोल लिये जाते थे, किसी की गाय छीन ली जाती थी, कितनों ही के खेत कटवा लिए गये। बेदखली और इजाफे की धमकियाँ दी जाती थीं। जिसने खुशी से दिये उसका 10 में ही गला छूट गया, जिसने हीले-हवाले किये, कानून बघारा, उसे 10 के बदले 20 रुपये, 30 रुपये, 40 रुपये देने पड़े।"[2]

इस प्रकार से ये सभी कर्मचारी चाहे वे सरकारी हों या गैर-सरकारी—किसानों के जान के गाहक बने हुए थे। कारकुन, मुहर्रिर, चपरासी, कारिन्दा, कानूनगो, पुलिस, दरोगा, वकील, पटवारी ये सभी किसानों की गाढ़े खून-पसीने की कमाई से अपना घर भरने में लगे हुए थे। 'रंगभूमि' में भी सरकारी कर्मचारियों के शोषण का वर्णन मिलता है। उपन्यास का नायक विनयसिंह राजस्थान के जसवन्त नगर जाता है और वहाँ की गरीब तथा शोषित जनता से बात कर उनमें नवचेतना पैदा करता है। इसी के परिणामस्वरूप वहाँ के लोग छोटी-छोटी बातों के लिए सरकारी कर्मचारियों की सहायता लेना बन्द कर देते हैं। इसके

1. प्रेमचन्द : प्रेमाश्रम, पृ० 246
2. प्रेमचन्द : कायाकल्प, पृ० 105

फलस्वरूप कर्मचारियों की आमदनी घटने लगती है अतः अधिकारी वर्ग विनय सिंह को बागी समझने लगता है, "राज्य के अधिकारी वर्ग उससे बदनाम होते जाते हैं। दरोगा जी की मुट्ठियाँ गर्म नहीं होतीं, कामदार और अन्य कर्मचारियों के यहाँ मुकदमे नहीं आते, कुछ हत्थे नहीं चढ़ता। ये ही विद्रोह के अंकुर हैं, उन्हें, उखाड़ देने में ही कुशल है।"[1]

प्रेमचन्द अधिकारियों की घूसखोरी पर व्यंग्य करते हुए, वीरपाल से कहलवाते हैं, "चोरी कीजिए, डाके डालिए, घरों में आग लगाइए, गरीबों का गला काटिए कोई आप से नहीं बोलेगा। बस कर्मचारियों की मुट्ठियाँ गर्म करते रहिये। दिन दहाड़े खून कीजिए पर पुलिस की पूजा कर दीजिए, आप बेदाग छूट जायेंगे। आपके बदले कोई बेकसूर फाँसी पर लटका दिया जायेगा।"[2] प्रेमचन्द का उद्देश्य इन कर्मचारियों के कच्चे-चिट्ठे को खोलकर जनता को आगाह कर देना था। इन्हीं के विरोध के लिए वे बलराज, मनोहर, गोबर, सूरदास, वीरपाल, धनियाँ, सुखदा जैसे पात्रों को सामने लाते हैं। इन पात्रों में जुल्म के विरुद्ध आवाज उठाने का अदम्य साहस है।

अपने उपन्यास 'गबन' में भी प्रेमचन्द ने सरकारी कर्मचारियों के कुकृत्यों का यथार्थ चित्र प्रस्तुत किया है। ये भ्रष्ट कर्मचारी गाँव के एक सीधे-सादे नवयुवक को बड़े-बड़े प्रलोभन देकर सरकारी गवाह बना लेते हैं। जोहरा नाम की वेश्या का उल्लेख करके प्रेमचन्द ने यह सिद्ध करना चाहा है कि जरूरत पड़ने पर ये कर्मचारी साम, दाम, दण्ड, भेद किसी का भी आश्रय लेने में नहीं चूकते। रमानाथ जब अपनी पत्नी जालपा से तिरस्कृत होकर आता है तो वह पुलिस के पंजे से निकल जाना चाहता है। लेकिन पुलिस वाले उसे धमकी देते हुए कहते हैं, "अफसरों की जरा सी भी निगाह बदल जाये तो आपका पता न लगे। एक इशारे में आपको दस साल की सजा हो जाये। आप हैं किस खयाल में। हम आपके साथ शरारत नहीं करना चाहते। हाँ अगर आप हमें सख्ती करने पर मजबूर करेंगे तो, हमें सख्ती करनी पड़ेगी। जेल को आसान न समझिएगा।"[3]

ये सरकारी कर्मचारी रमानाथ को केवल इसलिए मुखबिर बनाना चाहते हैं कि इससे उसकी पदोन्नति होगी और वे अपने अफसरों के विशेष कृपा-पात्र होंगे। इस झूठी गवाही से कितने बेगुनाह मारे जायेंगे इसकी उन्हें परवाह नहीं है। उन्हें तो बस अपने स्वार्थ से मतलब है। वह पूरा होना चाहिए, चाहे उसके लिए उन्हें कुछ भी करना पड़े।

सरकारी कर्मचारियों की ही भाँति जमींदारी व्यवस्था को चलाने वाले गैर-सरकारी कर्मचारी भी किसानों का पूरा शोषण करते हैं। जमींदारों के मातहत

1. प्रेमचन्द : रंगभूमि-1, पृ० 199
2. वही, पृ० 202
3. प्रेमचन्द : गबन, पृ० 238

रहने वाले इन कर्मचारियों के क्षेत्र अधिक व्यापक हैं। वे गाँव के हर व्यक्ति और हर स्थिति से परिचित होते हैं। एक तरफ ये बड़े सरकारी कर्मचारियों के दौरे पर उनकी सेवा के नाम पर लूटते हैं तो दूसरी तरफ पूरे वर्ष इजाफा लगान, बेदखली, नजर-नजराना, डांड-बांध आदि के बहाने उनकी छाती पर सवार रहते हैं। डॉ० रामवक्ष ने इनकी क्रूरता का परिचय देते हुए लिखा है, "ये किसानों का वात-वात पर कर के लिए चूसते हैं। किसान छान (छप्पर) छवाना चाहे तो उन्हें दे, दरवाजे पर एक खूंटा गाड़ना चाहे तो उन्हें पूजे, एक छप्पर उठाने के लिए दस रुपये जमींदार को नजराना दे दे तो दो रुपये मुंशी को जरूरी देने होंगे।"[1] घी, दूध, चावल, गेहूँ लकड़ी-उपले आदि सभी कुछ उन्हें मुफ्त मिलते हैं। जमींदारों की तरह उन्हें भी बेगार लेने का अधिकार था।

प्रेमचन्द ने अपने उपन्यासों में यह दिखाने का प्रयास किया है कि यदि कोई जमींदार उदार भी हो और किसानों को कष्ट न देना चाहे तब भी किसानों का विपत्तियाँ कम नहीं होती थीं। 'प्रेमाश्रम' की गायत्री देवी नहीं चाहतीं कि उनका प्रजा के साथ किसी तरह की ज्यादती हो। लेकिन वह अपने कर्मचारियों पर निर्भर होने के लिए वाध्य हैं। उन्हें साफ दिखाई देता है कि "उसके इलाके में सर्वत्र लूट मची हुई थी, कारिन्दे असामियों को नोच-खाते थे। सोचती क्या इन सब मुख्तारों और कारिन्दों को जवाव दे दूँ? मगर काम कौन करेगा? और यही क्या मालूम है कि इनकी जगह जो नये लोग आयेंगे, वे इनसे ज्यादा नेकनीयत होंगे?"[2] इसलिए वह रियासत के प्रबन्ध के लिए एक मैनेजर रखना चाहती हैं। फिर भी उन्हें आशंका है कि कहीं मैनेजर भी कारिन्दों से न मिल जाय।

'कायाकल्प' के विशाल सिंह की भी यही स्थिति है। उनके न चाहते हुए भी प्रजा का शोषण होता है। अन्त में उन्हें यह कहना पड़ता है कि "मैं अपने कर्मचारियों से अलग नहीं हूँ।" इससे स्पष्ट पता चलता है कि प्रेमचन्द तत्कालीन जमींदारी व्यवस्था को ही दोषपूर्ण मानते थे। इसमें किसी एक जमींदार का अच्छा या बुरा होना कोई विशेष महत्त्व नहीं रखता।

'गोदान' में भी इन गैर-सरकारी कर्मचारियों के शोषण का विशेष आतंक फैला हुआ है। राय साहब के कारिन्दा नोखेराम के चरित्र पर प्रकाश डालते हुए प्रेमचन्द ने लिखा है, "राय साहब से केवल उन्हें 12 रुपये वेतन मिलता था, मगर खर्च 100 रुपये से कौड़ी कम न था। इसलिए असामी किसी प्रकार से उनके चंगुल में फंस जाय तो बिना अच्छी तरह से चूसे नहीं छोड़ते थे। पहले छः रुपये वेतन मिलता था तब असामियों से इतनी नोच-खसोट नहीं करते थे, जब से बारह रुपये वेतन हो गया तब से उनकी तृष्णा और बढ़ गयी।"[3]

---

1. डॉ० रामबक्ष : प्रेमचन्द और भारतीय किसान, पृ० 197
2. प्रेमचन्द : प्रेमाश्रम, पृ० 135
3. प्रेमचन्द : गोदान, पृ० 258

'गोदान' का होरी भी परोक्ष रूप से जमींदार के कारिन्दों की निन्दा करता है। जब गोबर कहता है कि "यह तुम रोज-रोज मालिकों की खुशामद करने क्यों जाते हो ? बाकी न चुकने पर प्यादा आकर गालियाँ सुनाता है, बेगार देनी ही पड़ती है, नजर-नजराना सब तो हमसे भराया जाता है। फिर किसी की क्यों सलामी करो ?" इस पर होरी उत्तर देता है, "यह सलामी की ही बरकत है कि द्वार पर मड़ैया डाल ली और किसी ने कुछ नहीं कहा। घूरे ने द्वार पर खूंटा गाड़ा था, जिस पर कारिन्दों ने दो रुपये डाँड़ ले लिए। तलैया से कितनी मिट्टी हमने खोदी कारिन्दों ने कुछ नहीं कहा। दूसरा खोदे तो नजर देना पड़े।"[1]

इस प्रकार से प्रेमचन्द सरकारी तथा गैर-सरकारी कर्मचारियों के कारनामों का पर्दाफाश करते हुए किसानों की बदहाली के कारणों तक पहुँचने में सफल हुए हैं। इनके कारनामों को सबके सामने प्रस्तुत करते हुए वे किसानों तथा मजदूरों के सच्चे मित्र और शुभचिन्तक के रूप में हमारे सामने आते हैं। उनका हमेशा से यही प्रयास रहा है कि किसानों के मन में आत्म-चेतना का प्रकाश प्रज्वलित हो। उनमें इतना आत्मबल पैदा हो जाये कि वे हर अत्याचार के विरुद्ध आवाज उठा सकें। किसानों की मुक्ति के लिए वे अंग्रेजी राज्य के भ्रष्ट प्रशासन की समाप्ति के साथ ही जमींदारी प्रथा के उन्मूलन को भी आवश्यक समझते थे। इसके बिना सरकारी, गैर-सरकारी कर्मचारियों के शोषण से किसानों की मुक्ति सम्भव नहीं थी।

2.4 किसान-जीवन की त्रासदी

शोषण की चक्की में पिसते हुए किसान-मजदूरों की मुक्ति ही प्रेमचन्द के समस्त लेखन का सर्वाधिक महत्त्वपूर्ण उद्देश्य रहा है। इसलिए उन्होंने इनके जीवन से सम्बन्धित समस्त समस्याओं का अत्यन्त यथार्थ चित्रण किया है। इस क्रम में उन्होंने दिखाया है कि दिन-रात मेहनत में अपना खून-पसीना एक करने वाले ये किसान-मजदूर, भूखे रहते हैं और उनका खून चूसकर जीने वाले जमींदार, साहूकार-महाजन, सत्ताधारी अंग्रेज और उनके सहयोगी कर्मचारी वर्ग ऐशो-आराम के साथ अपना जीवन व्यतीत करते हैं। प्रेमचन्द ने अपने उपन्यासों में इन शोषककर्त्ताओं के काले कारनामों का यथार्थ चित्र प्रस्तुत करते हुए किसान-मजदूर जीवन की यातना को मूर्त रूप दिया है। इस यातना से प्रेमचन्द इतने पीड़ित थे कि उपन्यासों के अतिरिक्त अपनी सामाजिक-राजनीतिक टिप्पणियों में भी इसे भरपूर रेखांकित किया है। 'हंस' अप्रैल 1930 में 'स्वराज्य से किसका अहित होगा' शीर्षक एक टिप्पणी में उन्होंने लिखा है, "अंग्रेजी राज्य में गरीबों, मजदूरों और किसानों की दशा जितनी खराब है और होती जा रही है, उतनी समाज के किसी और अंग की नहीं।...सरकार के हाथों किसी और सम्प्रदाय की

---

1. प्रेमचन्द : गोदान, पृ० 24

इतनी बरबादी नहीं हुई है, जितनी किसानों और मजदूरों की—खासकर किसानों की। सरकारी नौकरों की तनख्वाहें बढ़ गयीं, नये सुधारों से भी कुछ फायदा पहुँचा···व्यापारियों के भी कुछ आँसू पोंछे गये, पर किसानों की हालत रोज-ब-रोज खराब होती जा रही है। उन पर लगान बढ़ता जाता है, सख्तियाँ बढ़ती जाती हैं।···अतएव हमारे राष्ट्र का सबसे बड़ा भाग अन्याय-पीड़ित है। सब छोटे-बड़े उसी को नोचते हैं। उसी का रक्त और मांस खा-खाकर मोटे होते हैं, पर कोई उसकी खबर नहीं लेता।"[1] प्रेमचन्द ने अपनी इस चिन्ता की कलात्मक अभिव्यक्ति अपने अनेक उपन्यासों में की है।

किसान-मजदूर के जीवन की त्रासदी का बोध प्रेमचन्द को कहीं से पढ़कर या सुनकर नहीं हुआ था। वे उस जीवन के एक अभिन्न अंग थे। इसलिए यह त्रासदी यथार्थ के धरातल पर घटित हुई दिखाई देती है। अपने उपन्यास 'वरदान' में यद्यपि उन्होंने मध्यवर्ग का चित्रण किया है, लेकिन कमला के नाम विरजन के छः-सात पत्रों में ग्रामीण जीवन की त्रासदी के अनेक कारणों पर विस्तार से प्रकाश डाला है। विरजन मझगाँव के बारे में लिखती है, "क्या सुनती हूँ? क्या देखती हूँ? टूटे-फूटे फूस के झोपड़े, मिट्टी की दीवारें, घरों के सामने कूड़े-करकट के ढेर, कीचड़ में लिपटी हुई भैंसें, दुर्बल गायें तो वे सब दृश्य देखकर जी चाहता है कि कहीं चली जाऊँ। मनुष्यों को देखो तो उनकी शोचनीय दशा है। हड्डियाँ निकली हुई हैं। वे विपत्ति की मूर्तियाँ और दरिद्रता के जीवित चित्र हैं। किसी के शरीर पर एक बेफटा वस्त्र नहीं है और कैसे भाग्यहीन कि रात-दिन पसीना बहाने पर भी कभी भरपेट रोटियाँ नहीं मिलतीं।"[2]

इस तरह के कई अन्य पत्र भी हैं, जिनमें विरजन ने कृषकों की दयनीयता तथा गाँव की जहालत का यथार्थ चित्र प्रस्तुत किया है। इन पत्रों से स्पष्ट पता चलता है कि भारतीय गाँव गरीबी, भुखमरी, अन्धविश्वास, ऊँच-नीच, छुआछूत तथा अज्ञान के भयानक गढ़ बने हुए हैं। वस्तुतः प्रेमचन्द का मुख्य उद्देश्य शोषण और अज्ञान के जाल में फँसी हुई इस ग्रामीण जनता की मुक्ति का मार्ग प्रशस्त करना था। 'वरदान' में उन्होंने इस सम्बन्ध में बहुत सारे प्रश्न उठाये हैं, जिनका उत्तर अपने अगले उपन्यासों में अत्यन्त कलात्मक ढंग से प्रस्तुत किया है।

'गोदान', 'प्रेमाश्रम', 'रंगभूमि', कर्मभूमि' और 'कायाकल्प' में किसानों के जीवन की त्रासदी अत्यन्त मुखर होकर सामने आती है। 'गोदान' का गोबर जब शहर से गाँव वापस आता है तो उसे भी अपने घर की विपन्नता का आभास हो जाता है। यह विपन्नता जो किसानों की जिन्दगी का एक अंग बन चुकी थी। वे इसे अपनी नियति मानकर सन्तोष कर लेते हैं। किसानों की विपन्नता का परिचय गोबर की इस चिन्ता में मिलता है, "गोबर को उतनी देर में घर की परिस्थिति का

1. उत्तरगाथा : सं० सव्यसाची, प्रेमचन्द अंक 6-7, पृ० 21
2. प्रेमचन्द : वरदान, पृ० 73

अन्दाजा हो गया था। धनियाँ की साड़ी में कई पेबन्द लगे हुए थे। सोना की साड़ी सिर से फटी हुई थी। रूपा की धोती में चारों तरफ झालरें लटक रही थीं। सभी के चेहरे रूखे, किसी की देह पर चिकनाहट नहीं। जिधर देखो विपन्नता का साम्राज्य था।"[1] इन वाक्यों में सिर्फ होरी के ही परिवार की विपन्नता नहीं झलकती बल्कि तत्कालीन समाज के सभी किसान परिवारों की यही स्थिति है।

'प्रेमाश्रम' में अपने चाचा प्रेमशंकर के पदचिह्नों पर चलने वाला उनका आदर्शवादी भांजा मायाशंकर जब पहली बार अपने इलाके का दौरा करता है तब उसे किसानों की वास्तविक अवस्था का ज्ञान होता है, जिसे उसने अपनी डायरी में इस प्रकार लिखा है, "चारों तरफ तबाही छायी हुई थी, ऐसा कोई ही विरला घर था जिसमें धातु के बर्तन दिखाई देते हों। कितने घरों में लोहे के तवे तक न थे। मिट्टी के बर्तनों को छोड़कर झोपड़ों में और कुछ दिखाई न देता था। न ओढ़ना, न बिछौना, यहाँ तक कि बहुत से घरों में खाटें तक न थीं, और वह घर ही क्या थे। एक-एक दो-दो छोटी-छोटी कोठरियाँ थीं। एक मनुष्यों के लिए एक पशुओं के लिए।"[2]

कहने का तात्पर्य यह है कि किसानों और पशुओं की दशा में कोई फर्क नहीं था। मायाशंकर सोचता है कि इनकी तबाही का जिम्मेदार कौन है? यही चंद मुट्ठी भर लोग न। यही नहीं उसने आगे भी किसानों की यथार्थ दशा का चित्र प्रस्तुत करते हुए अपनी डायरी में लिखा है, "जो किसान बहुत सम्पन्न माने जाते थे उनके बदन पर भी साबित कपड़े न थे, उन्हें भी एक जून चबेना पर काटना पड़ता था। वह भी ऋण के बोझ से दबे हुए थे। अच्छे जानवरों को देखने के लिए आँखें तरस जाती थीं। जहाँ देखो छोटे-छोटे दुर्बल मरियल बैल दिखाई देते और खेत में रेंगते थे और चरनियों में ऊँघते थे। कितने ही ऐसे गाँव थे जहाँ दूध तक न मयस्सर होता था।"[3]

'गोदान' में होरी की बेटी रूपा होरी की थाली में इसलिए खाना खाती है क्योंकि घर में एक ही फूल की थाली है। कुछ हद तक किसान अपनी इस स्थिति का जिम्मेदार स्वयं भी है। उनकी परम्पराएँ, मान्यताएँ, धर्मभीरुता आदि उन्हें मजबूत रस्सी की भाँति बाँधे हुए हैं। ये सब बातें भी काफी हद तक उनकी दुर्गति की जिम्मेदार हैं। 'गोदान' का होरी अपनी मरजाद के पीछे मर मिटता है। कुछ रहे या न रहे मरजाद जरूर रहनी चाहिए। इसी मरजाद को पाने के लिए वह आजीवन संघर्ष करता रहता है। गोबर जमींदार राय साहब के ऊपर व्यंग्य करता है कि वे हमारा हल-बैल और खेत लेकर अपनी जायदाद हमें क्यों नहीं देते, तो होरी उसका उत्तर देते हुए कहता है, "जैजाद किसी से छोड़ी जाती है कि वही

1. प्रेमचन्द : गोदान, पृ० 205
2. प्रेमचन्द : प्रेमाश्रम, पृ० 414
3. वही, पृ० 414-415

छोड़ देंगे ?…जो दस रुपये का नौकर है वह हमसे अच्छा खाता पहनता है लेकिन खेतों को छोड़ा नहीं जाता ।…फिर मरजाद भी तो पालना ही पड़ता है । खेती में जो मरजाद है वह नौकरी में नहीं है ।"[1]

होरी की यही परम्परावादी मान्यता उसकी कोई भी इच्छा पूरी नहीं होने देती। उसका बेटा गोबर जब बिरादरी के खिलाफ एक अहीर की लड़की से शादी कर लेता है तब बिरादरी द्वारा उस पर डांड़ लगाया जाता है । जबकि महाजन दातादीन का लड़का मातादीन सिलिया चमारिन के साथ सम्बन्ध बनाए हुए है, उसे कोई कुछ नहीं कहता । क्योंकि वह तो धर्म के ठेकेदार का बेटा है और ऊपर से उसका पिता महाजन भी है । तो भला इन्हें बिरादरी का क्या भय ? पैसा हर बुराई को ढक लेता है । यह बिरादरी का भय सिर्फ गरीब किसानों के लिए है। इसी के बल पर तो ये शोषक इनका रक्त चूस-चूसकर अपना घर भरते हैं। धनियाँ जब डांड़ देने से इन्कार करती है तब होरी कहता है, "हम सब बिरादरी के चाकर हैं, उसके बाहर नहीं जा सकते।…आज मर जायें तो बिरादरी ही इस मिट्टी को पार लगायेगी ? बिरादरी ही तारेगी तो तरेंगे।"[2]

बिरादरी का इतना बड़ा भय कि कल उसके बाल-बच्चे क्या खायेंगे, इसकी उसे परवाह नहीं है। बिरादरी के रक्षक उसे इतना डरा देते हैं कि वह डरकर अपना सारा अनाज उनके घरों में भर देता है। अनाज देकर ही उसकी जान नहीं छूटी। उसे अपना घर भी 80 रुपये में रेहन रखना पड़ता है । सोचने की बात है कि एक खाते-पीते किसान को बिरादरी के नाम पर अपना सब कुछ होम कर देना पड़ता है। इससे बढ़कर किसानों की और क्या त्रासदी हो सकती है ? भोला की गाय तो मर गयी पर पैसे तो चुकाने ही थे सो वह होरी के बैल खोलकर ले गया । अब वह किसान से मजदूर बन गया। एक किसान समाज के दलालों के चंगुल में ऐसा फँसा कि वह अपने ही पुरोहित-महाजन दातादीन का मजदूर बन गया।

'प्रेमाश्रम' में जमींदार द्वारा इजाफा लगान का दावा करके दुखी किसानों की त्रासदी को और बढ़ाया जाता है। 'प्रेमाश्रम' का सुक्खू चौधरी और 'गोदान' का दातादीन ऐसे किसान हैं, जो अपने स्वार्थ की सिद्धि के लिए किसानों के सामूहिक हित पर चोट पहुँचाते हैं। जमींदार और कारिन्दा भी इन्हें अपनी ओर मिलाये रखते हैं। प्रेमचन्द ने हमेशा यही प्रयत्न किया है कि किसानों को उनके दायित्व से परिचित कराया जाये, जिससे वे अपने यातनापूर्ण जीवन से उबर सकें।

प्रेमचन्द की रचनाओं में किसान जीवन की त्रासदी के कई पहलू हमारे सामने आते हैं। किसान जी तोड़ मेहनत करता है। अपने खेतों को वह अपने खून-

---

1. प्रेमचन्द : गोदान, पृ० 25
2. वही, पृ० 130

पसीने से सींचता है और जब फसल तैयार हो जाती है तब वह जमींदार, महाजन तथा अन्य शोषकों के घर पहुँच जाती है। जमींदारों के यहाँ तो यह हाल था कि उनके नाते-रिश्तेदार भी किसानों की मेहनत पर मौज उड़ाते हैं। होरी जब जमींदार राय साहब के धर्म-कर्म और पूजा-पाठ की दुहाई देकर गोबर को चुप कराने का प्रयास करता है तो गोबर अत्यन्त कटुता के साथ कहता है, "किसके बल पर यह भजन-भाव और दान-धर्म होता है? अपने बल पर। नहीं किसानों के बल पर और मजदूरों के बल पर।···भूखे-नंगे रहकर भगवान् का भजन करें तो हम भी देखें। हमें कोई दो जून खाने को दे तो हम आठों पहर भगवान् का जाप ही करते रहें। एक दिन खेत में ऊख गोड़ना पड़े तो सारी भक्ति भूल जाये।"[1]

गोबर ने इन मुफ्त खाने वालों के धार्मिक ढोंग पर करारी चोट की है। उसके एक-एक शब्द में सच्चाई का सोता वह रहा है। इन झूठ, फरेब और आडम्बर पूर्ण जीवन जीने वालों पर प्रेमचन्द ने अपने लेखन द्वारा करारी चोट की है। इनके यहाँ कोई भी उत्सव, तीज, त्योहार या शादी-ब्याह हो, सबका बोझ किसानों के सिर पर होता है। 'गोदान' में रायसाहब के यहाँ रामलीला का आयोजन है। शगुन के नाम पर बीस हजार रुपये इकट्ठे करने हैं। होरी को भी पाँच रुपये देने हैं, जिसकी चिन्ता उसे सताती है। 'कर्मभूमि' का जमींदार एक महन्त है। उनके यहाँ आये दिन कोई-न-कोई धार्मिक आयोजन होता रहता है। इस जश्न का सारा बोझ किसानों को ही उठाना पड़ता है। बेगार करवायी जाती है सो अलग। 'कायाकल्प' में विशाल सिंह के तिलक के समय किसानों से नगद रुपयों के अलावा बेगार भी करवायी जाती है। 'प्रेमाश्रम' में भी काश्तकारों से बेगार का काम लिया जाता है। नजराना, दस्तूरी, शगुन, जुर्माना, चंदा के अलावा किसानों से नगद रकम ऐंठने के और भी न जाने कितने तरीके गढ़ लिए जाते थे। किसानों की बेगार समस्या भी उनकी त्रासदी का एक बहुत बड़ा कारण थी। इससे किसानों का जीवन और भी बदतर होता जा रहा था। ये सभी शोषक वर्ग किसानों से जोंक की भाँति चिपके हुए थे और धीरे-धीरे किसानों को मजदूर बनने के लिए विवश कर रहे थे। किसान बेगार में काम करते-करते मर जाते थे लेकिन उन्हें पूछने वाला कोई नहीं होता था। 'गोदान' के राय साहब तो बेगारों को खाना देना भी नहीं पसन्द करते। प्रेमचन्द ने इन शोषणकर्त्ताओं की हृदय-हीनता का यथार्थ चित्र प्रस्तुत करते हुए शोषित-उत्पीड़ित किसानों के प्रति अपने पाठकों के मन में सहानुभूति जगाने का प्रयास किया है। किसानों के खेत-खलिहानों, बाग-बगीचों में जो कुछ पैदा होता है, उसमें जमींदारों तथा अन्य सभी शोषकों का हिस्सा होता था। इसका तो तात्पर्य यही हुआ कि किसानों का अपना कुछ भी नहीं है। यहाँ तक कि कड़ी मेहनत भी वे अपने शोषकों का घर भरने के लिए ही करते थे।

1. प्रेमचन्द : गोदान, पृ० 26

किसानों का शोषण इकहरा नहीं था। जमींदार और उसके कारिन्दों के साथ ही सरकार तथा उसके विभिन्न कर्मचारी के रूप में पटवारी, दरोगा, सिपाही और बड़े-बड़े अफसर भी उनके खून के प्यासे हैं। लेकिन प्रेमचन्द ने उन पर सबसे कड़ी चोट जमींदारों पर ही की है। 'प्रेमाश्रम' के राय कमलानन्द सौ-सौ असामियों को एक लाइन में खड़ा करके हण्टर से पीटते हैं। गायत्री के पति धर्मात्मा माने जाने के बावजूद भी उनकी मुश्कें बंधवाकर पिटवाते हैं, उनके घरों में आग लगा देते हैं। 'कर्मभूमि' का अमर सलोनी की झोंपड़ी में जाकर कांप उठता है। उसे लगता है, मानों दरिद्रता छाती पीटकर रो रही हो। 'प्रेमाश्रम' के कादिर खाँ दुखरन भगत और डपटसिंह आने वाले जाड़े की रात के बारे में सोचकर कांप जाते हैं। जाड़े से बचने के लिए कम्बल की कौन कहे, उनके पास साबुत चादर भी नहीं है। किसी के शरीर पर साबुत कपड़े नहीं दिखाई देते। 'गोदान' के होरी के पास केवल एक फटी हुई मिर्जई है। उसकी बेटी रूपा कमर में फटा वस्त्र लपेट कर घूमती है। धनियाँ हमेशा पेबन्द लगी साड़ी में दिखाई देती है। छत्तीसवें वर्ष में ही उसके चेहरे पर झुर्रियाँ पड़ गयी थीं और आँखों से कम दिखाई देने लगा था। 'प्रेमाश्रम' में किसान डपट सिंह के लड़के की लाश कफन के अभाव में काफी देर तक घर के अन्दर पड़ी रहती है।

'कर्मभूमि' का सलीम गाँवों की स्थिति को देखकर कहता है, "कितना अन्याय है जो कि बेचारे रोटियों के मुहताज हों, जिनके पास तन ढांकने के लिए केवल चीथड़े हो, जो बीमारी में एक पैसे की दवा न कर सकते हों, उनसे पूरा लगान वसूल किया जाय। ... जिनके लड़के पाँच-छ: वर्ष की उम्र में ही मेहनत-मजदूरी करने लगें, जो इंधन के लिए हार में गोबर चुनते फिरें, उनसे पूरा लगान वसूल करना, मानों उनके मुँह से रोटी का टुकड़ा छीन लेना है, उनकी रक्तहीन देह से खून चूसना है।"[1]

कृषक-जीवन की त्रासदी का एक मात्र कारण जमींदारी व्यवस्था और उसका जुल्म ही नहीं है। उस व्यवस्था और सरकार की शोषण नीति के फलस्वरूप सूदखोरी की प्रथा ने तेजी से सिर उठाया था। 1930 के आस-पास विश्वव्यापी आर्थिक मंदी के कारण किसानों की स्थिति अत्यन्त दयनीय हो गयी थी। इससे एक तरफ लगान में वृद्धि हुई तो दूसरी तरफ अनाज का भाव गिर गया। अत: किसानों को अपनी जीवन-रक्षा के लिए कर्ज़ लेना अनिवार्य हो गया। इस स्थिति को प्रेमचन्द ने 'गोदान' में बहुत ही यथार्थ रूप से चित्रित किया है। केवल होरी के गाँव में बिसेसर साहु, दुलारी सहुआइन, मँगरू शाह आदि जैसे जातीय पेशे वाले सूदखोरों के साथ ही पटेश्वरी, नोखेराम, झिंगुरी सिंह आदि भी सम्मिलित हो जाते हैं। सोते-जागते चौबीस घण्टे ये किसानों की छाती पर सवार रहते हैं। मौका लगते ही ये नये सूदखोर किसानों के मकान और खेतों के

1. प्रेमचन्द : कर्मभूमि, पृ० 202

मालिक बन बैठते हैं।

किसान-जीवन की त्रासदी प्रस्तुत करते हुए प्रेमचन्द एक निराशावादी लेखक के रूप में हमारे सामने नहीं आते। वे किसान-मजदूरों की मुक्ति के महान् उद्देश्य से प्रेरित होकर ही उनके चित्रण की ओर उन्मुख हुए हैं। अतः अन्याय और अत्याचार के विरुद्ध आवाज उठाने वाले किसान भी प्रेमचन्द के यहाँ हैं। 'सेवासदन' का चेतू तो लात-घूंसों का जवाब केवल मुँह से देता है, लेकिन 'कायाकल्प' के किसान-मजदूर बेगार करने से इनकार कर संघर्ष के लिए कमर कस लेते हैं। चमारों का चौधरी राजा विशाल सिंह से कहता है, "जब लात खाते थे तब खाते थे अब नहीं खायेंगे।"[1] 'प्रेमाश्रम' के मनोहर, बलराज, कादिरखाँ, बिलासी आदि संघर्ष के लिए तत्पर किसान हैं। मनोहर 'ईंट का जवाब पत्थर से देने' में विश्वास करता है। बेदखली की बात सुनकर कादिर कहता है, "खेतों के साथ तो जान जायेगी और दो-चार को साथ लेकर जायेगी।" बलराज को अपनी लाठी पर पूरा भरोसा है। 'कर्मभूमि' की मुन्नी बलात्कार का बदला दो सिपाहियों को घायल करके लेती है। 'गोदान' की धनियाँ जमींदार की खुशामद करने के खिलाफ है। गोबर शहर से आने के बाद अपने घर की बदहाली के लिए जिम्मेदार पटेश्वरी, झिंगुरी सिंह, दातादीन आदि को पीट कर ठीक कर देने की सोचता है। सिलिया का बाप हरखू चमारों को साथ लेकर ब्राह्मण मातादीन का जनेऊ तोड़ देता है और उसके मुँह में हड्डी का टुकड़ा ठूस देता है। इन तथ्यों से स्पष्ट पता चलता है कि प्रेमचन्द किसानों की वास्तविक क्षमता में विश्वास करते हैं।

प्रेमचन्द के किसान धीरे-धीरे समझने लगे हैं कि उनकी दीनता का कारण कर्मफल या भाग्य नहीं, बल्कि वे नरपशु हैं, जो उनकी गर्दन पर रात-दिन सवार रहते हैं। नजर-नजराना, बेदखली, इजाफा लगान, ब्याज आदि के हथियारों से उन पर लगातार चोट करते रहते हैं। 'कर्मभूमि' का अमरकान्त जब चौधरी गूदड़ से गाँव में रहने की इच्छा प्रकट करता है तो वह उसे खेती करने की सलाह देता है। यह सुनकर गूदड़ के दोनों बेटों में बहस छिड़ जाती है। पयाग कहता है खेती में जितना लगाओ, सब नजर-नजराने और लगान के रूप में जमींदारों के घर पहुँच जाता है। लेकिन काशी कहता है कि किसानी में जो 'मरजाद' है और किसी धन्धे में नहीं। वह 'गोदान' के होरी का पूर्वज लगता है। चौधरी जब अमर से पूछता है कि "तुम्हारे यहाँ नजर-नजराने का यही हाल है?" तो अमर जवाब देता है, "हाँ दादा सब जगह यही हाल है, कहीं कम कहीं ज्यादा।"[2] यह सुनकर जब पयाग कहता है कि यह सब हमारे पूर्वजन्म का फल है तो गूदड़ उससे असहमति प्रकट करते हुए कहता है, "यह सब मन को समझाने वाली बातें हैं बेटा, जिससे गरीबों को अपनी दशा पर सन्तोष रहे और अमीरों के राग-रंग में

---

1. प्रेमचन्द : कायाकल्प, पृ० 113
2. प्रेमचन्द : कर्मभूमि, पृ० 87

किसी तरह की बाधा न पड़े। लोग समझते रहें कि भगवान् ने हमें गरीब बना दिया, आदमी का क्या दोष। पर वह कोई न्याय नहीं है कि हमारे बच्चे तक काम में लगे रहें और भरपेट भोजन न मिले और एक-एक अफसर को दस-दस हजार की तलब मिले।"[1]

इससे स्पष्ट हो जाता है कि प्रेमचन्द ने कृषक जीवन की त्रासदी प्रस्तुत करते हुए भी किसानों की श्रमशीलता और उनकी परिवर्तनकारी क्षमता का भरपूर उद्‌घाटन किया है। इस प्रक्रिया में उन्होंने यह भी दिखाने का प्रयास किया है कि आने वाला समय उनके हाथ में है। यह आशावाद प्रेमचन्द की सामाजिक चिन्ता का अत्यन्त सशक्त पक्ष है।

1. प्रेमचन्द : कर्मभूमि, पृ० 87

अध्याय 3

धार्मिक परिदृश्य

3.1 पण्डित-पुरोहित और धार्मिक-सामाजिक कर्मकाण्ड

भारतीय किसान मजदूरों के शोषण में जमींदारों, सरकारी तंत्र और सूदखोर-महाजनों की अपेक्षा पंडित-पुरोहितों का हाथ कम नहीं था। ये पण्डित-पुरोहित धर्म की मनमानी व्याख्या के माध्यम से स्वयं तो गरीबों का शोषण करते ही थे, जमींदारों और महाजनी शोषण का भी मार्ग प्रशस्त करते थे। प्रेमचन्द ने अपने कथा-साहित्य के माध्यम से समाज के इन घृणित कीटाणुओं का पर्दाफाश किया है। उनके इस कृत्य से उस समय का कर्मकाण्डी ब्राह्मण समुदाय उन्हें जान से मार देने की धमकी देने लगा था। ऐसे ही एक प्रसंग में ज्योति प्रसाद निर्मल के आक्षेपों का उत्तर देते हुए प्रेमचन्द ने लिखा है, "निर्मल की शिकायत हैं कि हमने अपनी तीन चौथाई कहानियों में ब्राह्मणों को काले रंगों में चित्रित कर अपनी संकीर्णता का परिचय दिया है, जो हमारे रचनाओं पर अमिट कलंक है। हम कहते हैं कि अगर हममें इतनी शक्ति होती, तो हम अपना सारा जीवन हिन्दू जाति को पुरोहितों-पुजारियों, पण्डों और धर्मोपजीवी कीटाणुओं से मुक्त कराने में अर्पण कर देते। हिन्दू जाति का सबसे घृणित कोढ़, सबसे लज्जाजनक कलंक यही टके-पंथी दल है, जो कि एक विशाल जोंक की भाँति उसका खून चूस रहा है और हमारी राष्ट्रीयता के मार्ग में सबसे बड़ी बाधा है।"[1]

इस उद्धरण से प्रेमचन्द की सामाजिक चिन्ता का एक महत्त्वपूर्ण पहलू उद्‌घाटित हुआ है। वैसे तो पण्डित-पुरोहितों और उनके कर्मकाण्डों की जड़ें भारतीय प्राचीन परम्परा में निहित थी, लेकिन समय-समय पर उठने वाले धार्मिक-सामाजिक आन्दोलनों द्वारा इनका विरोध भी होता गया है। मध्यकालीन भक्ति आन्दोलन इसका ज्वलंत प्रमाण है। फिर भी सम्पन्न वर्गों और ऊंची जातियों के शोषण का एक कारगर अस्त्र होने के कारण उसका उन्मूलन नहीं हो सका। इसे सामाजिक विकास और राष्ट्रीय मुक्ति—दोनों ही दृष्टियों से प्रेमचन्द अत्यन्त घातक मानते थे। धर्म के नाम पर तमाम सारे झूठे आडम्बरों के सहारे

1. उत्तरगाथा : सं० सव्यसाची, अंक 6-7 (जनवरी 81), पृ० 1

धर्म के तथाकथित ठेकेदारों ने भोली-भाली जनता को अपने वास्तविक दायित्व से विमुख कर दिया था। प्रेमचन्द के समय तक पण्डित-पुरोहितों की एक जाति-सी बन गयी थी, जिसने पूंजीपतियों और सूदखोर-महाजनों की तरह अपने व्यवसाय को खूब चमका दिया था। 'गोदान' में झिंगुरी सिंह द्वारा लताड़े जाने पर पुरोहित दातादीन अपनी हैसियत बताते हुए गर्व से कहता है, "तुम जजमानी को भीख समझो, मैं तो उसे जमींदारी समझता हूँ, बंकघर। जमींदारी मिट जाये, बंकघर टूट जाये लेकिन जजमानी अन्त तक बनी रहेगी। सहालग में मजे से घर बैठे सौ-दो सौ फटकार लेते हैं। कभी भाग लड़ गया तो चार-पाँच सौ मार लिया। कपड़े, बर्तन, भोजन अलग। कहीं-न-कहीं नित ही कार-परोजन पड़ा रहता है। कुछ न मिले तब भी एक-दो थाल और दो-चार आने दक्षिणा मिल ही जाती है। ऐसा चैन न जमींदारी में है, न साहूकारी में।"[1]

इस उद्धरण में प्रेमचन्द ने पुरोहित के व्यवसाय को अन्य सारे व्यवसायों से लाभदायक बताया है। जन्म से लेकर, शादी-विवाह, पर्व-त्योहार, मृत्यु तक गरीब किसानों को इन पुरोहितों के चरणों में अपनी गाढ़ी कमायी की बलि चढ़ानी पड़ती है। 'गोदान' के होरी की सबसे अधिक दुर्दशा धर्म के ठेकेदार पं० दातादीन द्वारा की जाती है। इनके द्वारा ही होरी को अपने ही खेत में मजदूर बनने के लिए विवश किया जाता है। होरी की मृत्यु पर धनियाँ अपने बीस आने की सारी लेई-पूंजी गोदान के नाम पर दातादीन के हवाले कर देती है। होरी की मृत्यु के अवसर पर उपस्थित लोग जब कहते कि हैं कि धनियाँ यही अवसर है अब गोदान करा दे तो वह यंत्र की भाँति उठी, आज जो सुतली बेची थी, उसके बीस आने पैसे लायी और पति के ठण्डे हाथों पर रखकर सामने खड़े दातादीन से बोली—"महाराज, घर में न गाय है, न बछिया, न पैसा। यही पैसे हैं, यही इनका गोदान है। और पछाड़ खाकर गिर पड़ी।"[2] ये गोदान की अन्तिम पंक्तियाँ हैं, जिसमें प्रेमचन्द ने पुरोहित दातादीन के माध्यम से पुरोहिती की क्रूरतम विडम्बना को मूर्त रूप दिया है।

तत्कालीन समाज के सामने बहुत सारे प्रश्न उठाते हुए अमृतराय ने लिखा है, "समाज का यह विधान किसने किया?···किसके चलते हिन्दू-समाज में नारी की यह हीन दशा है? किसके अन्याय से पीड़ित होकर करोड़ों हिन्दू मुसलमान हो गये? बिना हाथ-पैर हिलाए दूसरों की कमाई पर हलवा-पूरी जीमने वाले··· डंड-कमंडल लेकर सरल-विश्वासी जनता को ठगने वाले कौन हैं?" इसका प्रेमचन्द-सम्मत उत्तर देते हुए अमृतराय ने लिखा है, "ब्राह्मण देवता। इन्हीं ब्राह्मण देवता ने आज हिन्दू-समाज को इस दशा में पहुँचाया है और समय रहते इसका उपचार न किया गया तो भगवान् भी हिन्दू समाज को रसातल जाने से

1. प्रेमचन्द : गोदान, पृ० 242-243
2. वही, पृ० 351

नहीं बचा सकते।···पहले का परोपकारी ब्राह्मण आज जिस अर्थ में और जिस सीमा तक परोपजीवी बन गया है और दूसरे की गाढ़ी कमाई पर रबड़ी-मलाई चाभता है, वह सच्चे ब्राह्मण के पद से गिरा हुआ है, पतित है, और उसका पर्दाफाश करना इन्साफ का तकाज़ा है।"[1] इससे यह स्पष्ट है कि प्रेमचन्द धर्म और ब्राह्मण मात्र के विरोधी नहीं थे। सच्चा धर्म मानवीय सद्‌व्यवहार और मनुष्यता के गुणों में निहित है। खान-पान, छुआछूत, दान-दक्षिणा और अनेक प्रकार के कर्मकाण्डों से उसका कोई सम्बन्ध नहीं है। धर्म मानवीय सत्कर्म का, मनुष्यता के विकास में योग देने वाले कर्म का सूचक रहा है। निन्दनीय कार्यों, असामाजिक क्रिया-कलापों के साथ धर्म जैसे पवित्र भाव को जोड़ना धर्म के साथ अन्याय होगा। प्रेमचन्द जैसे विचारशील लेखक की दृष्टि में धर्म सस्ती वस्तु नहीं जिसे पलों में ही भ्रष्ट कर दिया जाय। उन्हें बाहरी दिखावे की अपेक्षा अन्तस्तल की शुद्धता अधिक धार्मिक लगती थी। इसलिए उन्होंने धर्म को मानवीय सद्-व्यवहारों के साथ जोड़ने का प्रयत्न किया है। उनका यह विचार था कि जिसके पास मानवीय गुण नहीं है, वह लाख पूजा-पाठ करे सब पाखण्ड है, दिखावा है, ढोंग है—धर्म नहीं।

'प्रेमाश्रम' में प्रेमशंकर की पत्नी श्रद्धा अपने पति से इसलिए पृथक् रहना चाहती है क्योंकि वह अमेरिका रहकर आया है। इन पंडितों ने लोगों के मन में इस बात को वज्रलीक बना दिया था कि यदि कोई समुद्र पार के दूसरे देश की यात्रा करता है तो वह अपने धर्म से भ्रष्ट हो जाता है। धर्म के इस रूप को प्रेमचन्द ने निन्दनीय ठहराया है। धर्म का व्यावसायिक रूप सिर्फ हिन्दू धर्म में ही नहीं वरन् ईसाई धर्म में भी है। प्रेमचन्द ने 'रंगभूमि' में सोफिया और प्रभुसेवक के माता-पिता के माध्यम से धर्म को एक ढकोसला के रूप में दिखाया है। प्रभुसेवक कहता है कि "दादा का धार्मिक रूप कोरा पाखण्ड जान पड़ता है। उसके पिता जान सेवक हर सातवें दिन गिरजा तो जरूर जाते हैं पर वहाँ उनका मन प्रभु मसीह के चरणों में नहीं लगता। वे वहाँ भी धनदेवता की मूर्ति का जाप करते हैं।" इन पात्रों में दया और धर्म नाम की चीज नहीं है। गरीबों पर अत्याचार करने में ये जरा भी नहीं झिझकते। पर दिखावे के लिए धर्म रूपी आलम्बन तो चाहिए ही।

'गोदान' में खन्ना के यहाँ जो महात्मा जी ठहरे हुए हैं उनके माध्यम से प्रेमचन्द ने इन ढकोसलों के ऊपर प्रकाश डालते हुए लिखा है : "मन्दिर और मठ, सम्प्रदाय और पंथ इन सबको ढोंग कहते हैं, पाखण्ड कहते हैं, रूढ़ियों के बन्धन को तोड़ो और मनुष्य बनो, देवता बनने का खयाल तुम छोड़ो। देवता बनकर तुम मनुष्य न रहोगे।"[2] अतः प्रेमचन्द की दृष्टि में मनुष्य बनना ही सबसे बड़ा धर्म

---

1. अमृतराय : कलम का सिपाही, पृ० 402
2. प्रेमचन्द : गोदान, पृ० 95

है। लेकिन धर्म की आड़ में अधर्म को बढ़ावा देने वाले पण्डित-पुरोहितों से उन्हें सख्त नफरत थी।

अगर किसान या अन्य व्यक्ति सामाजिक मान्यता के विरुद्ध कोई भी कार्य करता है तो वह समाज के ठेकेदारों की नजर में अधर्म होता है, जिसके लिए उन्हें बहुत बड़ा मूल्य चुकाना पड़ता है। पर इन पण्डितों द्वारा यदि कोई समाज या धर्म के विरुद्ध काम हो जाये तो वह अधर्म नहीं माना जाता। क्योंकि धर्म के निर्माण का ठेका जो इनके पास है। 'गोदान' में दातादीन पण्डित के लड़के मातादीन का सम्बन्ध एक हरिजन लड़की के साथ है। यह बात सारा गाँव जानता है। पर कोई कुछ नहीं बोलता, लेकिन वही बात जब होरी के लड़के के साथ होती है, तो उसे दण्डित कर उसके घर का सारा अनाज ले लिया जाता है। यही नहीं डाँड़ की रकम को पूरा करने के लिए उसे अपना घर तक झिंगुरी सिंह के यहाँ रेहन रखना पड़ता है। इतनी अमानुषिकता के बावजूद ये पण्डित-पुरोहित समाज में पूज्य माने जाते हैं। ऐसे पाखण्डपूर्ण धर्म पर व्यंग्य करने के उद्देश्य से गोदान में प्रेमचन्द ने मातादीन से कहलवाया है, "हमारा धर्म है हमारा भोजन। भोजन पवित्र रहे फिर धर्म पर कोई आँच नहीं आ सकती। रोटियाँ ढाल बनकर अधर्म से हमारी रक्षा करती हैं।"[1] प्रेमचन्द का यह व्यंग्यात्मक स्वर इन्हीं टकेपंथी पण्डितों के लिए है, जो घृणित से घृणित कुकर्म तो कर सकते हैं पर बाहरी दिखावे के लिए छापे, तिलक तथा छूतछात पर जरूरत से ज्यादा निर्भर करते हैं। सिलिया चमारिन के साथ सम्बन्ध रखकर भी मातादीन अपने को पवित्र मानता है, क्योंकि वह उसके हाथ का छुआ नहीं खाता। खान-पान की शुद्धता में ही वह अपने ब्राह्मणत्व की रक्षा करता है। 'गोदान' के पटेश्वरी लाल का भी यही हाल है, "नित्य मन्दिर जाना तथा हर पूर्णमासी को सत्यनारायण की कथा बाँचना उनके धर्म में शामिल है। पर असामियों पर दया करना उनके धर्म में नहीं शामिल है। इन पंडितों के धर्म में दया जैसी वस्तु का कोई दखल नहीं है।"[2]

उपर्युक्त वाक्यों में प्रेमचन्द ने अपनी बात बड़ी गहराई के साथ रख दी है। वे हमें यही सन्देश देना चाहते हैं कि समाज का धर्म पालने से ज्यादा अच्छा है कि सभी मनुष्यत्व को अपनाएँ। प्रेमचन्द का सदैव से यही प्रयास रहा है कि अन्ध-विश्वास में पड़े भारतीय जन-समूहों को जागृत कर उनके सामने पुरोहितों द्वारा धर्म की आड़ में किये गये कुकृत्यों का पर्दाफाश किया जाये। वे इनके द्वारा फैलाये गये प्रपंचों को तोड़ कर बाहर निकल सकें। उन्हें सच्चे मानव धर्म का ज्ञान हो सके।

'गोदान' में अपने पुत्र मातादीन के लिए जब पण्डित दातादीन ने बहुत पैसा खर्च किया तब काशी के ब्राह्मणों ने उसे पुनः ब्राह्मण बना दिया। इसके लिए उसे

---

1. प्रेमचन्द : गोदान, पृ० 178
2. वही, पृ० 291

गाय का गोबर और मूत्र खाना-पीना पीड़ा। इस प्रायश्चित्त से मातादीन की आँखों से धर्मान्धता का पर्दा हट गया। उसे सच्चे मानव धर्म का प्रकाश मिला। उसे धर्म के ठेकेदारों द्वारा झूठे कर्मकाण्डों की परख हो गयी। इन पण्डितों के मिथ्या धर्माडम्बर उसकी आँखों के सामने स्पष्ट होते चले गये। फिर मिथ्या धर्म की दीवार को उसने ढहा दिया। यहाँ पर प्रेमचन्द मातादीन द्वारा अपनी मूल, सामाजिक चिन्ता प्रस्तुत करवाते हुए लिखते हैं, "उस दिन से उसे धर्म के नाम से चिढ़ हो गयी। उसने जनेऊ उतार फेंका और पुरोहिती को गंगा में डुबा दिया। अब वह पक्का खेतिहर था।"[1] मातादीन के वास्तविक उद्धार के पीछे प्रेमचन्द की यह स्पष्ट मान्यता रही है कि एक न एक दिन जरूर मातादीन की ही तरह समूचा हिन्दुस्तान इन पण्डितों-पुरोहितों के चंगुल से मुक्त होगा। इसीलिए ब्राह्मणों तथा पण्डितों द्वारा रचित कर्मकाण्डों का प्रमचन्द ने अपने अधिकांश कथा-साहित्य में विरोध किया है। धर्म की आड़ लेकर पुजारियों तथा पण्डों के कुकृत्यों पर से आवरण हटाते हुए प्रेमचन्द ने अपनी एक टिप्पणी में लिखा है, "यह बात अब किसी से छिपी नहीं है कि इन मन्दिरों की आड़ में लज्जाजनक कृत्य हो रहे हैं। पुजारियों का, महन्तों का और धर्म गुरुओं का जीवन भयानक विलासिता से भरा हुआ है। वे मन्दिरों की आड़ में जघन्य से जघन्य कर्म करते नहीं शर्माते। ईश्वर को गाना सुनाकर खुश करने के लिए उन्हें वेश्याएँ चाहिए। इस बहाने वे अपनी राक्षसी कामना की पूर्ति करते।···तिस पर वे पूज्य हैं, देवतातुल्य, क्योंकि वे पुजारी हैं, महन्त हैं और धर्म के गुरु हैं।"[2] इससे स्पष्ट है कि तथाकथित धार्मिक पीठ और संस्थान सामाजिक अपराध और व्यभिचार के अड्डे बन चुके थे।

इन पण्डितों-पुजारियों के ऐसे कुकृत्यों का पर्दाफाश करने में प्रेमचन्द ने हमेशा उत्साह दिखाया है। उपन्यासकार की दृष्टि में ये ऐसे विषैले कीट हैं जो अन्दर ही अन्दर पूरे समाज को खोखला बनाने पर तुले हुए थे। प्रेमचन्द केवल उसी धर्म को आदरयोग्य समझते थे, जिसमें पूरे समाज और राष्ट्र का कल्याण निहित हो। कर्मभूमि में अछूतों के मन्दिर-प्रवेश के प्रसंग में प्रेमचन्द ने नैना द्वारा ब्रह्मचारी के काले कारनामों की कलई खोलते हुए कहलवाया है, "तुम बड़े धर्मात्मा बने हो। आधी रात तक इसी मन्दिर में जुआ खेलते हो, पैसे-पैसे पर ईमान बेचते हो, झूठी गवाहियाँ देते हो, फिर भी तुम धर्म के ठेकेदार हो।"[3]

'गोदान' में झुनियाँ ने भी इन छापा-तिलकधारियों की खूब मिट्टी पलीद की है। वह दूध लेकर बाजार जाया करती है, तब पण्डित, पुरोहित, महाजन सभी उसके प्रति अपना रसियापन दिखाते हैं। एक बार एक पण्डित महाराज ने तो अपनी पत्नी की अनुपस्थिति में उसे अपने घर में ही बन्द कर दिया था। लेकिन वह

1. प्रेमचन्द : गोदान, पृ० 334
2. उत्तरार्द्ध : सं० सव्यसाची, प्रेमचन्द अंक (अप्रैल 1980), पृ० 6
3. प्रेमचन्द : कर्मभूमि, पृ० 117

भी पण्डित महाशय के ऊपर दूध का मटका पटककर तथा दो लात जमाकर अपने मान-सम्मान के साथ बाहर आ जाती है ।

'सेवासदन' के महन्त रामदास भी धर्म के नाम पर गरीबों को चूसते हैं। उनका सारा काम धर्म की आड़ लेकर किया जाता है । प्रेमचन्द के उपन्यासों में इन महन्तों, महात्माओं तथा पुजारियों के असली चेहरे उभर कर हमारे सामने आते हैं । 'सेवासदन' में पण्डित-महात्माओं के रसिक मिजाज का सजीव चित्रण उस समय होता है जब रामनवमी के अवसर पर भोली नाम की वेश्या गाने जाती है । इस अवसर पर गीत और नृत्य का आनन्द उठाने वाली मण्डली को सुमन धर्मात्मा मानती है। लेकिन उसका खण्डन करते हुए गजाधर उसे समझाता है, "तुमने उन लोगों के बड़े-बड़े तिलक-छापे देखकर ही उन्हें धर्मात्मा समझ लिया? आजकल धर्म तो धूर्तों का अड्डा बना हुआ है। इस निर्मल सागर में एक से एक मगरमच्छ पड़े हुए हैं। भोले-भाले भक्तों को निगल जाना उनका काम है। लम्बी-लम्बी जटाएँ, लम्बे-लम्बे तिलक-छापे और लम्बी-लम्बी दाढ़ियाँ देखकर लोग धोखे में आ जाते हैं, पर वह सबके सब पाखण्डी, धर्म के उज्ज्वल नाम को कलंकित करने वाले, धर्म के नाम पर टका कमाने वाले, भोग विलास करने वाले पापी हैं।"[1] यों तो धर्म के ठेकेदार पाखण्डों के सहारे सभी का शोषण करते हैं, लेकिन किसानों के तो वे परम्परागत शोषक हैं। 'गोदान' में गोबर ने जजमानी शोषण की स्थिति को स्पष्ट करते हुए दातादीन से कहा है, "तुम्हारे घर में किस बात की कमी है महाराज, जिस जजमान के द्वार पर जाकर खड़े हो जाओ, कुछ-न-कुछ मार ही लाओगे। जनम में लो, मरन में लो, सादी में लो, गमी में लो, खेती करते हो, लेन-देन करते हो, किसी से कोई भूल-चूक हो जाय तो डाँड़ लगाकर उसका घर लूटते हो। इतनी कमाई से पेट नहीं भरता ?"[2]

किसानों के इस शोषण पर प्रकाश डालते हुए डॉ० रामबक्ष ने लिखा है, "ब्राह्मण भारतीय किसान का परम्परागत शोषक है । सैकड़ों वर्षों से भारतीय समाज में ऐसी परम्पराएँ चल रही हैं, जिसके कारण ब्राह्मण का शोषण वैध बन गया है । किसान इस शोषण को शोषण नहीं समझता ।···इसमें देने वाला लेने वाले पर कोई उपकार नहीं करता, बल्कि उलटे लेने वाला दान लेकर देने वाले पर उपकार करता है।"[3] इस तरह के तमाम प्रसंग हमें प्रेमचन्द के उपन्यासों में देखने को मिलते हैं । 'कर्मभूमि' में अमर के द्वारा प्रेमचन्द ने झूठे धार्मिक तथा सामाजिक पाखण्डों को उजागर किया है। अमर जब गाँव की फरियाद लेकर महन्त आशाराम के पास जाता है तो उसे बड़ी कठिनाई से उनके दर्शन होते हैं। उनका ठाठ-बाट देखकर वह दंग रह जाता है । वह

1. प्रेमचन्द : सेवासदन, पृ० 28
2. प्रेमचन्द : गोदान, पृ० 209
3. डॉ० रामबक्ष : प्रेमचन्द और भारतीय किसान, पृ० 201

सोचता है कि धर्म के नाम पर धर्म का बड़ा दुरुपयोग हो रहा है। उस इलाके में दरिद्रता छाती पीट-पीट कर रो रही थी, और महन्त जी के भण्डारे में इतना व्यसन। पण्डे-पुजारियों के चरित्र का उद्घाटन करते हुए गूदड़ कहता है, "यहाँ के पण्डे-पुजारियों के चरित्र सुनो तो दाँतों तले अँगुली दबा लो, पर वे यहाँ के मालिक हैं।"[1] महन्त आशाराम की जमींदारी में धर्म के नाम पर किसानों पर जुल्म ढाए जाते हैं। भगवान् के जन्म, यज्ञोपवीत आदि तमाम आयोजनों का खर्चा गरीब किसानों के सिर पड़ता है।

इस प्रकार प्रेमचन्द ने इन पण्डितों-पुरोहितों द्वारा फैलाये गये धार्मिक तथा सामाजिक पाखण्डों के घृणित प्रभाव को अपने उपन्यासों में बहुत ही स्पष्टता के साथ उद्घाटित किया है। उनका यह विचार था कि जब तक धर्म के इन ठेकेदारों के असली रूप लोगों के सामने नहीं आ जाते तब तक ये समाज के सीधे तथा गरीब लोगों को अपने मायाजाल में फँसाकर ठगते रहेंगे। प्रेमचन्द की यह एक बड़ी सामाजिक चिन्ता रही है कि वे दलित तथा शोषित जन-समूहों को इन पण्डित-पुरोहित नामधारी नरपिशाचों के चंगुल से मुक्त कर उन्हें मानवीय धर्म की ओर ले जायें। यह चिन्ता जमींदारों और सूदखोर महाजनों के शोषण का कारगर अस्त्र बन जाने के कारण प्रेमचन्द को इस पर बहुत अधिक केन्द्रित होना पड़ा है।

3.2 जाति-पाँत, छुआछूत और ऊँच-नीच पर विचार

वर्णाश्रम धर्म भारतीय समाज-व्यवस्था की रीढ़ रहा है। कालान्तर में उच्च एवं निम्न वर्णों की मान्यता से अनेक जातियों और उपजातियों में समाज का विभाजन हुआ। मध्ययुगीन ग्राम एवं कृषि-आश्रित अर्थव्यवस्था ने ही भारतीय जाति-व्यवस्था को एक विशिष्ट रूप दिया। इसमें कर्म और पेशे के अनुसार जातियों का विभाजन हुआ। ग्राम स्तर पर सभी जातियाँ एक दूसरे पर आश्रित थीं। ब्राह्मण, ठाकुर आदि ऊँची जातियों से लेकर नाई, कहार, धोबी, दर्जी, लुहार, बढ़ई, धुनियाँ, बुनकर, माली, हरिजन आदि सभी के अपने-अपने कर्म थे। इनमें से अधिकांश थोड़ी बहुत खेती करने के साथ ही अपना-अपना पेशेवर कार्य भी करते थे। इसके लिए भू-स्वामियों और बड़े काश्तकारों की ओर से उन्हें प्रत्येक फसल पर एक निश्चित मात्रा में अनाज दिया जाता था।

गाँव की व्यवस्था के समुचित संचालन का काम गाँव की पंचायतें किया करती थीं। इसके मुखिया और पंचों में ठाकुर, ब्राह्मण, साहूकार-महाजन और अन्य प्रमुख जातियों के प्रतिनिधि होते थे। पंचायत का फैसला सबके लिए मान्य होता था। गाँव की अधिकांश जातियों की अपनी अलग पंचायत भी होती थी, जो आस-पास के गाँवों के सजातीय लोगों द्वारा मिलकर बनती थी। ये पंचायतें जहाँ

---

1. प्रेमचन्द : कर्मभूमि, पृ० 168

प्रत्येक जाति के आपसी विवाद और उनके व्यापक हितों के मसलों को सुलझाती थीं, वहीं जातीय कर्मानुष्ठान के बन्धनों को भी दृढ़ करती थीं। इस जाति या बिरादरी से निष्कासन एक बहुत बड़ा सामाजिक दण्ड माना जाता था। अपने गाँव की एकता को कायम रखने के साथ ही प्रत्येक व्यक्ति अपनी जातीय एकता के प्रति भी सजग रहता था। इस सहज व्यवस्था को असहज और शोषण मूलक बनाने में सामन्तवाद के प्रमुख स्तम्भ ब्राह्मण-पुरोहित वर्ग का विशेष हाथ है। वेद, शास्त्र, पुराण आदि की आड़ में इस समुदाय ने अनेक कर्मकाण्डों और अनुष्ठानों की योजना द्वारा नीची जातियों के शोषण का मार्ग प्रशस्त किया। मध्यकाल के कबीर आदि निर्गुण सन्तों ने जातीय भेद-भाव वाली इस व्यवस्था और उसकी एक महत्त्वपूर्ण कारक शक्ति ब्राह्मणवाद पर जमकर कुठाराघात किया था। लेकिन आत्मनिर्भर ग्राम इकाई को तोड़े बिना इस जाति-व्यवस्था का उन्मूलन सम्भव नहीं था। अंग्रेजों के शासन-काल में इस आत्म-निर्भर, ग्राम-व्यवस्था का आधार छिन्न-भिन्न जरूर हुआ। लेकिन नये जमींदारों-जागीरदारों के अस्तित्व में आने से इसका ऊपरी ढांचा कायम रहा। किसान और साधारण जनों की मुक्ति की दृष्टि से प्रेमचन्द ने भी अपने युग में इसका उन्मूलन आवश्यक माना।

प्रेमचन्द ने इस प्रथा के उन्मूलन के लिए ब्राह्मणवाद पर सर्वाधिक चोटें की हैं। अपनी ऐसी ही एक टिप्पणी में उन्होंने लिखा है, "राष्ट्रवाद ऐसे उपजीवी समाज को घातक समझता है और समाजवाद में तो उसके लिए स्थान ही नहीं। और हम जिस राष्ट्रीयता का स्वप्न देख रहे हैं, उसमें तो जन्मगत वर्णों की गन्ध तक न होगी, वह हमारे श्रमिकों और किसानों का साम्राज्य होगा, जिसमें न कोई ब्राह्मण होगा, न हरिजन, न कायस्थ, न क्षत्रिय। उसमें सभी भारतवासी होंगे, सभी ब्राह्मण होंगे या सभी हरिजन होंगे।"[1] यहाँ प्रेमचन्द की सामाजिक चिन्ता का वास्तविक स्वरूप साकार हुआ है।

अपने कथा-साहित्य के माध्यम से प्रेमचन्द ने जाति-पाँत, छुआछूत और ऊँच-नीच की भावना पर गिन-गिनकर चोटें की हैं। ये भावनाएँ संक्रामक रोग की तरह समस्त हिन्दू समाज की जड़ों को खोखला कर रही थीं। यह कहना शायद उचित ही होगा कि अनपढ़ ग्रामीण स्त्री-पुरुष तो इस छूत के शिकार थे ही, पर पढ़े-लिखे लोग भी उससे मुक्त नहीं थे। प्रेमचन्द ने इन संकीर्ण विचारों का डटकर विरोध किया है। मानवता के बीच जाति-पाँत की ये संकीर्ण दीवारें उन्हें अमानवीयता की प्रतीक लगीं। प्रेमचन्द का उद्देश्य इस अमानवीयता की दीवार को धराशायी कर साधारण जनता को पतन के गर्त से बाहर निकालना था।

'प्रतिज्ञा', 'कर्मभूमि' तथा 'गोदान' आदि अनेक उपन्यासों में प्रेमचन्द ने अछूतों की समस्या को उभारा है। 'प्रतिज्ञा' में जब अमृत राय यह प्रतिज्ञा करता है कि वह किसी विधवा से शादी करेगा, तब कमला प्रसाद अपनी संकीर्ण मनोवृत्ति का

1. उत्तरगाथा : सं० सव्यसाची, अंक 6-7, पृ० 2.

परिचय देते हुए कहता है, "रहेगी बिरादरी की ही विधवा न। कि बिरादरी की भी कैद नहीं रही।"[1]

कमला चूंकि संकीर्ण मनोवृत्ति का है इसलिए उसे यह बात अच्छी नहीं लगती। वह नहीं चाहता कि यह जाति-पांत का भेदभाव मिटे। वह आगे फिर कहता है, "एक दिन पंजाब में कोई बौखल आया था, कह गया जात-पांत तोड़ दो, इससे देश में फूट बढ़ती है। ऐसे ही एक और जंगालू आकर कह गया, चमारों-पासियों को भाई समझना चाहिए। उनसे किसी तरह का परहेज नहीं करना चाहिए।"[2]

प्रेमचन्द के उपन्यासों में इन संकीर्ण मनोवृत्तियों के धार्मिक पहलू के साथ-साथ सामाजिक पहलुओं पर भी प्रकाश डाला गया है। प्रेमचन्द का यह विचार था कि अछूतों के लिए सिर्फ मन्दिर-प्रवेश ही उनकी सामाजिक एवं आर्थिक स्थिति में सुधार नहीं ला सकता। आवश्यकता इस बात की है कि जब तक हमारे समाज में अछूत जातियों तथा उनके कार्यों के प्रति आदर भाव उत्पन्न नहीं होता तब तक उनकी स्थिति में सुधार होना असम्भव है। प्रेमचन्द की दृष्टि में इन समुदायों की जहालत का सबसे बड़ा कारण इनकी आर्थिक विपन्नता है। समाज की दृष्टि में यह समुदाय अत्यन्त दलित एवं उपेक्षित है। उन्होंने इस समुदाय के प्रति सहानुभूति तो प्रकट की ही है, साथ ही इनमें पायी जाने वाली कमजोरियों की तरफ भी संकेत किया है। प्रेमचन्द ने अपने साहित्य में यही कोशिश की है कि सभी मनुष्य जाति-पांत, ऊंच-नीच तथा छुआछूत के भेदभाव को भूलकर मानवता के एक सूत्र में बंध जायें। 'रंगभूमि' में अपनी इसी चिन्ता को सामने रखकर उन्होंने सूरदास की मूर्ति की स्थापना करवायी है। उस समय सभी वर्ण तथा जातियों के लोग एक साथ बैठकर खाना खाते हैं। प्रेमचन्द लिखते हैं, "सन्ध्या समय प्रीति-भोज हुआ। छूत और अछूत एक साथ बैठकर एक ही पंक्ति में खाना खा रहे थे। यह सूरदास की सबसे बड़ी विजय थी।"[3] प्रेमचन्द के सूरदास की विजय का यही सबसे बड़ा कारण है कि वह नीची जाति का होकर भी सभी जातियों के दिल में श्रद्धा तथा आदर का पात्र बन गया। इसीलिए सूरदास के प्रीति-भोज में सभी छोटी-बड़ी जाति के लोग एक साथ बैठकर खाना खा रहे हैं।

'प्रेमाश्रम' में भी छूत-अछूत की संक्रामकता पर प्रेमचन्द ने विचार किया है। ज्ञानशंकर का भाई प्रेमशंकर जब विदेश यात्रा करके लौटता है तब उसे अछूत समझा जाता है। यहां तक कि उसका सगा भाई भी उसके साथ बैठकर खाना खाने में हिचकिचाता है। इन मिथ्याडम्बरों का विरोध करवाते हुए प्रेमचन्द प्रेमशंकर से कहलवाते हैं, "पर खेद है कि तुम इतने विचारशील होकर बिरादरी

1. प्रेमचन्द : प्रतिज्ञा, पृ० 18
2. वही, पृ० 19
3. प्रेमचन्द : रंगभूमि भाग-2, पृ० 294

के गुलाम बने हुए हो। शिक्षा का फल यह होना चाहिए कि तुम बिरादरी के सूत्रधार बनो, उसको सुधारने का प्रयास करो न कि उसके दबाव में आकर अपने सिद्धान्तों का बलिदान कर दो।"[1] यहाँ पर विचारशील लेखक ने उन पढ़े-लिखे लोगों को यह सन्देश दिया है कि तुम संस्कारों के गुलाम मत बनो बल्कि उसके सूत्रधार बनकर उसे सुधारने का प्रयत्न करो। इसी में समाज का तथा देश का विकास सम्भव है। प्रेमचन्द की लेखनी हमेशा समाज में व्याप्त ऐसी संकीर्णताओं का विरोध करने के लिए उठी है।

प्रेमचन्द ने आँख मूंदकर सिर्फ नीची जातियों के लोगों का गुणगान ही नहीं किया है बल्कि पूरी ईमानदारी के साथ उनके दोषों को भी उभारा है। हाँ यह बात अवश्य है कि उनकी सहानुभूति के पात्र दलित तथा कमजोर जातियों के ही लोग हैं। उनकी यह सहानुभूति सच्चाई के आड़े नहीं आती। 'कर्मभूमि' में प्रेमचन्द ने अछूतों के जीवन की यथार्थ गाथा प्रस्तुत की है। उपन्यास का नायक अमर एक परदेशी के रूप में ऐसे पहाड़ी गाँव में जाता है, जहाँ के रहने वाले सभी अछूत जाति के हैं। अमर का सर्वप्रथम साक्षात्कार एक बुढ़िया से होता है जो पूछती है आप किस जाति के हो। इस प्रश्न पर अमर बुढ़िया को उत्तर देता है, "मैं जात-पाँत नहीं मानता माता जी, जो सच्चा है वह चमार भी है तो आदर जोग है, जो दगाबाज़ हो, झूठा हो, लम्पट हो वह ब्राह्मण भी है तो आदर जोग नहीं है।"[2] अछूतों की भयावह आर्थिक स्थिति का अन्दाजा प्रेमचन्द ने अमर द्वारा बुढ़िया की झोंपड़ी को देखकर करवाया है, "अमर झोंपड़ी में गया तो उसका हृदय काँप उठा, मानों दरिद्रता छाती पीट-पीटकर रो रही है और हमारा समाज विलास में मगन है। उसे रहने को बँगला चाहिए, सवारी को मोटर। इस संसार का विध्वंस क्यों नहीं हो जाता।"[3]

उपर्युक्त दृश्य अछूतों की आर्थिक विपन्नता की कहानी कह रहा है। निम्न जाति की दुर्दशा का सबसे बड़ा कारण था उनका आर्थिक शोषण। इन शोषकों ने इनकी दशा इतनी हीन कर दी थी कि रात-दिन बैलों की तरह जुते रहने पर भी इन्हें पेट भर भोजन नहीं नसीब होता था। अछूतों की इन स्थितियों का वर्णन प्रेमचन्द ने कहीं से सुनकर या पढ़कर नहीं किया था, बल्कि यह सब उन्होंने स्वयं अनुभव किया था।

अछूत वर्ग की सामाजिक स्थिति का वर्णन प्रेमचन्द ने गाँव के बच्चों द्वारा करवाया है। अमर बालकों से पूछता है, "कहाँ पढ़ने जाते हो?" बालक ने नीचे का होंठ सिकोड़ कर कहा—"कहाँ जायें, हमें कौन पढ़ाएगा? मदरसे में कोई जाने तो देता नहीं। एक दिन दादा हम लोगों को लेकर गये। पण्डित जी ने नाम लिख

---

1. प्रेमचन्द : प्रेमाश्रम, पृ० 115
2. प्रेमचन्द : कर्मभूमि, पृ० 82
3. वही

लिया पर हमें सबसे अलग बैठाते थे, सब लड़के हमें 'चमार-चमार' कहकर चिढ़ाते थे। दादा ने नाम कटा लिया।"[1]

प्रेमचन्द का यह विचार था कि इन अछूतों में जब तक शिक्षा का प्रसार नहीं होता तब तक इनके सामाजिक स्तर को ऊपर नहीं उठाया जा सकता। अशिक्षा के कारण उनमें जो बुराइयाँ पायी जाती हैं, उसे भी शिक्षा के माध्यम से दूर किया जा सकता है। तभी अछूतों की सामाजिक तथा आर्थिक स्थिति में भी सुधार लाया जा सकता है।

प्रेमचन्द के उपन्यासों में अछूतों को सिर्फ नासमझ, दलित या शोषित वर्ग के रूप में ही नहीं प्रस्तुत किया गया है, बल्कि इनमें भी अपने अधिकारों के प्रति समझ है, ऐसा प्रतीत होता है। प्रेमचन्द के उपन्यासों में चित्रित अछूत-वर्ग अपने मानवोचित अधिकारों के लिए विरोध भी प्रकट करता है। इनका प्रतिनिधित्व करते हुए गूदड़ कहता है, "भगवान् ने छोटे-बड़े का भेद क्यों लगा दिया, इसका मरम समझ में नहीं आता। उसके तो सभी लड़के हैं। फिर सबको एक आँख से क्यों नहीं देखता? फिर पयाग कहता है—पूरब जनम का संस्कार है, जिसने जैसे करम किये हैं, वैसे फल पा रहा है।"[2] लेकिन उपन्यासकार का पूर्वजन्म के संस्कारों में विश्वास नहीं है। अपने इसी विश्वास को मूर्त रूप देने के लिए प्रेमचन्द ने गूदड़ चौधरी से कहलवाया है, "यह सब मन को समझाने की बातें हैं बेटा, जिससे गरीबों को अपनी दशा पर सन्तोष रहे और अमीरों के रास-रंग में किसी प्रकार की बाधा न पड़े। लोग समझते हैं कि भगवान् ने हमको गरीब बना दिया। आदमी का क्या दोष, पर यह कोई न्याय नहीं है कि हमारे बाल-बच्चे तक काम में लगे रहें और पेटभर भोजन तक न मिले और एक-एक अफसर को दस-दस हजार की तलब मिले।"[3]

प्रेमचन्द ने अछूतों की मूल समस्या को धार्मिक ही नहीं, बल्कि आर्थिक भी माना है। उनके विचार से यह समस्या तभी हल हो सकती है जब बड़े लोग उनके साथ मानवता का व्यवहार करें तथा बेगार में काम लेना छोड़ दें। जहाँ एक ओर प्रेमचन्द ने अछूतों के प्रति गहरी सम्वेदना के भाव प्रकट किये हैं, वहीं दूसरी तरफ इस वर्ग में पायी जाने वाली कमजोरियों की ओर भी स्पष्ट संकेत किया है। 'कर्मभूमि' में मरी हुई गाय का मांस खाने का प्रश्न हमारे सामने आता है। इस सम्बन्ध में अछूतों में पक्ष तथा विपक्ष में बातें भी होती हैं। अछूतों में पूर्व संस्कारों के कारण मृत गाय का मांस खाना साधारण बात थी। और भी कई प्रकार की गलत मान्यताएँ इस वर्ग में पायी जाती हैं। इन्हीं कुप्रवृत्तियों के कारण अन्य जातियाँ भी चमारों से दूर रहती थीं। उनके सामाजिक बहिष्कार के पीछे कुछ

---

1. प्रेमचन्द : कर्मभूमि, पृ० 84-85
2. वही, पृ० 87
3. वही

हद तक ये परिस्थितियाँ भी जिम्मेदार थीं। अछूतों की इन कमजोरियों पर भी प्रेमचन्द ने स्पष्ट रूप से लिखा है। चमड़े का काम करके अथवा जूते बनाने का काम करके कोई जाति निकृष्ट नहीं हो जाती। लेकिन इस बात को स्वीकारने पर भी उनमें पाये जाने वाले दोषों को हम नकार नहीं सकते। इन दोषों को प्रेमचन्द ने एक युवक के माध्यम से कहलवाया है, "मरी गाय के मांस में ऐसा कौन-सा मजा रखा है, जिसके लिए सब जन मरे जा रहे हो। गड्ढा खोदकर मांस गाड़ दो, खाल निकाल लो।··· सारी दुनिया हमें इसलिए अछूत समझती है कि हम दारू-शराब पीते हैं, मुरदा मांस खाते हैं? दारू-शराब हमने छोड़ दी। हमने क्या छोड़ दी समय ने छुड़वा दी—फिर मुरदा मांस में क्या रखा है? रहा चमड़े का काम उसे कोई बुरा नहीं कह सकता और अगर कहे भी तो हमें उसकी परवाह नहीं। चमड़ा बनाना-बेचना कोई बुरा काम नहीं है।"[1]

वैसे मरी गाय का मांस यदि दो-चार लोग खाना छोड़ भी दें तो सारी की सारी बिरादरी सुधरने वाली नहीं थी। दो-चार के हृदय-परिवर्तन से कोई सामूहिक हल निकलने वाला नहीं था। इस बात को भी एक बूढ़ व्यक्ति के माध्यम से उन्होंने रखा है, "एक तुम्हारे या हमारे छोड़ देने से क्या होता है? सारी बिरादरी तो खाती है। भूरे ने जवाब दिया—बिरादरी खाती है, बिरादरी नीच बनी रहे। अपना-अपना धरम अपने-अपने साथ है। गूदड़ ने भूरे को सम्बोधित किया—तुम ठीक कहते हो भूरे। लड़कों का पढ़ाना ही ले लो। पहले कोई भेजता था अपने लड़कों को? मगर जब हमारे लड़के पढ़ने लगे तो दूसरे गाँव के भी लड़के आ गये।"[2] 'कर्मभूमि' में जाति-पाँत, छुआछूत का दूसरा पहलू मन्दिर-प्रवेश का है। एक सीमा तक यह निम्न जातियों की सामाजिक प्रतिष्ठा से भी सम्बद्ध है। मन्दिर-प्रवेश एक आन्दोलन का रूप धारण कर लेता है और बाद में यह आन्दोलन सफल भी हो जाता है। ठाकुरद्वारों में एक महीने से कथा चल रही है और एक दिन मन्दिर में हंगामा हो जाता है। यह हंगामा मन्दिर में बैठे निम्न-जातियों को लेकर होता है। इस सन्दर्भ में प्रेमचन्द ने धर्म के पाखण्डियों की वास्तविकता को विस्तार से चित्रित किया है, "ब्रह्मचारी—यह लोग भगवान् की कथा सुनने आते हैं कि अपना धर्म भ्रष्ट करते आते हैं? भंगी, चमार जिसे देखो घुसा चला आया है। ठाकुर जी का मन्दिर न हुआ सराय हुई।···ये दुष्ट रोज यहाँ आते थे, रोज सबको छूते थे। इनका छुआ हुआ प्रसाद लोग रोज खाते थे। इससे बढ़कर अनर्थ और क्या हो सकता है?"[3] फिर इन पाखण्डियों के ऊपर टिप्पणी करते हुए प्रेमचन्द लिखते हैं, "धर्मात्माओं के क्रोध का वारापार न रहा। कई आदमी जूते ले-लेकर उन गरीबों पर पिल पड़े। भगवान् के मन्दिर में, भगवान् के भक्तों के हाथों,

1. प्रेमचन्द : कर्मभूमि, पृ० 99
2. वही
3. वही, पृ० 113-114

भगवान् के ही भक्तों पर पादुका प्रहार होने लगा।"[1]

प्रेमचन्द धर्म के इन पाखण्डियों के साथ कभी समझौता करने पर राजी नहीं हुए। इसलिए उन्होंने डॉ० शान्ति कुमार से इन पाखण्डियों को चुनौती देते हुए कहलवाया है, "अन्धे भक्तों की आँख में धूल झोंककर यह हलवे बहुत दिन खाने को न मिलेंगे महाराज, समझ गये? अब वह समय आ रहा है, जब भगवान् भी पानी से स्नान करेंगे, दूध से नहीं।"[2] इस उपन्यास में प्रेमचन्द ने पिछड़ी जातियों के उद्धार का संकल्प किया है। वे समाज को सचेत करते हुए आगे बढ़ते हैं तथा उन्हें अन्याय के विरुद्ध विद्रोह करने के लिए तैयार करते हैं। दूसरे दिन फिर नियत समय पर कथा प्रारम्भ होती है। पर अछूतों के प्रति सहानुभूति रखने वाले लोग उसमें भाग नहीं लेते। वे नौजवान सभा के नाम से अपनी अलग कथा का आयोजन करते हैं। प्रेमचन्द ने इन दोनों वर्गों की कथा का चित्रण करके बतलाया है कि सही धर्म को पहचानने की ज्यादा समझ इन अछूत जातियों में है। मन्दिर में हो रही कथा का चित्रण करते हुए प्रेमचन्द लिखते हैं, "श्रोताओं की संख्या बहुत कम हो गयी थी। मधुसूदन जी ने बहुत चाहा कि रंग जमा दें, पर लोग जम्हाइयाँ ले रहे थे और पिछली सफों में तो लोग धड़ल्ले से सो रहे थे। मालूम होता था कि मन्दिर का आँगन कुछ छोटा हो गया है, दरवाजे कुछ नीचे हो गये हैं।"[3]

यह दशा धर्म-विजेताओं की है, जो मन्दिर में अछूतों को देखकर हिंसक हो उठे थे और धर्म को अपनी बपौती समझते थे। दूसरे वर्ग की कथा, जिसमें अछूत वर्ग सम्मिलित था, उसका चित्रण करते हुए प्रेमचन्द ने लिखा है, "यह देवी-देवताओं और अवतारों की कथा न थी, ब्रह्म-ऋषियों के तप और तेज का वृत्तान्त न था, क्षत्रियों के शौर्य और दान की गाथा न थी। यह उस पुरुष का पावन चरित्र था, जिसके यहाँ मन और कर्म की शुद्धता ही धर्म का मूल तत्त्व है। वही ऊँचा है, जिसका मन शुद्ध है, वह नीचा है जिसका मन अशुद्ध है—जिसने वर्ण का स्वाँग रचकर समाज के एक अंग को मान्य और दूसरे को मलेच्छ नहीं बनाया? किसी के लिए उन्नति या उद्धार का द्वार नहीं बन्द किया—एक के माथे पर बड़प्पन का तिलक और दूसरे के माथे पर नीचता का कलंक नहीं लगाया। इस चरित्र में आत्मोन्नति का एक सजीव सन्देश था, जिसे सुनकर दर्शकों को ऐसा प्रतीत होता था, मानो उनकी आत्मा के बन्धन खुल गये हैं, संसार पवित्र और सुन्दर हो गया है।"[4]

प्रेमचन्द ने इस प्रकार धर्म की सही व्याख्या करके समाज के निम्न वर्गों के मनोबल को बढ़ाने का प्रयत्न किया है। उनका यही मनोबल उन्हें संगठित करके

---

1. प्रेमचन्द : कर्मभूमि, पृ० 114
2. वही, पृ० 115
3. वही
4. वही

सामाजिक एवं धार्मिक संघर्ष के लिए तैयार करता है। इस प्रकार अछूतों का आन्दोलन बल पकड़ता है और हिन्दू धर्म के पाखण्डी इस बढ़ते हुए संघर्ष को देखकर क्रोध से पागल हो जाते हैं। लाला समरकान्त निहत्थे अछूतों एवं उनके उद्धारकों पर गोली चलवा देते हैं। 'कर्मभूमि' में ही अछूतों की तीसरी समस्या उनके रहन-सहन को लेकर उठाई गयी है। इस उपन्यास में इनके रहन-सहन का जो रूप उभरकर हमारे सामने आता है उससे उनके भयावह जीवन का चित्र हमारी आँखों के सामने प्रत्यक्ष हो उठता है। इन दलितों के आवास नर्क से भी बदतर हैं, परन्तु इस विषय में कोई ध्यान नहीं देता। प्रस्तुत उपन्यास में प्रेमचन्द ने यह दिखाया है कि म्युनिसिपल बोर्ड और उसके कर्णधार केवल पूंजीपतियों की ही सेवा करना अपना कर्तव्य समझते हैं। गरीबों की तरफ तो उनका ध्यान भूलकर भी नहीं पहुँच पाता। नगर के सभी छोटी जातियों के लोग इस उपेक्षा और अत्याचार के विरुद्ध एक जुट होकर आन्दोलन करते हैं। इन जातियों में चमार, धोबी, नाई, कहार, मेहतर आदि सभी शामिल हैं। इन दलित जातियों में नयी चेतना का स्वर फूट रहा है। सुखदा जो कि एक सम्पन्न उच्च वर्ग के पिता की बेटी तथा पूंजीपति की बहू भी है, वह इनका नेतृत्व करती है। उन्हें उनके अधिकारों से परिचित करवाती हुई वह कहती है, "हाकिमों से जो कुछ कहना-सुनना था, कह-सुन चुके, किसी ने कान न दिया। छः महीने से यही कहा-सुनी हो रही है। जब अब तक उसका कोई फल न निकला, तो अब क्या निकलेगा। हमने आरजू-मिन्नतों से काम निकालना चाहा था, पर मालूम हुआ, सीधी अंगुली से घी नहीं निकलता। हम जितना दबेंगे, यह बड़े आदमी हमें उतना ही दबाएंगे, आज तुम्हें तय करना है कि तुम अपने हक के लिए लड़ने को तैयार हो या नहीं।"[1]

प्रेमचन्द अपने साहित्य में ही नहीं बल्कि समूचे जीवन में भी नीची जातियों के सुख-दुःख को बराबर महसूस करते रहे। इनका शोषण करने वालों का उन्होंने हमेशा विरोध किया है। इस सम्बन्ध में डॉ० शिवकुमार मिश्र ने अपने लेख 'अति निम्न वर्ग के साथ प्रेमचन्द का सलूक' में लिखा है, "उनका विरोध उस मानसिकता से है जो धर्म, जाति, वर्ग, और सम्प्रदाय की आड़ में मनुष्यता के एक विराट् अंश का शोषण करती है, उसका सम्बन्ध किसी भी धर्म, वर्ग अथवा जाति से हो।"[2] इस प्रकार प्रेमचन्द ने जाति-पाँत, ऊँच-नीच तथा छुआ-छूत पर बड़ी गहराई के साथ विचार किया है। उनकी सम्वेदना हमेशा निम्न जातियों तथा दलितों के साथ रही है। मुख्यतः इन्हीं का उद्धार प्रेमचन्द की सामाजिक चिन्ता का विषय भी बना है।

---

1. प्रेमचन्द : कर्मभूमि, पृ० 147
2. प्राधिकृत : सं० डॉ० रमेश कुन्तल मेघ, प्रेमचन्द विशेषांक, पृ० 97

3.3 शूद्रों की स्थिति

प्रेमचन्द के साहित्य का यही उद्देश्य रहा है कि समाज के वे उपेक्षित समुदाय, जो सदियों से अमानवीयता के चंगुल में जकड़े रहे हैं, उन्हें उस चंगुल से छुड़ाकर मानवीयता के धरातल पर प्रतिष्ठित किया जाये। प्रेमचन्द के कथा-साहित्य में शूद्रों की स्थिति बड़ी ही कारुणिक है। दिन-रात मेहनत की चक्की में जुते रहने पर भी इनकी आर्थिक स्थिति बड़ी दयनीय है। कमरतोड़ मेहनत के बावजूद भी इन्हें भरपेट रोटी नहीं मिलती। इनकी यह स्थिति इनके चौतरफे शोषण के कारण और भी चिन्ताजनक होती गयी। आज के युग में भी शूद्रों की दशा में कुछ विशेष परिवर्तन नहीं आया है। आज भी बड़ी तादाद में ये यातना के शिकार हो रहे हैं। शूद्रों की स्थिति के सम्बन्ध में डॉ० शिवकुमार मिश्र ने अपने एक लेख में लिखा है, "कालान्तर में जब वर्ण-व्यवस्था वर्ग में और जातियों में बदली, अति निम्न वर्ग की आर्थिक-सामाजिक हालत और भी बदतर हुई। जाति का निर्णय भी कर्म से न होकर जन्म से होने लगा और तब से लेकर समूचे मध्यकाल और आज तक का भारतीय समाज का शूद्र कहा जाने वाला यह तबका अपनी अभिशप्त नियति ढो रहा है।"[1]

इस प्रकार यह वर्ग सामाजिक तथा आर्थिक स्तरों पर कमजोर होता गया है। हमारे प्राचीन धर्म-शास्त्र में भी शूद्रों की अत्यन्त गिरी हुई स्थिति का उल्लेख हुआ है। इन्हें ब्रह्मा के पैर से पैदा हुआ माना गया है। इसलिए उनका काम सिर्फ उच्च वर्ग की सेवा करना था। हमारे शास्त्रों में इनके लिए सबसे कठोर दण्ड का विधान किया गया है। कहने का तात्पर्य यह है कि शूद्रों को कभी मनुष्य के रूप में स्वीकार ही नहीं किया गया। मनुष्य तो क्या उसे प्रायः पशु से भी बदतर स्थिति में डाल दिया गया। कुत्ते-बिल्ली यदि सवर्णों के बर्तन को जूठा कर दें, तो उसे धोकर पवित्र मान लिया गया। शूद्र से यदि अनजाने में भी वे बर्तन छू गये तो उन्हें फेंक दिया जाता है। आग में तपाकर भी उन्हें शुद्ध नहीं किया जा सकता।

प्रेमचन्द ने साहित्य को सिर्फ मनोरंजन तक ही सीमित नहीं रखा, बल्कि उनके लिए साहित्य का एक निश्चित सामाजिक उद्देश्य था, जिसे लेकर वे लेखन के क्षेत्र में उतरे थे। सदियों से शोषित-उत्पीड़ित भारतीय जन समूह को अपनी सच्ची सहानुभूति देने के लिए उन्होंने अपनी लेखनी उठाई। उनका समूचा लेखन इस बात का गवाह है कि उन्होंने हमेशा निर्भीकतापूर्वक अपनी बात कही है, चाहे इसके लिए उन्हें कितनी मुसीबतों का सामना करना पड़ा हो। अपने साहित्य में उन्होंने समूची शक्ति के साथ शोषितों का पक्ष लेते हुए धनपशुओं के चेहरों को भी बेनकाब किया है। प्रेमचन्द अपनी मानवीय तथा लेखकीय चिन्ता

1. प्राधिकृत : सं० डॉ० रमेश कुन्तल मेघ, प्रेमचन्द विशेषांक, पृ० 93

के दायरे में शूद्रों को ले आते हैं। इस सम्बन्ध में डॉ० शिवकुमार मिश्र की यह बात बहुत सही प्रतीत होती है, "हमारे कहने का कुल तात्पर्य है कि अति निम्न वर्ग अर्थात् अछूत वर्ग के साथ प्रेमचन्द का सलूक देश और देश की जनता और उनकी मुक्ति की परिकल्पना से प्रेरित और अनुशासित है, वह प्रेमचन्द के क्रान्तिकारी मानवतावाद का ही एक पहलू है, जिसके तहत ही प्रेमचन्द अपने को 'डी-क्लास' करते हुए समाज में अछूत माने जाने वाले तबके से अपना आत्मीय रिश्ता जोड़ते हैं, उनकी व्यथा-कथा ही नहीं कहते उनका पक्षधर बनते हुए उनकी मुक्तिकामी आकांक्षा को वाणी देते हैं, उनके लिए नरक की सृष्टि करने वाले उच्चवर्गीय समाज को, उसके असली चेहरे के साथ हमारे सामने पेश करते हैं।"[1]

अछूतों के प्रति गहरी आत्मीयता के कारण कुछ लोगों ने प्रेमचन्द को घृणा का प्रचारक तक कहा है। 'सद्गति' कहानी के लिए प्रेमचन्द को ब्राह्मण-विद्वेषी भी कहा गया। लेकिन प्रेमचन्द का लक्ष्य किसी धर्म, सम्प्रदाय अथवा जाति के प्रति घृणा का प्रचार करना नहीं था। उनका विरोध उस मानसिकता के खिलाफ था जो धर्म, जाति, वर्ण, सम्प्रदाय की आड़ में मानवता का शोषण करती थी। इस सम्बन्ध में प्रेमचन्द का जीवन भी हमारे सामने एक साक्ष्य है कि बचपन से लेकर नौकरी के पूरे दौर और नौकरी से इस्तीफा देने के बाद भी वे अधिकतर कस्बों और गांवों में ही रहे। इस कारण उन्हें शोषित जनता और शोषकों के असली चेहरों की पहचान हो गयी थी। यही कारण है कि प्रेमचन्द के साहित्य में शोषितों और दलितों की अवरुद्ध आवाज की अनगूंज निरन्तर सुनाई पड़ती है। इस बात से हम यह समझ सकते हैं कि प्रेमचन्द का शूद्रों के प्रति लगाव सिर्फ बौद्धिक न होकर, जिन्दगी के साक्षात्कार के फलस्वरूप पाये गये अनुभवों पर आधारित था।

'गोदान' में चमारों द्वारा मातादीन तथा दातादीन की बखिया उधेड़ते हुए प्रेमचन्द ने लिखा है, "वाह पण्डित खूब निआव करते हो। तुम्हारी लड़की किसी चमार के साथ निकल गयी होती और तुम इस तरह की बातें करते, तो देखती। चमार हैं इसलिए हमारी कोई इज्जत नहीं।...तुम बड़े नेमी-धरमी हो। उसके साथ सोओगे, लेकिन उसके हाथ का पानी नहीं पियोगे।"[2] यह शूद्रों का सीधा प्रश्न है उन लोगों से जिन्हें अपनी जातीय उच्चता का गर्व है। उस समाज के मुंह पर शूद्रों द्वारा एक जोरदार तमाचा है, जो जातीय उच्चता की आड़ लेकर इन गरीबों की इज्जत से खेलने का अधिकार देता है। प्रेमचन्द ने अपने लेखन द्वारा समाज-व्यवस्था के उस घृणित अमानवीय चेहरे को निर्ममता से बेनकाब करते हुए उन्हें धिक्कारा है। उन्होंने धार्मिक-सामाजिक तथा आर्थिक शोषण पर टिकी

1. प्राधिकृत : सं० डॉ० रमेशकुन्तल मेघ, प्रेमचन्द विशेषांक, पृ० 97
2. प्रेमचन्द : गोदान, पृ० 245

परम्परागत व्यवस्था के सारे कल पुर्जों की घिनौनी वास्तविकता को उजागर करते हुए उसके बदलाव की माँग की है। उन्होंने समूची मानवीयता के साथ समाज के सबसे कमजोर वर्ग की जिन्दगी को उसकी वस्तुगत सच्चाई के साथ हमारे समक्ष प्रस्तुत किया है। उनकी रचनाधर्मिता का उद्देश्य मानवीय समाज के सबसे कमजोर वर्गों के प्रति एक ऐसी वाणी ध्वनित करना था, जिससे ये लोग अपने अधिकारों को समझकर अपनी स्थिति में सुधार लाने का प्रयत्न कर सकें। 'कर्मभूमि' में अमर और सुखदा तथा 'प्रेमाश्रम' में प्रेमशंकर जैसे पात्रों का निर्माण प्रेमचन्द ने शूद्रों की स्थिति सुधारने के लिए ही किया है। इस सम्बन्ध में डॉ० शिवकुमार मिश्र ने 'अति निम्न वर्ग के साथ प्रेमचन्द का सलूक' में लिखा है, "यह सही है कि प्रेमचन्द के ये दलित पात्र अधिकतर मिटते और बरबाद होते दिखाये गये हैं। किन्तु एक यथार्थनिष्ठ रचनाकार होने के नाते प्रेमचन्द इस बिन्दु पर यही प्रतिपादित करना चाहते हैं कि परम्परा से मजबूत की जा रही व्यवस्था के पंजे तथा धर्म, कर्म और नाना प्रकार के संस्कारों के शिकंजे अभी इतने जबरदस्त हैं कि आसानी से उन्हें मरोड़ा नहीं जा सकता।"[1]

प्रेमचन्द जैसा लेखक ही शूद्रों का सही मायने में समर्थक हो सकता है, जो कि निर्मूल परम्पराओं की परवाह न करते हुए दलित और शूद्रों के वर्ग से अपने महाकाव्य जैसे उपन्यासों के कथानक को ही नहीं चुनते, वरन् उन्हें अविस्मरणीय नायक बना देते हैं। 'रंगभूमि' के सूरदास का चरित्र शूद्र वर्ग से ही उठाया गया है, जो अपनी निर्मिति में समूचे हिन्दी साहित्य के लिए एक मिशाल माना जा सकता है। अन्त में सूरदास की हार होती है, पर यह हार हार नहीं बल्कि प्रेमचन्द की यथार्थधर्मी रचनाशीलता की विजय है। इस शूद्र चरित्र को प्रेमचन्द ने अपनी पूरी सम्वेदना का ताप देकर रचा है। यह वही सूरदास है जिसके समक्ष वर्ग, वर्ण, धर्म, जाति का दम भरने वाले बौने नजर आते हैं। उसके अन्दर एक ऐसी दीपशिखा प्रज्वलित है, जिसका प्रकाश सभी वर्ग, वर्ण तथा जातियों पर पड़ता है। इस सम्बन्ध में डॉ० शिवकुमार मिश्र ने भी अपने लेख में स्पष्ट संकेत किया है, "सूरदास का यह चरित्र हमें मध्यकालीन उस भक्ति की याद दिलाता है जिसने शूद्रों और अन्त्यज माने जाने वाले वर्ग के बीच से अपने समय के अन्धकार को आलोक देने के लिए एक-दो नहीं, सन्त चरित्रों की एक प्रज्वलित दीपमालिका प्रदान की थी।"[2]

इस संघर्ष में सूरदास अकेला ही नहीं लड़ रहा है। निम्न तथा शूद्रों के वर्ग से उठाये गये चरित्रों का एक पूरा समूह है, जो कि अनाचारों और अत्याचारों का मुकाबला करने के लिए चट्टान की भांति खड़ा नजर आता है। 'गबन' का देवीदीन, 'कर्मभूमि' की सलोनी और गूदड़, 'रंगभूमि' का सूरदास आदि पात्र

---

1. प्राधिकृत : सं० डॉ० रमेश कुन्तल मेघ, प्रेमचन्द विशेषांक, पृ० 99
2. वही, पृ० 100

इन्हीं चट्टानों में से हैं।

'गोदान' में मातादीन तथा सिलिया चमारिन का कथा-प्रसंग प्रेमचन्द ने शोषकों के असली चेहरों को उभारने के लिए जोड़ा है। इस उपन्यास में प्रेमचन्द ने शूद्रों को कमजोर बनाकर नहीं, बल्कि सबल बनाकर प्रस्तुत किया है। घटना उस समय और रोचक हो जाती है जब चमारों ने यथाविधि सबके सामने मातादीन पण्डित से सिलिया को अपनाने के लिए कहा। सिलिया का पिता हरखू खुलेआम समाज के बगुलाभगतों को ललकारता हुआ कहता है, "झगड़ा कुछ नहीं है ठाकुर, हम आज या तो मातादीन को चमार बनाके छोड़ेंगे या उनका अपना रक्त एक कर देंगे।...तुम हमें ब्राह्मण नहीं बना सकते, मुदा हम तुम्हें चमार बना सकते हैं।...हमारी इज्जत लेते हो तो अपना धरम हमें दो।"[1] चमारों ने मातादीन को पकड़ कर जबरदस्ती उसके मुंह में एक हड्डी का टुकड़ा डालकर धर्म से भ्रष्ट कर दिया। सिलिया को कहीं आश्रय नहीं मिलता है तो उसे धनियाँ आश्रय देती है, जहाँ वह पण्डित मातादीन के पुत्र को जन्म देती है। प्रायश्चित्त के द्वारा मातादीन पुनः ब्राह्मण बना दिया जाता है। इस प्रायश्चित्त के नाटक से मातादीन की आँखें खुल जाती हैं। उसके मन में मानवीयता की भावना का उदय होता है। सिलिया का बच्चा मर जाता है और जैसे मरकर वह मातादीन की सोयी हुई इन्सानियत को जगा जाता है। मातादीन बिना किसी भय के सिलिया को पत्नी के रूप में स्वीकार कर लेता है। वह सिलिया के साथ उसकी झोंपड़ी में रहने लगता है। सिलिया कहती है—

"मैं डर रही हूँ गाँव वाले क्या कहेंगे।"

"जो भले आदमी हैं, वह कहेंगे यही इसका धरम था।
जो बुरे हैं, उनकी मैं परवाह नहीं करता।"

"और तुम्हारा खाना कौन पकाएगा?"

"मेरी रानी सिलिया।"

"तो बाह्मन कैसे रहोगे?"

"मैं बाह्मन नहीं चमार ही रहना चाहता हूँ। जो अपना धरम पा ले वही बाह्मन है, जो धरम से मुंह मोड़े वही चमार है।"[2]

'गोदान' के सभी शूद्र पात्र अपने प्रति किये गये अत्याचारों का विरोध करते हैं। वे इसमें असफल भी होते हैं। फिर भी इस असफलता में प्रेमचन्द ने एक सफल संघर्ष को रेखांकित किया है।

प्रेमचन्द के अधिकांश शूद्र पात्र निर्भय होकर अपनी लड़ाई लड़ते हुए दिखाई देते हैं। उन्होंने पूरी ईमानदारी के साथ इस वर्ग का नेतृत्व किया है। प्रेमचन्द के कथा-साहित्य में शूद्रों की कारुणिक स्थिति पर बड़ी गहराई से विचार किया गया

---

1. प्रेमचन्द : गोदान, पृ० 245
2. प्रेमचन्द : गोदान, पृ० 338

है। उन्होंने शूद्रों को दलदल से निकालकर एक ऐसी भूमि पर खड़ा करना चाहा है, जहाँ उन्हें शोषकों के चंगुल से मुक्ति मिल सके। इसलिए भारत का शूद्र समुदाय प्रेमचन्द के साहित्य से तब तक दिशा-निर्देश लेता रहेगा, जब तक उसे छुआछूत के दलदल से मुक्ति नहीं मिल जाती।

3.4 रूढ़ियों, अन्धविश्वासों और अज्ञान पर आधारित मान्यताओं का विरोध

प्रेमचन्द का कथा-साहित्य ग्रामीणों के रहन-सहन, आचार-विचार तथा रीति-रिवाजों से भरा पड़ा है। ग्रामीण-जीवन का कोई भी ऐसा पहलू नहीं है, जिस पर प्रेमचन्द ने अपनी लेखनी न चलाई हो। जहाँ उन्होंने ग्रामीणों के गुणों की ओर संकेत किया है, वहीं इनमें पाई जाने वाली रूढ़ियों, अन्धविश्वासों तथा अज्ञान को भी उजागर किया है। हम रूढ़ियों तथा अन्धविश्वासों को एक प्रकार की मानसिक बीमारी मान सकते हैं। इससे मानवीय विकास रुक-सा जाता है तथा मनुष्य विवेक-शून्य भी हो जाता है। जहाँ पर मानवीय चरित्र में विवेकशून्यता का प्रादुर्भाव हो जाये वहाँ राष्ट्र तथा देश का विकास भी गतिहीन हो जाता है। एक जागरूक लेखक अपने साहित्य के माध्यम से उन बातों का विरोध करता है, जो समाज तथा राष्ट्र के विकास में बाधक होती हैं। अपने उपन्यासों द्वारा यह कार्य प्रेमचन्द ने सफलतापूर्वक किया है। प्रेमचन्द ने इन निराधार बातों का विरोध अपने कथा-साहित्य में डटकर किया है। रूढ़ियों तथा अन्धविश्वासों में डूबी हुई जनता का वास्तविक चित्र हमें उनके उपन्यासों में मिलता है। उन्होंने अन्धविश्वास की दलदल में फंसी हुई जनता को बाहर निकालने की कोशिश की है।

प्रेमचन्द की रचनाधर्मिता अत्यन्त यथार्थ रूप में हमारे सामने आती है। एक ओर जहाँ उन्होंने शोषित-उत्पीड़ित मजदूर-किसानों के साथ अपनी सम्वेदना प्रकट की है, वहीं दूसरी ओर उनकी कमजोरियों को भी रेखांकित किया है। ग्रामवासी अपनी अज्ञानता तथा अदूरदर्शिता के कारण अनेक तर्कहीन और निराधार मान्यताओं के वशीभूत होते हैं। वे मान्यताएँ उनके मानसिक विकास में बाधा डालती हैं। इनके उन्मूलन की ओर प्रेमचन्द अपने आरम्भिक लेखन काल से सक्रिय रहे हैं। उनका पहला उपन्यास 'वरदान' यद्यपि मध्य-वर्गीय जीवन पर लिखा गया है। लेकिन इसमें भी उन्होंने अन्धविश्वासों के उन्मूलन का मार्ग निकाल लिया है। इस उपन्यास की नायिका वृजरानी अपने पत्रों में अपने पति को गाँव की जहालत का यथार्थ चित्र लिखकर भेजती है, "हमारे घर के पिछवाड़े एक गड्ढा है।…यहाँ किम्वदन्ती है कि गड्ढे में चुड़ैल नहाने आया करती हैं और वह अकारण ही राह चलने वालों से छेड़-छाड़ करती हैं। इसी प्रकार द्वार पर एक पीपल का पेड़ है। वह भूतों का आवास है। गड्ढे का तो भय नहीं है, परन्तु इस पीपल का त्रास सारे गाँव पर ऐसा छाया हुआ है कि सूर्यास्त से ही मार्ग बन्द हो जाता है।…इनके अतिरिक्त सैकड़ों भूत-चुड़ैल भिन्न-भिन्न स्थानों के

निवासी पाये जाते हैं।"[1]

अपने इस उपन्यास में भी प्रेमचन्द अपनी सामाजिक चिन्ता की भूमि तलाशते हुए नजर आते हैं। इसलिए उन्होंने विरजन के पत्रों में प्रेम-प्रसंगों का वर्णन न करके उसके माध्यम से गाँवों की अन्धविश्वास भरी जिन्दगी की शोचनीय स्थिति का यथार्थ चित्र प्रस्तुत किया है। विरजन अन्त में पत्र समाप्त करते हुए लिखती है, "कैसी मूर्खता है? कैसी मिथ्या भक्ति। ये भावनाएँ हृदय पर वज्रलीक हो गयी हैं। बालक बीमार हुआ कि भूत-पूजा होने लगी।...यहाँ न देवी हैं, न देवता। भूतों का ही साम्राज्य है।...इन भावों का किस प्रकार सुधार हो? किमधिकम्।"[2]

इस पत्र में विरजन के माध्यम से प्रेमचन्द ने अपनी गहरी सामाजिक चिन्ता व्यक्त की है। वे हमेशा इस बात को लेकर चिन्तित रहे हैं कि किस प्रकार से इन निर्मूल मान्यताओं से मुक्ति मिले। वृजरानी आगे ग्रामवासियों की मिथ्या-भक्ति पर कटाक्ष करती हुई लिखती है, "कल यहाँ देवी की पूजा थी। हल, चक्की, पुर, चूल्हे सब बन्द थे। देवी जी की ऐसी आज्ञा है।"[3]

प्रेमचन्द ने इस निरर्थक मिथ्याभक्ति का विरोध करते हुए विशुद्ध आचरण पर बल दिया है। उनका यह विचार था कि मानव धर्म सबसे बड़ा धर्म है। इसलिए सभी मनुष्यों को इसी धर्म का पालन करना चाहिए। उनके विचार से इन खोखले रीति-रिवाजों से नुकसान ही है, इससे किसी का भला सम्भव नहीं है। साधारण जनता के इन अन्धविश्वासों का फायदा उठाकर पंडित-पुरोहित, ओझा-सोखा इन्हें खूब लूटते हैं। जहाँ भूत-प्रेत होंगे, वहाँ प्रेत-बाधा को दूर करने वाले भी अवश्य पैदा हो जायेंगे। वास्तविकता तो यह है कि ये प्रेत-निवारक लोग ही भूत, प्रेत, जिन्न, चुड़ैल आदि अनेक तरह की दुरात्माओं के विषय में झूठा प्रचार भी करते हैं। 'वरदान' में विरजन के पत्रों में भूत-प्रेत और चुड़ैलों के साथ ही जोगी बाबा, धोबी बाबा, लाला साहब, मौलवी साहब आदि हैं, जो हमेशा गाँव वालों की चेतना पर छाये रहते हैं। प्रेमचन्द इस प्रकार की मिथ्या चेतना को ग्रामीणों के लिए अत्यन्त घातक मानते थे।

मिथ्या-चेतना के प्रचार-प्रसार में प्रेमचन्द ने ब्राह्मण-पुरोहितों का भी विशेष हाथ माना है। वे स्वर्ग और नरक का भय दिखाकर लोगों को अनेक अनुष्ठानों के लिए प्रेरित करते थे। ऐसे लोगों पर टिप्पणी करते हुए प्रेमचन्द ने लिखा है, "ब्राह्मण वह है, जो निस्पृह हो, त्यागी हो और सत्यवादी हो।...वह नहीं जो प्रातःकाल आपके द्वार पर आकर करताल बजाते 'निर्मल पुत्र देहि भगवान' की हाँक लगाने लगते हैं या गनेश-पूजा और गौरी-पूजा और अल्लम-गल्लम पूजा पर

---

1. प्रेमचन्द : वरदान, पृ० 73
2. वही, पृ० 74
3. वही, पृ० 77

यजमानों से पैसे रखवाते हैं या गंगा में स्नान करने वाले लोगों से दक्षिणा वसूल करते हैं या विद्वान् होकर ठाकुर और ठकुराइन जी के श्रृंगार में अपना कौशल दिखाते हैं।···पुण्य और धर्म के गोरख-धंधों से स्वर्ग और नरक की मिथ्या कल्पनाओं से वह उपजीवी दल उनकी सम्मोहनावस्था को बनाये रखता है।"[1]

ये वे लोग थे जो अपनी स्वार्थ सिद्धि के लिए नैतिक-अनैतिक की परिभाषा अपने लिए करते थे। धर्म तथा कर्म का कोई सामंजस्य न हो, यही इनके व्यक्तित्व की सबसे बड़ी विशेषता थी। इन पंडितों-पुरोहितों का समाज की अनर्गल, विवेक-हीन परम्पराओं के निर्माण में बहुत अधिक योगदान था। यह कहना अतिशयोक्ति नहीं होगी कि एक सारहीन-अर्थहीन धर्म जनता की श्रद्धा पर अपना आधिपत्य जमाए हुए बैठा था। आगे चलकर प्रेमचन्द ने 'रंगभूमि' में भी ग्रामीणों के अन्ध-विश्वासों का उल्लेख किया है। 'रंगभूमि' उपन्यास की एक महिला पात्र जैनब ग्रामीण स्त्रियों की इस दुर्बलता का लाभ उठाती हुई जमुनी को डराती है। प्रेमचन्द ने जमुनी के इस अन्धविश्वास को व्यक्त करते हुए लिखा है, "अन्य स्त्रियों की भाँति वह भी थाना, पुलिस, कचहरी और दरबार की अपेक्षा भूत-पिशाचों से ज्यादा डरी रहती थी। पास-पड़ोस में पिशाच-लीला देखने के अवसर आये दिन मिलते रहते थे। मुल्लाओं के यंत्र-मंत्र कहीं ज्यादा लागू होते हैं यह भी मानती थी। जैनब बेगम ने उसकी पिशाच भीरुता को लक्षित करके अपनी विषय-चातुरी का परिचय दिया। जमुनी भयभीत होकर बोली—"नहीं बेगम साहब आपको भी भगवान् ने बाल-बच्चे दिये हैं, जुल्म मत कीजिएगा, नहीं मर जाऊँगी।"[2]

प्रेमचन्द के उपन्यासों में पूर्वजन्म पर विश्वास करने वाले पात्र भी हैं। पूर्व-जन्म पर विश्वास करना भी एक प्रकार का अन्धविश्वास है। वैसे तो आज के युग में पूर्वजन्म पर विश्वास करने वालों की संख्या में कमी हो गयी है, पर अभी यह मान्यता पूरी तरह से समाप्त नहीं हुई है। 'रंगभूमि' का सूरदास पूर्वजन्म पर अटल आस्था रखता है। सुभागी जब उसके चोरी किये गये रुपये का भेद बताती है, तब सूरदास कहता है कि मेरे रुपये थे ही नहीं शायद मैंने पिछले जन्म में किसी के रुपये चुराये होंगे। 'गोदान' का होरी भी पूर्वजन्म पर विश्वास करता है। वह अपने पुत्र गोबर से कहता है, "यह बात नहीं है बेटा, छोटे-बड़े भगवान् के घर से बनकर आते हैं। सम्पत्ति बड़ी तपस्या से मिलती है। उन्होंने पूर्वजन्म में जैसे कर्म किये थे, उसका आनन्द भोग रहे हैं। हमने कुछ नहीं संचा तो भोगेंगे क्या?"[3] लेकिन प्रेमचन्द ने इस प्रकार के अन्धविश्वास का विरोध किया है। वे पूर्वजन्म आदि में विश्वास नहीं रखते थे। गोबर से इसका विरोध करवाते हुए लिखते हैं,

---

1. उत्तरगाथा: सं० सव्यसाची, प्रेमचन्द अंक 6-7, पृ० 1-2
2. प्रेमचन्द: रंगभूमि-1, पृ० 116
3. प्रेमचन्द: गोदान, पृ० 26

"यह सब मन को समझाने की बातें हैं। भगवान् सबको बराबर बनाते हैं।"[1]

'कर्मभूमि' में गूदड़ का बेटा प्याग जब कहता है कि लोगों ने पूर्वजन्म में जो कर्म किये हैं, उसी को भोगते हैं। इस पर उसका बाप गूदड़ पूर्वजन्म और कर्मफल का विरोध करते हुए कहता है, "यह सब मन को समझाने की बातें हैं बेटा, जिससे गरीबों को अपनी दशा पर सन्तोष रहे और अमीरों के रस-रंग में किसी तरह की बाधा न पड़े। लोग समझते हैं कि भगवान् ने हमको गरीब बना दिया, आदमी का क्या दोष, पर यह कोई न्याय नहीं है कि हमारे बाल-बच्चे तक काम में लगे रहें और पेट भर भोजन न मिले और एक-एक अफसर को दस-दस हजार तलब मिले।"[2] प्रेमचन्द ने भाग्यवाद और कर्मफल का स्थान-स्थान पर विरोध किया है। 'गोदान' का गोबर तो यहाँ तक कहता है कि हमें अपना भाग्य स्वयं बनाना पड़ेगा। इसके लिए कोई दैवी शक्ति हमारी सहायता करने नहीं आयेगी।

वस्तुत: कर्मफल और भाग्यवाद भारतीय जन-जीवन की एक निजी विशेषता है। इसे ब्रह्मा भी नहीं बदल सकते, जो स्वयं भाग्य-लेख लिखते हैं। वे भी कर्मों के अनुरूप ही मानव मस्तक पर उसके भाग्य को अंकित करते हैं। यह मान्यता भारतीय जनता को अकर्मण्य और भाग्यवादी बना देती है। कर्मफल के सिद्धान्त के भयानक प्रभाव को स्पष्ट करते हुए आचार्य हजारीप्रसाद द्विवेदी ने लिखा है, "हजारों वर्ष से भारतीय इतिहास में जो जन्म से ही नीच समझी जाने वाली जातियों में उत्कट विद्रोह का भाव नहीं आया, वह इसी सिद्धान्त को स्वीकार करने के कारण। प्रत्येक व्यक्ति यह जानता है कि उसके लिए कर्मफल दूर नहीं हो सकता। चाण्डाल अपनी दुर्गति के लिए कर्म की दुहाई देता है। ब्राह्मण अपने उच्चपद के लिए भी कर्म की दुहाई देता है। प्रत्येक व्यक्ति अपने-अपने कर्मों के प्रति जवाबदेह है। कोई न तो उसे दूसरे के बदले भोग सकता है और न उद्योग करके संचित और प्रारब्ध कर्मों को बदल ही सकता है।... जो कुछ हो रहा है, उसका निश्चित कारण है। उसे बदला नहीं जा सकता।"[3] कर्मफल और उसके कारण पुनर्जन्म की मान्यता ने पेशे के आधार पर बनी जातियों में ऊँच-नीच की भावना को दृढ़ किया। पेशे को धर्म के साथ जोड़कर नीची जातियों, विशेषकर शूद्रों को सेवा-धर्म से जोड़ा गया। इसकी निन्दा करते हुए द्विवेदी जी ने लिखा है, "एक तरफ तो जाति-व्यवस्था ने पेशों को धर्म के साथ सम्बद्ध किया है और दूसरी तरफ विभिन्न पेशों के सम्मान में ऊँच-नीच की व्यवस्था बाँध दी है। दोनों एक साथ नहीं चल सकते। या तो सभी पेशे धर्म हैं और इसीलिए एक समान सम्मान के अधिकारी हैं या फिर यदि वे समान नहीं हैं तो धर्म भी नहीं कहे जा सकते।"[4] इस तथ्य को प्रेमचन्द ने

1. प्रेमचन्द : गोदान, पृ० 26
2. प्रेमचन्द : कर्मभूमि, पृ० 87
3. आचार्य हजारीप्रसाद द्विवेदी : अशोक के फूल, पृ० 62
4. वही, पृ० 63

बहुत पहले ही समझ लिया था। उन्होंने अपने उपन्यासों में स्थान-स्थान पर कर्म-फल और भाग्यवाद का तीव्र विरोध किया है।

जप, तप, उपवास आदि का भी विरोध प्रेमचन्द के उपन्यासों में हुआ है। 'कायाकल्प' में उन्होंने यह बताया है कि तप, व्रत, उपवास आदि करने पर भी बहुत से लोगों को शान्ति नहीं मिलती, बल्कि उनके परिवार में और क्लेश ही बढ़ता है। भला जिस परिवार में क्लेश तथा कुत्सित भावनाओं का प्राधान्य हो, वहाँ व्रत और उपवास रखने से शान्ति मिलेगी। इन मिथ्या रूढ़ियों के ऊपर कटाक्ष करते हुए प्रेमचन्द लिखते हैं, "कुँवर साहब कृष्ण के परम भक्त थे। उनका जन्मोत्सव बड़ी धूम-धाम से मनाते थे। उनकी स्त्रियों में इस विषय में मतभेद था। उनके व्रत अलग-अलग थे। बस तीज का व्रत था जो तीनों एक साथ मिलकर करती थीं। रोहिणी कृष्ण की उपासक थी, तो वासुमती रामनवमी का उत्सव मनाती थी, नवरात्र का व्रत रखती थी, जमीन पर सोती थी और दुर्गापाठ सुनती रहती थी। रामप्रिया कोई व्रत न रखती थी।"[1]

रामप्रिया का यह विश्वास था कि इस बाह्य प्रदर्शन से क्या लाभ, मन की आन्तरिक शुद्धता होनी चाहिए। सबसे बड़ी भक्ति और सबसे बड़ा व्रत यही है कि मनुष्य में सन्तोष हो, उसका मन पवित्र रहे। अपवित्र मन से की गयी पूजा, अर्चना अथवा व्रतोपवास व्यर्थ हैं। जिस मन में ग्रंथियाँ अथवा हीन भावनाएँ जन्म ले रही हों, वह व्रतोपवास अथवा पूजा-पाठ में कैसे लीन हो सकता है। इस सम्बन्ध में प्रेमचन्द ने रामप्रिया से कहलवाया है, "कोरा व्रत रखने से क्या होगा। ये उत्सव आपस में प्रीति बढ़ाने के लिए मनाये जाते हैं। जब प्रीति के बदले द्वेष बढ़े तो उनका न मनाना ही अच्छा है।"[2]

यहाँ रानी रामप्रिया के माध्यम से प्रेमचन्द ने अपने विचार सबके सामने रखे हैं। उनकी यह स्पष्ट धारणा रही है कि व्रत, उपवास, जन्मोत्सव आदि एक रूढ़ि मात्र हैं। इन सब क्रिया-कलापों से मन को शान्ति नहीं मिलती। मन की शान्ति अच्छा कर्म करने से मिलती है, भगवान् का भजन करने से नहीं। प्रेमचन्द ने तो भगवान् में आस्था को भी अन्धविश्वास माना था। उनकी इस मान्यता को शिवरानी देवी ने अपने संस्मरण में इस प्रकार व्यक्त किया है, "प्रेमचन्द मानते थे भगवान् मन का भूत है, जो इन्सान को कमजोर कर देता है। ईश्वर का आधार अन्ध-विश्वास है, और इस अन्धविश्वास में पड़ने से तो रही-सही अक्ल भी मारी जाती है।"[3]

तीर्थ-यात्रा, पर्व-स्नान एवं गंगा-स्नान का भी विरोध प्रेमचन्द ने अपने उपन्यासों में किया है। उनके उपन्यासों का अध्ययन करते समय हमें ऐसा लगता

---

1. प्रेमचन्द : कायाकल्प, पृ० 75
2. वही, पृ० 75-76
3. उत्तरार्द्ध : सं० सव्यसाची, प्रेमचन्द अंक, अप्रैल 1980, पृ० 127

है कि वे इन कार्यों को धार्मिक रूढ़ि और अन्धविश्वास ही समझते थे। इसी कारण उनके उपन्यासों में जिन-जिन लोगों ने इन मिथ्याडम्बरों का सहारा लिया उन्हें प्रायः दुःख ही झेलना पड़ा है। 'प्रतिज्ञा' में बसंत कुमार की मृत्यु गंगा-स्नान के कारण हुई है, जिससे उसकी पत्नी को विधवा जीवन की असह्य वेदना सहनी पड़ती है। 'कायाकल्प' की अहल्या को इन्हीं धार्मिक रूढ़ियों का शिकार होना पड़ता है। सूर्य-ग्रहण का स्नान करने आये अहल्या के माता-पिता उससे बिछुड़ जाते हैं। इस रूढ़ि का विरोध करते हुए प्रेमचन्द ने अगस्त 1933 में एक टिप्पणी में लिखा है, "ग्रहण स्नान और सोमवती स्नान और लाखों तरह के स्नानों की बला हिन्दुस्तान के सिर से कभी टलेगी या नहीं, समझ में नहीं आता। आज भी संसार में ऐसी अन्धविश्वास की गुंजाइश है, तो भारत में।··· कितने अच्छे-खासे, पढ़े-लिखे लोग भी इस आस्था में गंगा में डुबकियाँ लगाते हैं···कितने बच्चे और स्त्रियाँ खो जाती हैं।···अगर धनी लोग यह पुण्य लूटने आते तो कोई बात न थी। रोना तो यह है कि अधिकतर दरिद्र ही आते हैं,···न जाने यह मिथ्या धर्म भारत का गला कब छोड़ेगा।"[1] वस्तुतः यह गंगा-स्नान, तीर्थ-स्नान, ग्रहण-स्नान की धारणा हमारी पुरानी परम्पराओं की देन हैं, जो अवैज्ञानिक और भ्रांतिपूर्ण है। जब तक मनुष्य का हृदय शुद्ध नहीं होता वह कितना भी स्नान करे पाप-मुक्ति का पात्र नहीं बन सकता। दुःख की बात यह है कि आज के पढ़े-लिखे लोग भी इन रूढ़ियों को तोड़ नहीं पाये। अतः अन्धविश्वास पर आधारित रूढ़ियाँ भी प्रेमचन्द की सामाजिक चिन्ता का गम्भीर विषय बनी हैं।

विवाह-सम्बन्धी रूढ़ियों की तरफ भी प्रेमचन्द ने संकेत किया है। उन्होंने विवाह को प्रेम का आधार माना है। उसमें दया, सहानुभूति, उपकार तथा त्याग आदि देवोपम गुणों को महत्त्व दिया है। वे यह बात कदापि नहीं पसन्द करते कि विवाह के अवसर पर कुण्डली या जन्म-पत्री का मिलान किया जाये और उसके बाद ही वर-वधू का विवाह निश्चित किया जाये। इस अवसर पर वंश परम्परा की रट लगाना भी निरर्थक है। उपन्यास 'सेवासदन' में उमानाथ के कुण्ठित विचारों पर व्यंग्य करते हुए प्रेमचन्द ने लिखा है, "कहीं तो कुंडली नहीं मिली और कहीं उमानाथ का मन नहीं भरा। वह अपनी कुल-मर्यादा के नीचे न उतरना चाहते थे।"[2] लानत है ऐसे समाज पर जो कि अपनी निर्मूल परम्पराओं की अग्नि में बेसहारा लोगों को झोंकने में जरा भी संकोच नहीं करता। 'सेवासदन' की सुमन वेश्या बन जाती है और उसके वेश्या बनने की जिम्मेदारी कुछ हद तक इन रूढ़ियों की भी है। विवाह में इन सब ढकोसलों पर प्रेमचन्द का विश्वास नहीं है। वे विवाह-बन्धन को मन का सच्चा मिलाप मानते हैं। अगर पति-पत्नी का मन आपस में नहीं मिलता तो वह विवाह विवाह नहीं, गले का ढोल बन जाता है और

1. उत्तरगाथा : सं० सव्यसाची, अंक 6-7, प्रेमचन्द विशेषांक, पृ० 7
2. प्रेमचन्द : सेवासदन, पृ० 18

स्त्री-पुरुष दोनों को न चाहते हुए भी लटकाना पड़ता है।

प्रेमचन्द ने इन रूढ़ियों तथा अन्धविश्वासों का सबसे बड़ा कारण धार्मिक कर्म-काण्डों को माना है। उनके उपन्यासों में यह समस्या अत्यन्त गम्भीरता के साथ उठाई गयी है कि ग्रामीण जनता धर्म-संकट को सबसे बड़ा संकट मानती है। इस सम्बन्ध में उन्होंने 'कर्मभूमि' में लिखा है, "धर्म के मुआमले में कौन मुँह खोलता —धर्म-संकट सबसे बड़ा संकट है।"[1] ब्राह्मण समुदाय किसानों तथा ग्रामीणों को धार्मिक रूढ़ियों का प्रपंच रचकर छलता है। समाज में इन रूढ़ियों की जड़ें बहुत गहरी हैं, जिन्हें समाप्त करना आसान नहीं है। 'गोदान' में दातादीन गोहत्या का अपराध लगाकर होरी का सब कुछ छीन लेता है। हीरा होरी की गाय को जहर दे देता है। दातादीन पण्डित के पास इस अधर्म के लिए दण्ड का विधान है। वह कहता है, "पुलिस कुछ करे या न करे धरम तो बिना दण्ड दिये नहीं रहेगा।"[2]

इस प्रकार से प्रेमचन्द ने अज्ञान पर आधारित रूढ़ियों और अन्धविश्वासों के झूठ को लोगों के सामने रखकर एक महत्त्वपूर्ण कार्य किया है। वस्तुतः ये ऐसे तत्त्व हैं जो शोषित-उत्पीड़ित बहुसंख्यक समुदाय को सामाजिक अन्याय के विरुद्ध खड़ा होने से रोकते हैं। अपनी तमाम क्षमताओं के बावजूद किसान-मजदूर उत्पीड़न को स्वाभाविक मान लेते हैं। अपनी हीनता को वे ईश्वर-प्रदत्त मानकर अपने मानवोचित अधिकारों के प्रति उदासीन हो जाते हैं। अतः प्रेमचन्द ने इन मान्यताओं पर कुठाराघात कर अज्ञान से जन-साधारण की मुक्ति का मार्ग प्रशस्त किया है। उनकी यह स्पष्ट मान्यता रही है कि अज्ञान से मुक्ति के बिना राजनीतिक, सामाजिक और आर्थिक शोषण से मुक्ति सम्भव नहीं है। इसलिए उन्होंने किसान-मजदूर जीवन की शोषण से मुक्ति का जो व्यापक अभियान चलाया था, उसमें अज्ञान से मुक्ति को भी विशेष महत्त्व दिया है।

3.5 साम्प्रदायिकता का विरोध

यहां सम्प्रदाय से अभिप्राय हिन्दू और मुसलमान सम्प्रदायों से है। भारत में हिन्दुओं और मुसलमानों के मध्य विवाद की स्थिति अवश्य रही है, लेकिन उनके बीच सौहार्द भी कम नहीं रहा है। प्रेमचन्द के समय में यह समस्या अत्यधिक गम्भीर हो गयी थी। अंग्रेजों की नीति ही यही थी कि 'फूट डालो और राज्य करो।' अपने इसी उद्देश्य को ब्रिटिश शासकों ने सामने रखकर हिन्दू और मुसलमानों को आपस में लड़वाकर अपनी कूटनीति का परिचय दिया। इसलिए साम्प्रदायिकता केवल धर्म का अंग न रहकर राजनीति का भी अंग बन गयी। राजनीति से जुड़ने के कारण दोनों सम्प्रदायों में कटुता का बीज बड़ी तेजी से

1. प्रेमचन्द : कर्मभूमि, पृ० 162
2. प्रेमचन्द : गोदान, पृ० 112

पनपने लगा। यदि राजनीतिक पहलू मूल में नहीं होता तो केवल धर्म के कारण दोनों सम्प्रदायों में इतना वैमनस्य कभी नहीं बढ़ता। भारत में हिन्दू-मुसलमान बहुत दिनों से साथ रहते आये थे लेकिन उनके बीच इतनी कटुता कभी नहीं बढ़ी जितनी कि अंग्रेजों के शासन काल में।

वैसे तो हिन्दू और मुसलमान दोनों ही इस राजनीतिक कुचाल से परिचित थे, पर व्यक्तिगत स्वार्थों के कारण वे सही मार्ग को पहचान न सके। ब्रिटिश शासकों ने धर्म के नाम पर दोनों सम्प्रदायों को उकसाया, जिसके परिणामस्वरूप दंगे-फसाद होने शुरू हो गये। समाज में हो रहे इन क्रिया-कलापों का असर प्रेमचन्द के साहित्य पर भी पड़ा। प्रेमचन्द जैसा विचारशील लेखक हिन्दू-मुस्लिम विरोध की समस्या की तह तक पहुंचा है। अत: अपने कथा-साहित्य में इसका डटकर विरोध भी किया है। प्रेमचन्द ने अपनी बहुत-सी कहानियों और उपन्यासों में हिन्दू-मुस्लिम पात्रों को एक साथ प्रस्तुत किया है। वे जिस प्रकार राष्ट्रीय मुक्ति आन्दोलन में कन्धे से कन्धा मिलाकर लड़े हैं, ठीक उसी प्रकार अन्य सामाजिक आन्दोलनों में भी उन्होंने मिलकर काम किया है।

हिन्दू-मुस्लिम साम्प्रदायिक एकता की आवश्यकता पर प्रेमचन्द ने काफी टिप्पणियाँ लिखी हैं। उनकी साम्प्रदायिकता सम्बन्धी मान्यताओं को रेखांकित करते हुए अमृतराय ने एक प्रश्न उपस्थित किया है, "किसके अन्याय से पीड़ित होकर करोड़ों हिन्दू मुसलमान हो गये?"[1] इस प्रश्न का उत्तर प्रेमचन्द ने मध्यकालीन हिन्दू-मुस्लिम इतिहास पर विचार करके दिया है। उन्होंने अपनी 'हिन्दू-मुस्लिम एकता' शीर्षक टिप्पणी में इस्लाम धर्म की विशेषताओं को उद्घाटित करते हुए लिखा है, "इस्लाम की दीक्षा लेते ही मनुष्य की सारी अशुद्धियाँ, सारी अयोग्यताएँ मानो धुल जाती थीं। वह मसजिद में इमाम के पीछे खड़ा होकर नमाज पढ़ सकता था, बड़े से बड़े सैयदजादे के साथ दस्तरखान पर बैठकर भोजन कर सकता था।···इसलिए नीचों ने इस नये धर्म का बड़े हर्ष के साथ स्वागत किया और गाँव-के-गाँव मुसलमान हो गये। जहाँ वर्गीय (उच्चवर्ण के) हिन्दुओं का अत्याचार जितना ज्यादा था, वहाँ यह विरोधाग्नि भी उतनी ही प्रचण्ड थी, वहीं इस्लाम की तबलीग (वृद्धि) भी खूब हुई। कश्मीर, आसाम, पूर्व बंगाल आदि इसके उदाहरण हैं।"[2] इससे स्पष्ट है कि आम जनता के बीच हिन्दू-मुस्लिम विरोध का भाव नहीं था। इस दिशा में पंडित-पुरोहितों तथा मुल्ला-मौलवियों का योगदान अवश्य रहा है। लेकिन साम्प्रदायिक विद्वेष और उसका राजनीतिक-आर्थिक उपयोग अपनी सत्ता को दृढ़ रखने के लिए अंग्रेजों ने किया।

प्रेमचन्द ने इन दोनों सम्प्रदायों में फैले जहर को निकालने का भरपूर प्रयास

---

1. अमृतराय : कलम का सिपाही, पृ० 402
2. उत्तरगाथा : सं० सव्यसाची, अंक 6-7, पृ० 13

किया है। अंग्रेजों ने मुसलमानों को अपना हथियार बनाकर इसलिए फेंका कि और कोई सम्प्रदाय इतना ताकतवर नहीं था, फिर हिन्दुओं और मुसलमानों की वैमनस्यता से तो इतिहास भरा पड़ा है। इस राजनीतिक कूटनीति का पर्दाफाश करते हुए प्रेमचन्द ने अपने 1932 के एक लेख 'साम्प्रदायिक इनाम' में लिखा है, "गवर्नमेंट के लिए इसके सिवा और क्या साधन था कि वह अपना अस्तित्व बनाये रखने के लिए किसी एक प्रमुख दल की शरण ले। सिक्ख इतने शक्तिशाली नहीं हैं, हिन्दू इतने लचीले नहीं हैं, ऐसी दशा में मुसलमानों के सिवा किस पर गवर्नमेंट की निगाह पड़ती।"[1]

हिन्दू-मुसलमानों के साम्प्रदायिक दंगे क्यों होते हैं? कोन-सी ऐसी शक्ति है जो इन दंगों को बढ़ावा दे रही है? इन दंगों को कैसे रोका जा सकता है? आदि प्रश्नों पर प्रेमचन्द ने अपने कथा-साहित्य में विस्तार से विचार किया है।

'कायाकल्प' में यह समस्या गाय की कुरबानी को लेकर उठायी गयी है। आगरा शहर में गाय की कुरबानी को लेकर दंगा हो जाता है। पंजाब से कोई मोलवी दीन मुहम्मद आते हैं और फिर वहीं मुसलमानों के एक बहुत बड़े जलसे में गाय की कुरबानी का निर्णय लिया जाता है। हिन्दुओं को जब इस बात की खबर मिल जाती है तो खलबली ही मच जाती है। यशोदानन्दन के मुहल्ले में कभी कुरबानी नहीं हुई थी। इस नये रस्म की शुरुआत इसलिए की गयी कि जब हिन्दू अपने अधिकारों के सामने मुसलमानों के जजबात की परवाह नहीं करते तो मुसलमान क्यों करें? यशोदानन्दन का धर्म है गोरक्षा करना। हिन्दुओं की इस धर्मान्धता पर टिप्पणी करते हुए अमृतराय की पुस्तक 'कलम का सिपाही' में प्रेमचन्द के विचारों को प्रस्तुत करते हुए लिखा गया है, "गोकुशी के मामले में हिन्दुओं ने शुरू से एक अन्यायपूर्ण ढंग अख्तियार किया है। हमको अधिकार है कि जिस जानवर को चाहे पवित्र समझे। लेकिन यह उम्मीद करना कि दूसरे धर्म के मानने वाले भी वैसा ही पवित्र समझें खामख्वाह दूसरों से सर टकराना है। गाय सारी दुनिया में खायी जाती है, उसके लिए क्या आप सारी दुनिया की गर्दन मार देने के काबिल समझेंगे।"[2]

'कायाकल्प' में जब यशोदानन्दन बनारस से आगरा पहुँचते हैं तो थानेदार उनके सामान की तलाशी लेता है और फिर यशोदानन्दन आश्चर्य से पूछ बैठता है, "क्यों साहब यह सख्ती क्यों?" थानेदार—आप लोगों ने जो कांटे बोये हैं, उन्हीं का फल है। शहर में फसाद हो गया है।

यशोदा—अभी तीन दिन पहले तो अमन का राज्य था, यह भूत कहाँ से उठ खड़ा हुआ?

---

1. कलम : सं० चन्द्रबली सिंह, प्रेमचन्द विशेषांक, पृ० 7
2. अमृतराय : कलम का सिपाही, पृ० 276

राधा—जिस दिन आप गये उसी दिन पंजाब से मौलवी दीन मुहम्मद साहब का आगमन हुआ। खुले मैदान में मुसलमानों का एक बड़ा जलसा हुआ। उसमें मौलाना साहब ने न जाने क्या जहर उगला कि तभी से मुसलमानों को कुरबानी की धुन सवार है।"[1]

प्रेमचन्द ने यहाँ इस बात की ओर संकेत किया है कि कैसे छोटी-छोटी बातों को लेकर अच्छे-खासे बुद्धिमान मनुष्य भी अपनी मानवता भूलकर हिंसा के रास्ते पर आ जाते हैं। गोवध को लेकर एक भयंकर नरसंहार की सम्भावना मूर्त रूप धारण करती है। फिर चक्रधर जो कि गांधीवादी विचारों से प्रभावित है, आकर झगड़े को सुलझा देता है। वह अहिंसावादी है। अहिंसा से उसका अभिप्राय सिर्फ गाय के लिए ही नहीं वरन मनुष्यों के लिए भी है। उसकी अच्छी सूझ-बूझ के कारण गाय आजाद कर दी जाती है। उसके साहस और विवेक से हिन्दू और मुसलमान दोनों प्रभावित होते हैं। लेकिन जब वह आगरे से चला जाता है तब फिर हिन्दुओं और मुसलमानों में साम्प्रदायिक दंगे भड़क उठते हैं। इसके लिए उन्हें धर्म का वास्ता देकर बार-बार ब्रिटिश शासक उकसाते रहते हैं।

'सेवासदन' में प्रेमचन्द ने धर्म की आड़ में अंग्रेजों को अपना उल्लू सीधा करते हुए दिखाया है। उन्होंने तेग अली से कहलवाया है, "आजकल पोलिटिकल मफाद का जोर है, हक और इन्साफ का नाम मत लीजिए। अगर आप मुर्दारिस हैं तो हिन्दू लड़कों को फेल कीजिए, तहसीलदार हैं तो हिन्दुओं पर टैक्स लगाइए, मजिस्ट्रेट हैं तो हिन्दुओं को सजाएं दीजिए। सब इन्स्पेक्टर पुलिस हैं तो झूठे मुकदमे दायर कीजिए···तब आप कौम के खादिम हैं, कौम के मुहसिन हैं, कौमी किश्ती के ना खुदा सब कुछ हैं।"[2]

प्रेमचन्द को मुसलमानों से घृणा न थी। बल्कि उनके विचार से तो मुसलमानों के गुण सदैव अपनाये जाने योग्य हैं। उन्हें सिर्फ मुसलमानों की हीन मनोवृत्तियों के प्रति चिढ़ थी। वे हिन्दुओं की भी ऐसी मनोवृत्तियों से चिढ़ते थे। अपने उपन्यास 'सेवासदन' में उन्होंने हिन्दू और मुसलमानों की इसी मनोवृत्ति को यथार्थवादी ढंग से चित्रित किया है और दोनों के स्वार्थपूर्ण मुखौटों से आवरण हटाने का प्रयास भी किया है। 'सेवासदन' में शहर म्युनिसिपैलिटी के सदस्य, जिसमें आठ मुसलमान और दस हिन्दू थे, वेश्या समस्या को साम्प्रदायिकता के दायरे में ला खड़ा करते हैं। अबुलवफा कहता है, "तवायफ में 10 फीसदी मुसलमान हैं।···हमको उनके जाती फैसलों से कोई बहस नहीं है। नेक-बद की सजा तो खुदा का काम है। हमको तो सिर्फ उनकी तादात से गरज है।" वह आगे कहता है कि "विरादेवतन को देखिए, वह डोमड़ों तक को मिलाने की

1. प्रेमचन्द : कायाकल्प, पृ० 26
2. प्रेमचन्द : सेवासदन, पृ० 134-135

कोशिश करते हैं। उनके साये से परहेज करते हैं, उन्हें जानवरों से भी ज्यादा जलील समझते हैं, मगर महज अपनी पोलिटिकल मफाद के लिए उन्हें अपनी कौमी जिस्म का एक अजो बनाये हुए हैं।"[1] यही रवैया अधिकांश हिन्दू सदस्य भी अपनाते हैं। इससे स्पष्ट है कि दोनों ही सम्प्रदाय अपने राजनीतिक लाभ के लिए साम्प्रदायिकता को वोट की राजनीति का मुहरा बनाते हैं।

प्रेमचन्द के उपन्यासों में इस साम्प्रदायिक समस्या का समाधान भी प्रस्तुत किया गया है। 'कायाकल्प' में वे चक्रधर द्वारा सच्चे धर्म की व्याख्या करवाते हुए कहते हैं, "जब तक हम सच्चे धर्म का अर्थ नहीं समझेंगे हमारी यही दशा रहेगी। मुश्किल यह है कि जिन महापुरुषों से अच्छी धर्मनिष्ठा की आशा की जाती है, वे अशिक्षित भाइयों से बढ़कर उद्दंड हो जाते हैं।"[2]

प्रेमचन्द साम्प्रदायिकता के कट्टर विरोधी थे। वे यह नहीं चाहते थे कि जरा-जरा सी बात पर हिन्दू और मुसलमान आपस में लड़ मरें, जिससे देश की अखण्डता और साधारण जनता की एकता खतरे में पड़ जाय। साम्प्रदायिकता का विरोध करते हुए उन्होंने जनवरी 1934 में 'इण्डियन सोशल रिफार्मर' अंग्रेजी के एक समाजसुधारक पत्र में लिखा है, "हम तो साम्प्रदायिकता को समाज का एक कोढ़ समझते हैं, जो हर संस्था में दलबन्दी कराती है और अपना छोटा-सा दायरा बना सभी को बाहर निकाल देती है।"[3] प्रेमचन्द के मन में अपने देश के प्रति लगाव था। इसलिए उन्होंने अपनी रचनाधर्मिता का रुख उसी तरफ मोड़ा, जिससे देश की साधारण जनता की मुक्ति सम्भव हो सके। जब साम्प्रदायिक दंगे शुरू होने लगे तो उन्होंने अपनी रचनाओं में इसी बात पर जोर दिया कि हिन्दू-मुसलमान दोनों का व्यवहार सौहार्दपूर्ण हो जाये। यही वजह थी कि उन्होंने 'कायाकल्प' में चक्रधर से कहलवाया है, "मैं तो नीति को ही धर्म समझता हूँ और सभी सम्प्रदायों की नीति एक सी है। अगर अन्तर है तो बहुत थोड़ा। हिन्दू, मुसलमान, ईसाई, बौद्ध सभी धर्म, सत्कर्म और सद्विचार की शिक्षा देते हैं। हमें कृष्ण, राम, ईसा, मुहम्मद, बुद्ध सभी महात्माओं का समान आदर करना चाहिए। ···बुरे हिन्दू से अच्छा मुसलमान उतना ही अच्छा है जितना बुरे मुसलमान से अच्छा हिन्दू···संसार का भावी धर्म, सत्य, न्याय और प्रेम के आधार पर बनेगा।"[4]

इस प्रकार प्रेमचन्द ने दोनों सम्प्रदायों में आयी फूट की दरार को सद्भावना तथा भाईचारे के लेप से जोड़ने का प्रयास किया है। इन दोनों सम्प्रदायों में फूट डालने वाले अंग्रेजों के साथ-साथ उन्होंने उन लोगों को भी जिम्मेवार ठहराया है

---

1. प्रेमचन्द : सेवासदन, पृ० 133
2. प्रेमचन्द : कायाकल्प, पृ० 182
3. उत्तरगाथा : सं० सव्यसाची, अंक-6-7, पृ० 16
4. प्रेमचन्द : कायाकल्प, पृ० 182

जो धर्मान्धता की गहरी खाई में डूबे हुए थे। उनके इस भाव को भरतसिंह ने अपने लेख, 'प्रेमचन्द : धर्म और साम्प्रदायिकता' में लिखा है, "स्वर्णिम अतीत की तथाकथित महान् संस्कृति के प्रति मोह का कोई कारण उन्हें नजर नहीं आता था। क्योंकि वह लुटेरी संस्कृति थी। उस लुटेरी संस्कृति की रक्षा के लिए पंडित लोग पढ़ते थे और योद्धा लोग लड़ते थे और एक-दूसरे की बेइज्जती करते थे और लड़ाई से फुरसत मिली तो व्यभिचार करते थे। यह उनकी व्यावहारिक संस्कृति थी। पुस्तकों में यह जितनी ऊँची और पवित्र थी, व्यवहार में उतनी ही निंद्य और निकृष्ट।"[1]

हिन्दू-मुसलमानों को एकता के सूत्र में पिरोने का प्रयत्न प्रेमचन्द ने अपने उपन्यास 'कर्मभूमि' में भी किया है। इसको पढ़कर अनायास ही उपन्यासकार का कोमल हृदय खुला हुआ नजर आता है। प्रस्तुत उपन्यास में दो सम्प्रदाय के मानने वाले सलीम और लाला समरकांत के एक साथ खाने का दृश्य प्रस्तुत किया गया है। यहाँ पर लेखक ने छुआछूत की निकृष्टता को बहुत ही सुन्दर ढंग से व्यक्त किया है, सलीम ने हँसकर, "मैंने सोचा, आपका धर्म क्यों लूँ, नहीं तो एक कम्बल पर रखता।"

"अगर यह खयाल है तो तुम मेरे कम्बल पर आ जाओ। नहीं तो मैं आता हूँ।" और वह थाली उठाकर सलीम के कम्बल पर आ बैठे।···अपने विचार में आज उन्होंने जीवन का सबसे महान् त्याग किया। सारी सम्पत्ति दान देकर भी उनका हृदय इतना गौरवान्वित न होता।

सलीम ने चुटकी ली—अब आप मुसलमान हो गये।

सेठ जी बोले—मैं मुसलमान नहीं हुआ तुम हिन्दू हो गये।[2]

यहाँ यह स्पष्ट हो जाता है कि प्रेमचन्द ने अपने उपन्यासों द्वारा एक महान् उद्देश्य की पूर्ति का सफल प्रयास किया है। हिन्दू-मुस्लिम एकता का जो रूप प्रेमचन्द ने अपने उपन्यासों में प्रस्तुत किया है, उनके युग की एक ज्वलन्त आवश्यकता थी।

धार्मिक परिदृश्य के इस अध्ययन से स्पष्ट हो जाता है कि किसान-मजदूर साधारण जनता का धार्मिक आधार पर भी शोषण हो रहा था। धर्म सत्कर्म से भिन्न उच्चवर्गों के हाथ में शोषण का एक कारगर अस्त्र बना हुआ था। ज्ञान के स्थान पर वह अज्ञान और अविवेक को बढ़ावा दे रहा था। जाति-पाँत, छुआछूत और ऊँच-नीच की सामाजिक मान्यता को दृढ़ बनाते हुए वह शोषित जनता के संगठित विरोध की क्षमता को नष्ट कर रहा था। पुनर्जन्म, कर्मफल तथा भाग्यवाद को बढ़ावा देते हुए वह साधारण जनता की संघर्षशीलता और अपने भाग्य का स्वयं निर्माण करने की भावना को कुण्ठित करने में एक महत्त्वपूर्ण भूमिका का

1. उत्तरार्द्ध : सं० सव्यसाची, प्रेमचन्द अंक, पृ० 147-148
2. प्रेमचन्द : कर्मभूमि, पृ० 193

निर्वाह कर रहा था। इस तथ्य को प्रेमचन्द ने सही ढंग से पहचाना था। यही नहीं, उनकी यह दृढ़ मान्यता बन चुकी थी कि तत्कालीन धार्मिक परिदृश्य जनता की सामाजिक, आर्थिक मुक्ति ही नहीं, बल्कि उसकी राजनीतिक मुक्ति में भी रोड़े अटका रहा था। अतः अपने उपन्यासों में उन्होंने धर्म की अगतिशील और समाज-विरोधी भूमिका के प्रति सर्वत्र अपना क्षोभ प्रकट किया है।

अध्याय 4

वर्गीय परिदृश्य : भारतीय समाज के विभिन्न वर्ग और मध्यवर्ग की स्थिति

4.1 वर्ग और भारतीय समाज की वर्गीय स्थिति

वर्ग या श्रेणी किसी समाज का आवश्यक एवं अनिवार्य अंग होता है। इसका निर्माण उस समाज के श्रम, उत्पादन तथा वितरण के साधन द्वारा होता है। इसके साथ-साथ मनुष्य की वंश-परम्परा, शिक्षा, आय, रहन-सहन का स्तर तथा व्यक्ति की प्रतिष्ठा भी उसे विशिष्ट वर्ग का व्यक्ति बनाने में सहायक होती है।

मंजुलता सिंह ने अपनी पुस्तक 'हिन्दी उपन्यासों में मध्यवर्ग' में कुछ विद्वानों की परिभाषा दी है, जो कि वर्गों के सही रूप को उद्घाटित करती है। इसमें मिल्टन की परिभाषा अधिक सही लगती है। मिल्टन के अनुसार "धन, आय, व्यवसायिक स्तर, सामुदायिक शक्ति, दल की विशिष्टता, उपभोग का स्तर और पारिवारिक पृष्ठभूमि व्यक्तियों को उनके वर्गों में प्रतिष्ठित करने वाले आवश्यक तत्त्व है।"[1]

आज के युग में वर्ग की स्थिति और उसकी चेतना को सबसे अधिक महत्त्व देने का श्रेय महान् चिन्तक एवं विचारक कार्लमार्क्स को है। कार्लमार्क्स से पहले ब्रिटिश अर्थशास्त्री ऐडम स्मिथ, डेविड रिकार्डो आदि ने अपने युगीन समाज में तीन वर्गों की स्थिति को स्वीकार किया—पूंजीपति, जमींदार और मजदूर के रूप में। इन वर्गों की विभिन्नता का कारण उन्होंने उनकी आय के स्रोत को माना है। लेकिन इन सभी विद्वानों ने वर्गों के बीच की असमानता को सामाजिक विकास के लिए उचित ठहराया और इनके बीच कोई विरोध भाव नहीं देखा। आगे चलकर फ्रांसीसी कृषक क्रान्ति के दौरान फ्रांस के कुछ इतिहासकारों ने वर्ग-संघर्ष के सिद्धान्त का प्रतिपादन करते हुए यह मत प्रस्तुत किया कि फ्रांसीसी क्रांति का मार्ग भूमि के स्वामित्व के लिए वर्गों के संघर्ष द्वारा निर्धारित हुआ है। लेकिन उन्होंने वर्ग-संघर्ष को अतीत की वास्तविकता बताते हुए वर्तमान के लिए उसे अस्वीकार किया। इस आधार पर उन्होंने सिद्ध किया कि समकालीन पूंजीपतियों के विरुद्ध मजदूरों का संघर्ष अनावश्यक है और अनुचित है।

---

1. मंजुलता सिंह : हिन्दी उपन्यासों में मध्यवर्ग, पृ० 2 से उद्धृत

कार्लमार्क्स ने इन दोनों चिन्तन-परम्पराओं को समाज-विज्ञान की उपलब्धि मानते हुए इस सम्बन्ध में अपना ऐतिहासिक भौतिकवादी दृष्टिकोण प्रस्तुत किया। उनके अनुसार व्यक्तिगत सम्पत्ति के उदय के बाद समाज वर्गों में विभाजित हुआ। वर्ग-विभक्त समाज में वर्ग-संघर्ष अनिवार्य है। वर्ग-संघर्ष के इतिहास को मानव समाज के विकास का इतिहास बताते हुए मार्क्स ने निम्नलिखित तीन बातों को सिद्ध किया :

1. वर्गों का अस्तित्व उत्पादन व्यवस्था के विकास के लिए खास ऐतिहासिक दौर के साथ जुड़ा हुआ है।
2. वर्ग-संघर्ष अनिवार्य रूप से सर्वहारा के अधिनायकत्व का मार्ग प्रशस्त करता है।
3. यह अधिनायकत्व स्वयं सभी वर्गों के उन्मूलन तथा वर्गहीन समाज की ओर संक्रमण मात्र है।

अपने उपर्युक्त निष्कर्षों के आधार पर मार्क्स ने यह सिद्ध किया कि उत्पादन के साधनों पर निजी स्वामित्व ही वह आर्थिक आधार है, जिसके कारण समाज वर्गों में बंट जाता है। यह स्वामित्व ही वर्गों के बीच सामाजिक विरोध की सृष्टि करते हुए वर्ग-संघर्ष को जन्म देता है। लेकिन उत्पादन के साधनों पर प्रत्येक व्यक्ति या समूह की हैसियत समाप्त हो जाने पर समाज का वर्ग-चरित्र समाप्त हो सकता है, जिससे एक वर्गहीन समाज की स्थापना सम्भव है। अपने वर्ग-चिन्तन में मार्क्स का उद्देश्य वर्गहीन समाज की स्थापना थी।

औद्योगिक क्रान्ति के समय यूरोप में जो वर्ग-संघर्ष चला वह पूंजीपतियों के नेतृत्व में मजदूर और किसान जनता का भूस्वामी सामन्तों के साथ संघर्ष था। औपनिवेशिक पराधीनता के वातावरण में भारत में इस तरह का संघर्ष नहीं हो पाया। क्योंकि ब्रिटिश सरकार ने सामन्तों और जमींदारों को संरक्षण देते हुए उन्हें अपने शासन का ठोस आधार बनाया। अतः यहां वर्ग की स्थिति कुछ विचित्र रही। इस पर प्रकाश डालते हुए डॉ० लल्लन राय ने लिखा है, "प्रथम विश्वयुद्ध के परिणामस्वरूप उत्पन्न आर्थिक मन्दी का भारतीय मजदूर और किसान जीवन पर गहरा असर पड़ा। इसने भारत के सभी प्रमुख वर्गों के मध्य वर्तमान अंतर्विरोध को तेज किया। इस आर्थिक संकट ने एक तरफ ब्रिटिश पूंजीपतियों और भारत के बड़े राष्ट्रीय (देशी) पूंजीपति के बीच विरोध को तेज किया तो दूसरी ओर बड़े राष्ट्रीय पूंजीपतियों और छोटे देशी पूंजीपतियों के बीच भी विरोध को बढ़ाया। इसके साथ ही देशी पूंजीपतियों और मजदूरों तथा किसानों और जमींदारों के मध्य भी विरोध-भाव बढ़ा।"[1]

इससे स्पष्ट है कि प्रेमचन्द के समय में भारतीय समाज में कई वर्ग थे, जिनके हित एक-दूसरे से परस्पर भिन्न थे। लेकिन गहराई से विचार किया जाये तो

---

1. डॉ० लल्लन राय : हिन्दी की प्रगतिशील कविता, पृ० 36

प्रेमचन्द युगीन समाज की सबसे बड़ी विडम्बना यह थी कि उसमें पूंजीपति वर्ग (ब्रिटिश और भारतीयों दोनों) के साथ ही सामन्तवर्ग भी प्रभावशाली ढंग से, एक ठोस सामाजिक आधार के रूप में मौजूद था। वास्तविकता यह थी कि प्रत्यक्ष रूप से किसानों का शोषण करने वाला प्रमुख वर्ग सामन्त और जमींदार ही थे। इन्हीं की ओर प्रेमचन्द ने अपनी दृष्टि सबसे अधिक केन्द्रित की है। लेकिन मजदूर वर्ग संख्या में कम होते हुए भी निरन्तर बढ़ रहा था। अपनी जमीन से बेदख़ल होकर बहुत-से किसान मजदूर बनने के लिए विवश थे। इसके साथ ही सरकारी कार्यालयों अनेक बौद्धिक पेशों तथा आर्थिक दबावों के कारण एक और वर्ग उभरकर सामने आ रहा था, जिसे मध्यवर्ग की संज्ञा दी जा सकती है। इससे स्पष्ट है कि प्रेमचन्द युगीन समाज आर्थिक दृष्टि से मुख्यतः तीन वर्गों में विभक्त था— 1. उच्चवर्ग (जिसमें पूंजीपति और सामन्त दोनों आते थे), 2. निम्नवर्ग (किसान-मजदूर) और 3. मध्यवर्ग (जिसका ग्रामीण और शहरी दोनों क्षेत्रों में विकास हो रहा था)। शोषक (उच्च वर्ग) और शोषित (निम्न वर्ग) के बीच की कड़ी के रूप में मध्यवर्ग की एक विशिष्ट भूमिका थी, जिसे प्रेमचन्द ने स्थान-स्थान पर रेखांकित किया है।

4.2 सामन्त एवं पूँजीपति वर्ग

प्रेमचन्द ने अपने साहित्य में सामन्त एवं पूंजीपति—दोनों ही वर्गों के चरित्र को उभारा है। लेकिन किसानों के शोषक के रूप में सामन्त वर्ग की ओर ही उनकी दृष्टि अधिक रही है। वास्तविकता यह है कि प्रेमचन्द के समय तक उत्पादन में सामन्त और किसान वर्ग की भूमिका सबसे अधिक महत्त्वपूर्ण थी। यह सही है कि इन सामन्त-जमींदारों को पूरा संरक्षण ब्रिटिश सरकार से प्राप्त होता था, लेकिन वर्णाश्रम व्यवस्था, जाति-पाँत, पण्डित-पुरोहित आदि के माध्यम से गाँव की आन्तरिक व्यवस्था भू-स्वामियों के आधिपत्य में थी। वेएक पूर्व-निर्धारित धनराशि लगान के रूप में सरकारी खजाने में जमा करते थे। उसके बदले काश्तकार किसान जनता से मनमाना भूमिकर वसूल करते थे। इसके साथ ही बेगार, डाँड़-बाँध, नजर-नजराना, डाली-सौगात के रूप में लगातार किसानों के सिर पर सवार रहते थे।

'सेवासदन' का सामन्ती वर्ग 'प्रेमाश्रम' के सामन्तों से भिन्न है। वह 'प्रेमाश्रम' में एक नये रूप में सामने आता है। 'गोदान' में आकर वह बाहर से कुछ बदला-सा नजर आने लगता है। 'गोदान' के रायसाहब की बातचीत से तो यही लगता है कि वे औरों से कुछ अलग हैं। पर उनमें सचमुच कोई अन्तर नहीं आया है। बाहर से चाहे वे जितनी भी उदारता की बातें करें लेकिन अन्दर से वे उतने ही क्रूर हैं, जितने कि अन्य जमींदार। हाँ, बदली हुई परिस्थितियों में वे नये तेवर जरूर अपनाते हैं।

प्रेमचन्द के लगभग सभी उपन्यासों में सामन्त वर्ग के चरित्र को बेनकाब किया गया है। इनके शोषण का रूप सर्वत्र एक जैसा है। प्रेमचन्द इन शोषकों के चंगुल

से सीधी-सादी जनता को मुक्त करना चाहते हैं। उनकी रचनाओं में जमींदारों के नाम बेशक बदल गये हैं पर उनके गुण नहीं बदले हैं! इस सामन्तवर्ग का प्रतिनिधित्व कहीं सदन करता है तो कहीं रायकमलानन्द जैसे लोग। लेकिन हैं सभी एक ही थैली के चट्टे-बट्टे। प्रेमचन्द के उपन्यास 'सेवासदन' में सदन जमींदार के रूप में सामने आता है। वह ऐसे सामन्तवर्ग का प्रतिनिधित्व करता है जो अपनी शक्ति को सुरक्षित रखना चाहते हैं। उसके विचारों से तो यही लगता है कि वह बहुत बड़ा सुधारक है किन्तु असलियत यह है कि वह 'किसान सभा' के नाम से बौखला जाता है। सोचता है इस सभा का उद्देश्य मात्र किसानों की सहायता करना ही नहीं है, बल्कि जमींदारों के अधिकारों को नष्ट करना है। इस उपन्यास की शुरुआत में महन्त रामदास तीर्थ यात्रा और यज्ञ के लिए अपने असामियों के साथ बहुत कड़ाई के साथ चन्दा वसूल करवाते हैं। न देने पर असामियों को प्राणों से हाथ धोना पड़ता है। गरीब चेतू के साथ ऐसा ही होता है।

'प्रेमाश्रम' में सामन्तवर्ग के तीन रूप हमारे सामने आते हैं। पहला रूप ज्ञानशंकर का है जो हिंसक पशु की भाँति शिकार करते हैं। दूसरा रूप राय कमलानन्द का है, जो विचारों से तो प्रगतिशील हैं, पर व्यवहार में सामन्तों के शोषण की वही बू आती है। गायत्री तीसरे रूप में हमारे सामने आती है, जो अपनी सत्ता का अनुचित प्रयोग करती है। ये लोग अपने रास-रंग में ऐसे डूबे हुए हैं कि गाँव वालों की मुसीबतों की ओर ध्यान ही नहीं जाता। इनकी कथनी और करनी में कितना अन्तर है उसे प्रेमचन्द ने रायकमलानन्द की बेटियों के माध्यम से इस प्रकार व्यक्त किया है, "उस साल सब जगह अकाल और प्लेग भी फैला था, तब हम लोग इलाके पर गये·· उन दिनों बाबूजी की निर्दयता देखकर मेरे रोंगटे खड़े हो जाते थे। असामियों से रुपये न वसूल होते और हमारे यहाँ नित्य नाच-रंग होता था। बाबूजी को उड़ाने के लिए रुपये न मिलते तो वह चिढ़कर असामियों पर गुस्सा उतारते। सौ-सौ मनुष्यों को एक पाँति में खड़ा करवाके हंटर से मारने लगते थे।"[1]

इन लोगों के अन्दर सामन्ती शोषण का वह पशु मौजूद था जो इन्हें ऐसा करने के लिए प्रेरित करता था। वैसे सही रूप में यदि देखा जाये तो यह उसी प्रथा का दोष है जो मनुष्य को पशु बनाने के लिए मजबूर कर देती है। जब बड़ी बहन खुद जमींदार बन जाती है तब वह अपने पिता के निर्दयी आचरण का समर्थन करते हुए कहती है, "तुम बाबूजी पर अन्याय करती हो। उनका कोई कसूर नहीं। ···निर्दयता अच्छी बात नहीं, किन्तु जब इसके बिना काम ही नहीं चलता तब क्या किया जाये? तुम्हारे जीजा कैसे सज्जन थे। द्वार पर से किसी भिक्षुक को निराश नहीं लौटने देते थे···लेकिन उन्हें भी असामियों पर सख्ती करनी पड़ती थी। मैंने स्वयं उन्हें असामियों की मुश्कें कसके पिटवाते देखा है।···जब अपने

1. प्रेमचन्द : प्रेमाश्रम, पृ० 82

माथे पर पड़ी तो अनुभव हुआ कि नीच ... खाय रुपये नहीं देते।"[1]

प्रेमचन्द ने इस तरह से सामन्त वर्ग के क्रूर व्यवहारों की बखिया उधेड़ी है, जो बाहर से तो कुछ और लगते हैं भीतर से कुछ और ही हैं। सामन्तों के इसी बहुरूपिये पन को प्रेमचन्द ने 'गोदान' में भी बड़े यथार्थ ढंग से प्रस्तुत किया है। 'गोदान' के राय साहब अमरपाल सिंह सेमरी गाँव में रहते हैं। "पिछले सत्याग्रह-संग्राम में राय साहब ने बड़ा यश कमाया था। कौंसिल की मेम्बरी छोड़कर जेल चले गये थे। तब से उनके इलाके के असामियों को उनसे बड़ी श्रद्धा हो गयी थी। यह बात नहीं कि उनके इलाके में असामियों के साथ कोई खास रियायत की जाती हो, या डांड़ और बेगार की कड़ाई कुछ कम हो...राय साहब की कीर्ति पर कोई कलंक न लग सकता था। वह बेचारे भी तो उसी व्यवस्था के गुलाम थे।... असामियों से वह हँसकर बोल लेते थे यही क्या कम था? सिंह का काम तो शिकार करना है, अगर वह गरजने-गुर्राने के बदले मीठी बोली बोल सकता है, तो उसे घर बैठे मनमाना शिकार मिल जाता है।"[2]

प्रेमचन्द ने यहाँ राय साहब का जो खाका प्रस्तुत किया है वह सामन्तों के बदलते हुए तेवर का सूचक है। राय साहब की करनी और कथनी में वही अन्तर है जो जमींन और आसमान में। यही नहीं वह होरी को अपना दुःखड़ा सुनाकर उसके प्रति स्नेह का जो प्रदर्शन करते हैं, वह भी निःस्वार्थ नहीं है। क्योंकि होरी को राजा जनक का माली बनना है। होरी जब राय साहब के पास पहुँचता है तो वे कहते हैं, "अरे तू आ गया होरी, मैं तो तुझे बुलाने ही वाला था...और देख, असामियों से ताकीद करके कह देना कि सबके सब शगुन करने आयें।"[3]

राय साहब के 'धनुष-यज्ञ' के पूरे खर्च की व्यवस्था गाँव के असामियों को करनी पड़ती है। अपना दुखड़ा सुनाते-सुनाते वह यह भी कह देते हैं कि तुम्हारे गाँव से कम-से-कम पाँच सौ की आशा है। यह भक्ति चाहे और कोई फल दे या न दे लेकिन इसका अत्यन्त कड़वा स्वाद गाँव की सीधी-सादी जनता को भोगना ही पड़ता है। राय साहब और होरी के बीच वार्तालाप से तो यही अनुमान लगाया जा सकता है कि जमींदार अपनी स्थिति से बचकर निकलना चाहता है, पर वह निकल नहीं सकता। राय साहब होरी जैसे दीन-हीन गरीब किसान से कहते हैं, ..."लक्षण कह रहे हैं कि बहुत ही जल्दी हमारे वर्ग की हस्ती मिटने वाली है... हम परिस्थितियों के शिकार बने हुए हैं। यह परिस्थिति ही हमारा सर्वनाश कर रही है और जब तक सम्पत्ति की यह बेड़ी हमारे पैरों से न निकलेगी...हम मानवता का पद न पा सकेंगे।"[4] लेकिन इस बीच जब चपरासी आकर बताता है

1. प्रेमचन्द : प्रेमाश्रम, पृ० 82-83
2. प्रेमचन्द : गोदान, पृ० 20
3. वही, पृ० 20-21
4. वही, पृ० 23

कि "बेगारों ने काम करने से इन्कार कर दिया है वे कहते हैं, जब हमें खाने को न मिलेगा, हम काम नहीं करेंगे।" राय साहब पर उसकी प्रतिक्रिया का चित्रण प्रेमचन्द ने इस प्रकार किया है, "रायसाहब के माथे पर बल पड़ गये। आँखें निकालकर बोले—चलो मैं इन दुष्टों को ठीक करता हूँ।···एक आने रोज के हिसाब से मजूरी मिलेगी, जो हमेशा मिलती रही है, और इस मजूरी पर काम करना होगा, सीधे करें या टेढ़े।"[1]

रायसाहब के विचारों से ऐसा लगता है कि वे किसानों तथा मजदूरों के बहुत बड़े शुभचिंतक हैं। पर व्यवहार में ऐसा नहीं है। मेहता के सामने वे अपने प्रगतिशील विचारों को प्रकट भी करते हैं। मेहता ने उनके लम्बे भाषण को सुनकर व्यंग्य करते हुए कहा, "आपकी जबान में जितनी बुद्धि है, काश उसकी आधी भी मस्तिष्क में होती। खेद यही है कि सब कुछ समझते हुए भी आप अपने विचारों को व्यवहार में नहीं लाते।"[2] यही इस वर्ग की सबसे बड़ी विवशता थी, जिससे जमींदार मुक्ति नहीं प्राप्त कर पाता। इस प्रकार से राय साहब कभी राष्ट्रवादी तो कभी राज-भक्त बनकर अपना स्वार्थ पूरा करते हैं।

'गबन' उपन्यास के आरम्भ में ही प्रेमचन्द ने सामन्ती प्रथा के घिनौने रूप को चित्रित किया है। उपन्यास की नायिका जालपा के पिता प्रयाग के एक छोटे से गाँव में रहते हैं, "वह किसान न थे, पर खेती करते थे। थानेदार न थे, पर थानेदारी करते थे। वह थे जमींदार के मुख्तार।···वेतन कुल पांच रुपये पाते थे ···उनकी आय के और कौन से मार्ग थे यह कौन जानता है?"[3]

प्रेमचन्द ने दीन दयाल जी की आय तथा उनके रहन-सहन का ब्योरा देकर हमें यह बता दिया है कि ये किस तरह से गरीबों को चूस-चूस कर ऐशो-आराम की जिन्दगी जी रहे थे। 'सेवासदन' के महन्त रामदास धर्म की आड़ लेकर लूट मचाए हुए थे। 'कर्मभूमि' के महन्त आशाराम की भी कहानी धर्म की आड़ से शुरू होती है। गरीबों के खून-पसीने की कमाई इन महन्तों के व्यर्थ के ढकोसलों में चली जाती थी। ये सभी सामन्ती शोषण के ही रूप माने जा सकते हैं।

'रंगभूमि' के कुँवर भरत सिंह के माध्यम से प्रेमचन्द ने सामान्त वर्ग के एक दूसरे ही पहलू को उजागर किया है। वह कभी सेवा-समिति में भाग लेकर और कभी काउंसिल का सदस्य बनकर अपने को राष्ट्रवादी और देशभक्त सिद्ध करने का प्रयास करता है। लेकिन अपने लाभ और जॉन सेवक जैसे अंग्रेज पूंजीपति को खुश रखने के लिए वह उसकी सिगरेट कम्पनी में सौ-सौ रुपये के पांच सा शेयर खरीद लेता है। प्रभु सेवक उसके इस दोमुंहेपन का पर्दाफाश करते हुए कहता है, "धूर्त, कायर, रंगा हुआ सियार। राष्ट्रीयता का दम भरता है, जाति

1. प्रेमचन्द : गोदान, पृ० 23
2. वही, पृ० 59
3. प्रेमचन्द : गबन, पृ० 6

की सेवा करेगा।··· उंगली में लहू लगाकर शहीदों में नाम लिखाना चाहता है।··· यदि अपने प्राण और सम्पत्ति इतनी प्यारी है, तो यह स्वांग क्यों भरते हो।"[1]

अपने आपको जनवादी समझने वाला कुंवर भरत सिंह संसार के सभी सुखों का खुलकर उपभोग करता है। इस सम्बन्ध में प्रेमचन्द का स्पष्ट विचार है कि इस देश में सामन्त या जमींदार जनतन्त्र के समर्थक नहीं हो सकते। जो स्वयं रईस हैं, राजा हैं, ताल्लुकेदार हैं ऐसे आदमियों के लिए जनतन्त्र सबसे बड़ी बाधा है। ऐसे लोगों का तो जनवाद के साथ दूर का रिश्ता भी नहीं हो सकता।

प्रेमचन्द का विचार था कि आधुनिक सभ्यता का आधार धन है। धनवान अपनी इच्छाओं की पूर्ति सहज ही कर लेता है क्योंकि उसके पास पैसे की एक ऐसी संजीवनी बूटी है, जिसे सुंघा-सुंघा कर वह समस्त शासकीय अधिकारियों को अपने वश में कर लेता है। 'रंगभूमि' का जॉनसेवक जाति का ईसाई है और चमड़ का व्यापार करता है। जहाँ उसके चमड़े का गोदाम है उसी के ठीक पीछे सूरदास की दस बीघा जमीन है, जिसको वह सिगरेट का कारखाना लगाने के लिए लेना चाहता है। किन्तु सूरदास जमींन देने से इनकार कर देता है। उस जमींन को लेकर एक आन्दोलन खड़ा हो जाता है तो जॉनसेवक का बेटा प्रभु सेवक पिता को समझाना चाहता है कि जमीन की इच्छा छोड़ दें। क्योंकि इससे अशांति पैदा हो सकती है, इस पर जॉनसेवक पूंजीपति की शक्ति का वास्तविक परिचय देते हुए कहता है, "मि० क्लार्क या राजा महेन्द्र कुमार की हस्ती ही क्या है, सारी खुदाई भी अब इस जमीन को मेरे हाथों से नहीं छीन सकती। मैं सारे शहर में हलचल मचा दूंगा, सारे हिन्दुस्तान को हिला दूंगा।···यह व्यापार-राज्य का युग है। यूरोप के बड़े-बड़े शक्तिशाली साम्राज्य पूंजीपतियों के इशारे पर बनते-बिगड़ते हैं। किसी गवर्नमेण्ट का साहस नहीं कि उनकी इच्छा का विरोध करे।"[2] इससे स्पष्ट है कि प्रेमचन्द पूंजीपति की असीम शक्ति से परिचित हैं। दृढ़ प्रशासन शक्ति उसके इशारे पर नाचने के लिए विवश है। सामन्त और जमींदार उसके चरणों की धूलि हैं।

यह पूंजी वह आधार है जिस पर पूंजीपति वर्ग मानवीय मूल्यों की उपेक्षा और मनमानी योजनाएँ तैयार करवाता है। जनता को अपार कष्ट पहुँचाकर उन योजनाओं को फलीभूत करने का प्रयत्न करता है। सूरदास इस औद्योगिक विकास का विरोध करता है क्योंकि वह जानता है कि फैक्ट्री लग जाने से ग्रामीण जीवन की सादगी नष्ट हो जायेगी। वह दूषित हो जायेगा। वह कहता है, "सरकार बहुत ठीक कहते हैं, मुहल्ले की रौनक जरूर बढ़ जायेगी। रोजगार से लोगों को फायदा भी होगा। लेकिन जहाँ रौनक बढ़ेगी वहाँ ताड़ी-शराब का भी तो परचार बढ़ जायेगा, कसबियाँ भी तो आकर बस जायेंगी, परदेशी आदमी

1. प्रेमचन्द : रंगभूमि भाग-2, पृ० 169
2. वही, भाग-1, पृ० 234

हमारी बहू-बेटियों को घूरेंगे, कितना अधरम होगा। देहात के किसान अपना काम छोड़ मजदूरी की लालच से दौड़ेंगे, यहाँ बुरी-बुरी बातें सीखेंगे और अपने बुरे आचरण अपने गाँव में फैलायेंगे।"[1]

सूरदास की यह बात हमें प्रेमचन्द के उन विचारों से अवगत कराती है कि वे औद्योगिक विकास के विरोधी नहीं हैं, किन्तु एक बात से वे चिन्तित अवश्य हैं कि यह गांव की तबाही का कारण बन जायेगा। उद्योगपति जॉनसेवक में मानवीय मूल्यों का अभाव है। इसलिए वह नगर के हितों की रक्षा करने वाली संस्थाओं को अपनी जेबी संस्थाएँ समझता है। वह इस बात को समझता है कि भारतीय किसानों में नकद पैसे के प्रति गहरा आकर्षण बढ़ चुका है। अतः वह धन के बल पर गेहूँ-जौ की जगह तम्बाकू की खेती करवा लेना साधारण बात समझता है।

दूसरे पूंजीपति हैं 'गोदान' के चन्द्रप्रकाश खन्ना। ये महाशय एक बैंकर के साथ ही शक्कर मिल के मैनेजिंग डायरेक्टर भी हैं। साधारण क्लर्क से वे शक्कर मिल का मालिक तथा बैंकर बन गये हैं। एक बार जेल भी हो आये हैं। वे नाम कमाने के हथकण्डों से पूरी तरह परिचित हैं। एक बार गन्ने की मिल में हड़ताल हो जाती है। मिस्टर खन्ना को यह सब कुछ अनुचित सा लगता है। क्योंकि उसने हमेशा अपने मुताबिक जनता के साथ रहने की कोशिश की थी। वह कहता है, "यह तो व्यापार है, कोई सदावरत नहीं है कि सब मजदूरों में ही बांट दिया जाये···और कम्पनियों को देखते उन्होंने अपना वेतन कम रखा था। केवल एक हजार रुपया महीना लेते थे।···मगर वह इतना लेते थे तो मिल का संचालन भी करते थे।"[2] यही नहीं जब शक्कर मिल में आग लग जाती है तो खन्ना स्वयं अपनी नैतिकता का पर्दाफाश करते हुए कहता है, "आप नहीं जानते मिस्टर मेहता मैंने अपने सिद्धान्तों की कितनी हत्या की है, कितनी रिश्वतें ली हैं। किसानों की ऊख तौलने के लिए कैसे-कैसे आदमी रखे, कैसे नकली बाट रखे।"[3]

मिल खुल जाने के बाद खन्ना को ऐसा लगता है कि जैसे उसने सब कुछ पा लिया। यहाँ तक कि वह बिजनेस के मामले में अपने दोस्तों के साथ भी रियायत करना नहीं पसन्द करता। राय साहब को बैंक से कर्ज दिलाने के लिए वह अपनी कमीशन का एक पैसा भी छोड़ने के लिए तैयार नहीं है। दूसरी तरफ राय साहब, जो एक तरफ खन्ना से कर्ज के लिए खुशामद करते हैं और दूसरी तरफ मेहता द्वारा स्त्रियों के लिए खोले जाने वाले व्यायामशाला के लिए दस हजार रुपये का चन्दा दे देते हैं। जबकि पूंजीवादी खन्ना चन्दे के लिए साफ इनकार कर देता है। वस्तुतः सभी जमींदारों के सामने अपनी हैसियत की रक्षा सबसे महत्त्वपूर्ण है। उनकी आय का अधिकांश भाग अपनी हैसियत की रक्षा और शासक वर्ग की सेवा

1. प्रेमचन्द : रंगभूमि भाग-1, पृ० 87
2. प्रेमचन्द : गोदान, पृ० 279
3. वही, पृ० 284

में ही समाप्त हो जाता है।

डॉ० रामबक्ष ने सामन्तों-जमींदारों की इस पतनशील दशा पर प्रकाश डालते हुए लिखा है, "उसे अपनी मर्यादा पालन के लिए हमेशा ऋण लेते रहना पड़ता है। प्रेमचन्द-साहित्य का प्रायः प्रत्येक जमींदार, ताल्लुकेदार और राय साहब कर्जदार हैं। 'गोदान' के राय साहब कर्ज के लिए खन्ना की मिन्नतें करते हैं। 'प्रेमाश्रम' के भी राय साहब पर कर्जा है। यहाँ तक कि कर्ज रईसों की शान में शामिल हो गया है।"[1]

'गोदान' का पूँजीवादी खन्ना व्यवसाय के सभी हथकण्डों को आजमाता है। वह यह नहीं सोचता कि जिनकी मेहनत से यह मिल कायम है क्या उन्हें उचित मजदूरी दी जाती है ? यही नहीं जो मजदूरी उन्हें दी जाती है उसमें भी एक चौथाई की कमी कर दी जाती है, जिसकी वजह से मिल में हड़ताल हो जाती है। मजदूरों का पक्ष लेते हुए मि० मेहता कहते हैं, "क्या आपको विश्वास है कि मजदूरों को इतनी मजदूरी दी जाती है कि उसमें चौथाई कम कर देने से मजदूरों को कष्ट न होगा। आपके मजदूर बिलों में रहते हैं---गन्दे बदबूदार बिलों में—जहाँ आप एक मिनट भी रह जायँ तो आपको कै हो जाय। कपड़े जो पहनते हैं, उनसे आप जूतें भी न पोंछेंगे। खाना जो खाते हैं, वह आपका कुत्ता भी न खाएगा।"[2]

प्रेमचन्द चूँकि दलित तथा शोषित मजदूरों के पक्षधर थे, इसलिए उनका इतना सहानुभूतिपूर्ण और यथार्थ चित्रण किया है। यही नहीं आगे चलकर उन्होंने 'गोदान' में ही 'पूंजीवादी' संस्कृति के अवश्यम्भावी विनाश का चित्रण करते हुए लिखा है, "उस अग्नि समुद्र के नीचे ऐसा धुआँ छाया था, मानों सावन की घटा कालिख में नहाकर नीचे उतर आयी हो। उसके ऊपर जैसे आग का थरथराता हुआ, उबलता हुआ हिमालय खड़ा था···और तो और जमीन से भी ज्वाला निकल रही था।"[3] खन्ना के माध्यम से प्रेमचन्द ने पूंजीवाद की उन प्रवृत्तियों की ओर संकेत किया है, जो मानवीय धरातल से उठकर हैवानियत की ओर ले जाती हैं।

उपर्युक्त विवेचन से स्पष्ट है कि प्रेमचन्द के युग तक सामन्त वर्ग अपने मूल चरित्र को छोड़ चुका था। खुली प्रतियोगिता में पूंजीवादियों के हाथों वह लगातार पराजित होता जा रहा था। इस पराजय के वातावरण में एक ओर वह अपने पुराने आदर्शों को छोड़ता जा रहा था तो दूसरी तरफ औपनिवेशिक परिस्थितियों में ब्रिटिश शासन-तन्त्र का बुरी तरह शिकार बन चुका था। अपना अस्तित्व बनाये रखने के लिए वह बड़े-बड़े सरकारी कर्मचारियों के सामने विवश

1. रामबक्ष : प्रेमचन्द और भारतीय किसान, पृ० 182-83
2. प्रेमचन्द : गोदान, पृ० 281
3. वही, पृ० 283

था। इसके लिए उसे हमेशा सरकार पर निर्भर रहना पड़ता था। इस निर्भरता के कारण वह किसानों के क्रूर शोषण के लिए भी विवश था। किसान भी यह समझने लगे थे कि जमींदार के ऊपर भी किसी का राज है। जमींदार के न मानने पर उसके यहाँ फरियाद की जा सकती है। 'प्रेमाश्रम' का सुक्खू चौधरी जमींदार के कारिन्दे से स्पष्ट कहता है कि "क्या हाकिम का राज नहीं है।" इस तरह अंग्रेजी शासकों ने जो दोहरी शासन-पद्धति की नीति अपनायी थी, उसमें किसान जमींदारों को ही अपना शत्रु मानते थे। इसलिए प्रेमचन्द ने इस दोहरी शासन-व्यवस्था को समाप्त करने के लिए सामन्त-विरोधी अभियान अपने साहित्य में चलाया था। इस सम्बन्ध में रामबक्ष ने लिखा है, "प्रेमचन्द की रचनाओं में किसान के जिस शोषण का चित्रण किया गया है, वह साम्राज्यवादी शोषण का ही रूप है। जमींदार तो उनके लिए आड़ है। किसान उन्हें ही अपना शत्रु समझकर लड़ते रहें और इस तरह साम्राज्य सुरक्षित रहे, यह अंग्रेजों की नीति थी। प्रेमचन्द जैसे बुद्धिजीवियों ने इस आड़ की हकीकत बयान कर दी।"[1] जहाँ तक पूंजीपति वर्ग के चरित्र का प्रश्न है, प्रेमचन्द उससे पूरी तरह परिचित हैं। लेकिन किसान-जीवन के चित्रण के कारण अपने उपन्यासों में उसे अधिक स्थान नहीं दे पाए हैं।

4.3 मध्यवर्ग और मध्यवर्गीय मनोवृत्ति

वर्ग विश्लेषण में मध्यवर्ग अब तक विवाद का विषय बना हुआ है। पूंजीवादी समाज-व्यवस्था में दो ही प्रमुख वर्ग होते हैं—1. पूंजीपति और 2. मजदूर। इन दोनों के भी दो और भेद किये जा सकते हैं—शहरी पूंजीपति और देहाती पूंजीपति तथा शहरी मजदूर और देहाती मजदूर। भारतीय समाज में सामन्त वर्ग की उपस्थिति के कारण इस तरह का भेद कर पाना कठिन है। जहाँ तक मध्यवर्ग का प्रश्न है, वह पूंजीपति और मजदूर के बीच की कड़ी माना गया है। लेकिन आर्थिक उत्पादन में न यह उत्पादन-साधनों का स्वामी होता है और न ही किसी भौतिक मूल्य का उत्पादन करता है। अतः वह दफ्तरी कर्मचारी और बुद्धिजीवी के रूप में शासक वर्ग की आवश्यकता पूरी करता है। इस दृष्टि से देखें तो डाक्टर, कलाकार, लेखक, साहित्यकार, दार्शनिक, अध्यापक, वकील तथा अन्यान्य चिन्तकों के रूप में बौद्धिक समुदाय अपने आप में कोई वर्ग नहीं है। मनोवृत्ति की दृष्टि से उपर्युक्त समुदाय भी किसी एक प्रमुख वर्ग के साथ हो जाते हैं और अपने क्रिया-कलाप द्वारा उस वर्ग की पक्षधरता करते हुए वर्ग-संघर्ष में हिस्सा लेते हैं तथा सामाजिक विकास की प्रक्रिया में अपनी भूमिका अदा करते हैं।

आधुनिक समाज में मध्य वर्ग के महत्त्व को देखते हुए इसके भिन्न वर्ग-चरित्र को भी रेखांकित किया गया है। आज के समाज में मध्यवर्ग का प्रभाव बहुत ही

---

1. डॉ० रामबक्ष : प्रेमचन्द और भारतीय किसान, पृ० 185

व्यापक है। मध्यवर्ग की व्यापकता को देखते हुए उसे परिभाषा की सीमा में बाँधना एक जटिल काम है। यहाँ मध्यवर्ग को परिभाषित करने वाले कुछ विद्वानों की परिभाषाएँ दी जा रही हैं। डॉ० नासिर अहमद खान ने मध्यवर्ग की परिभाषा देते हुए उसे निम्नवर्ग तथा उच्चवर्ग से पृथक् माना है। इनके अनुसार—"उनके जीवन निर्वाह के ढंग के आधार पर उच्च और निम्न वर्गों से अलग पृथक् किया जा सकता है। उनके अपने पूर्वग्रह रुचियाँ तथा अरुचियाँ, शिष्टाचार, रीति-रिवाज और आचार-विचार हैं, जिन्हें स्पष्ट न होते हुए भी स्पष्ट किया जा सकता है।"[1] हिन्दी साहित्य कोश में मध्यवर्ग की विशेषताओं और उसमें आने वाले व्यक्तियों के चरित्र को इस प्रकार परिभाषित किया गया है—"मध्यवर्ग सामन्तवादी व्यवस्था में नहीं पाया जाता है, क्योंकि उस समय जमींदार तथा किसान का सीधा सम्बन्ध था, किन्तु पूंजीवादी व्यवस्था ने समाज को इतना जटिल बना दिया है कि एक मध्यवर्ग की भी आवश्यकता हुई, जो इस जटिल व्यवस्था के संगठनसूत्र को संभाल सके। इस वर्ग में नौकरी-पेशा शिक्षक, क्लर्क और अन्य साधारण लोग आते हैं। मध्यवर्ग विशेषतः बुद्धिप्रधान वर्ग माना जाता है और सामाजिक क्रान्ति के प्रायः समस्त विचारों का सर्जन मध्यवर्ग में होता है।"[2]

इन परिभाषाओं से हम इसी निष्कर्ष पर पहुँचते हैं कि मध्यवर्ग समाज के धनी और निर्धन वर्ग के बीच की कड़ी है। वस्तुतः यह वर्ग इतना व्यापक है कि कहीं यह उच्च वर्ग के निकट दिखाई देता है तो कहीं निम्न वर्ग के साथ जुड़ा हुआ मालूम पड़ता है।

प्रेमचन्द स्वयं इसी मध्यवर्ग के निचले तबके से आये थे और निम्न वर्गीय समाज की चेतना, आशा, आकांक्षा को अभिव्यक्ति देने वाले सशक्त कलाकार सिद्ध हुए। उनके उपन्यासों के बहुत-से पात्र इसी वर्ग से लिये गये हैं। उनके उपन्यास 'गबन' में मध्यवर्गीय मनोवृत्ति का अन्यन्त यथार्थ चित्र मिलता है। प्रेमचन्द के उपन्यासों में चित्रित मध्यवर्ग का एक हिस्सा प्राचीन संस्कारों से बुरी तरह ग्रस्त है। वह परम्परागत रूढ़ियों को इच्छा-अनिच्छा से ढोये जा रहा है। इन्हीं सड़े-गले विचारों के फलस्वरूप मध्यवर्गीय नारी-समाज की दशा अत्यन्त शोचनीय होती जा रही थी। यही नहीं, सामाजिक क्षेत्र में सबसे ज्यादा पिछड़ापन मध्यवर्गीय नारियों में ही मिलता है। इस मध्यवर्ग के पुरुषों के भी विचार प्रायः संकीर्ण ही होते हैं और ये संकीर्ण विचार रखने वाले पुरुष ज्यादातर पढ़े-लिखे होते हैं। इसके विपरीत मध्यवर्ग का एक दूसरा हिस्सा भी है, जो पाश्चात्य विचारों से प्रभावित होकर पुरानी रूढ़ियों को अस्वीकार करते हुए अपनी प्रगतिशीलता का

---

1. मिडिल क्लासेज इन इण्डिया : डॉ० नासिर अहमद खान, पृ० 15, प्र०शा० इनफारमेशन डिपार्टमेंट, उत्तर प्रदेश, 1958
2. हिन्दी साहित्य कोश : सं० डॉ० धीरेन्द्र वर्मा, ज्ञान मण्डल लिमिटेड, बनारस; प्रथम संस्करण

परिचय देता है। प्रेमचन्द ने अपने सुधारवादी दृष्टिकोण को प्राय: इसी प्रकार के पात्रों द्वारा प्रस्तुत करने का प्रयास किया है। 'वरदान' के वृजरानी, प्रताप, कमलाचरण; 'प्रतिज्ञा' के अमृतराय; 'गबन' के रमानाथ; 'गोदान' के मालती, मेहता आदि ऐसे ही पात्र हैं। प्रेमचन्द के उपन्यासों के अध्ययन से यह बात स्वत: स्पष्ट हो जाती है कि उन्होंने मध्यवर्ग को एक विशेष उद्देश्य की सिद्धि के लिए उपन्यास में स्थान दिया है। उनका उदार मन मध्यवर्ग और निम्नवर्ग की समस्याओं से अधिक परिचित रहा है। प्रेमचन्द को मध्यवर्ग से इतना लगाव क्यों था ? इस विषय में महेन्द्र भटनागर ने अपनी पुस्तक 'समस्यामूलक उपन्यासकार प्रेमचन्द' में लिखा है, "स्वयं प्रेमचन्द और उनका घराना मध्यवर्ग से सम्बन्ध रखता है। मध्यवर्गीय होने के कारण मध्यवर्ग से उनकी निकटता स्वाभाविक थी। वास्तव में मध्यवर्ग से वे सर्वाधिक परिचित थे। यदि निम्न वर्ग का अधिकांश चित्रण उन्होंने तत्कालीन वातावरण को देखकर किया तो मध्यवर्ग का चित्रण व्यक्तिगत अनुभवों के आधार पर।"[1] वास्तव में प्रेमचन्द की सहानुभूति मध्यवर्ग के साथ भी रही है। यहाँ पर यह बात कितनी सही लगती है, "प्रेमचन्द ने अपने उपन्यासों के माध्यम से भारतीय समाज में उभरने वाले इस प्रगतिशील वर्ग के नैतिक मूल्यों को प्रतिष्ठित किया है।"[2]

मध्यवर्ग के सम्बन्ध में हम कहीं और न जाकर उनके प्रथम उपन्यास 'वरदान' को ही लें। इसके अधिकांश पात्र मध्यवर्ग के हैं। वृजरानी, प्रताप तथा कमलाचरण जैसे प्रमुख पात्रों की समस्याएँ मध्यवर्गीय हैं। आज भी हमारे समाज में मध्यवर्गीय परिवार में वैसी ही समस्याएँ पायी जाती हैं। मध्यवर्गीय समाज में विवाह और प्रेम का जो सतत विरोध दिखाई देता है, उसका बहुत ही सफल चित्रण प्रेमचन्द ने 'वरदान' में किया है। यह उपन्यास प्रेमचन्द का प्रथम उपन्यास है फिर भी इससे यह बात स्पष्ट हो जाती है कि प्रेमचन्द का मन मध्यवर्गीय समाज की तरफ कितना अधिक आकृष्ट था और वे उसके प्रति कितने चिन्ताकुल थे।

'प्रतिज्ञा' में प्रेमचन्द ने तत्कालीन समाज की सबसे ज्वलन्त समस्या विधवाओं के पुर्नविवाह का उद्घाटन मध्यवर्गीय समाज की पृष्ठभूमि पर ही किया है। यह उपन्यास मध्यवर्ग में पायी जाने वाली सामाजिक कुरीतियों का यथार्थ चित्रण करके मध्यवर्गीय समाज के मुँह पर एक जोरदार तमाचा भी है। एक विधवा स्त्री के दयनीय जीवन को चित्रित करके विधवा-विवाह पर जोर देना ही इस उपन्यास में प्रेमचन्द का मुख्य उद्देश्य रहा है। 'प्रतिज्ञा' में मध्यवर्गीय पुरुष पात्र चार हैं। अमृतराय जो कि उपन्यास का प्रमुख पात्र है, मध्यवर्ग की जागृति और विवेक का प्रतिनिधित्व करता है, जबकि कमला प्रसाद मध्यवर्ग

1. महेन्द्र भटनागर : समस्यामूलक उपन्यासकार प्रमचन्द, पृ० 19
2. वही

की संस्कारगत जड़ता के नीचे दबा है। नारी पात्रों का जहाँ तक सवाल है उनमें प्रमुख तीन हैं—प्रेमा, पूर्णा और सुमित्रा। इनमें से सुमित्रा प्रगतिशील नारी-चेतना की प्रतीक है तथा पूर्णा भारतीय अबला का साकार रूप लिए हुए हैं। प्रेमचन्द ने अमृतराय के माध्यम से विधवाओं के पुनर्विवाह पर जोर दिया है। यहाँ ध्यान देने की बात है कि स्वयं प्रेमचन्द ने भी विधवा से विवाह किया था। तत्कालीन समाज में प्रेमचन्द जैसा निर्भीक व्यक्ति ही ऐसे साहसिक कदम उठा सकता था। इस उपन्यास में वे एक तरफ तो अमृतराय के माध्यम से मध्यवर्ग की नयी चेतना को उभारते हैं तो दूसरी तरफ मध्यवर्ग की परम्परागत रूढ़ियों के दलदल में फंसे बदरी प्रसाद, कमला प्रसाद एवं दाननाथ जैसे महानुभावों के चरित्रों पर भी प्रकाश डालते हैं।

'सेवासदन' में मध्यवर्गीय जीवन को प्रमचन्द ने और अधिक स्पष्ट किया है। मध्यवर्गीय समाज की सबसे अहम समस्या है एक औरत होना। इस उपन्यास में प्रेमचन्द ने इसी विकट समस्या को प्रस्तुत किया है। इसमें नारी जीवन की करुण गाथा कही गयी है। यह एक ऐसी लड़की की कहानी है जिसकी शादी दहेज के अभाव में एक संकीर्ण हृदय वाले व्यक्ति से हो जाती है। वह हृदयहीन व्यक्ति इस लड़की को वेश्या बनने पर मजबूर कर देता है। मध्यवर्गीय समस्याओं में एक विकट समस्या धनाभाव की भी है। सुमन को वेश्या बनाने में यह समस्या भी बहुत हद तक सहभागी रही है। इसी आर्थिक विपन्नता के कारण 'सेवासदन' के दारोगा कृष्ण चन्द को विवश होकर कहना पड़ता है, "यदि मैं पाप से न डरता, तो आज मुझे यों ठोकरें न खानी पड़तीं।···यदि मैं आज लोगों को लूट कर अपना घर भर लिया होता तो लोग मुझसे सम्बन्ध करना अपना सौभाग्य समझते।"[1] धनाभाव के कारण ही कृष्णचंद का सम्पूर्ण परिवार पतन के गर्त में गिरता चला जाता है। यही कारण था कि वे रिश्वत लेते हैं और पकड़े जाते हैं, जेल जाते हैं, परिणामस्वरूप उनकी बेटी का विवाह प्रौढ़ गजाधर के साथ हो जाता है। दहेज मध्यवर्गीय समाज की एक घृणित बीमारी है, जो आज भी कायम है और यही बीमारी सुमन को वेश्या बनने के लिए विवश करती है।

अब सवाल यह उठता है कि सुमन वेश्या क्यों बनी? उसको वेश्या बनाने का दोष सबसे ज्यादा किसके ऊपर है? शायद यह कहना ही उचित होगा कि सुमन को वेश्या बनाने का सबसे अधिक दायित्व मध्यवर्गीय समाज को है। इस समाज की कुरीतियाँ, परम्पराएँ तथा लोभ में पड़ा हुआ मानवीय हृदय सुमन को वेश्या बनने पर मजबूर कर देता है। इस तथ्य को महेन्द्र भटनागर ने इस ढंग से व्यक्त किया है, "वेश्या जीवन मध्यवित्त हिन्दू सामाजिक जीवन की युग-प्राचीन विडम्बनाओं की उपज है। मध्यवित्त समाज में वेश्या-जीवन को जो सम्मान दिया जाता है, वह अन्त में वैवाहिक जीवन पर ही कुंठाराघात करता

1. प्रेमचन्द : सेवासदन, पृ० 9

है। वेश्या का आकर्षण, उसका धन, यौवन का बल, घर की रानी की अपेक्षा उसका कहीं अधिक मान कुछ ऐसी चीजें हैं, जो गृहस्थ नारी को पथभ्रष्ट करने में समर्थ हैं।"[1] प्रेमचन्द 'सेवासदन' में मध्यवर्गीय समाज की पतनोन्मुखता को उजागर करते हैं। मध्यवर्ग के पद्मसिंह और सदन दोनों इस वर्ग की अनैतिकता को प्रकट करते हैं।

'निर्मला' उपन्यास मध्यवर्गीय समाज के अनमेल विवाह की समस्या को प्रस्तुत करता है। इसके सारे पात्र मध्यवर्गीय हैं। इस उपन्यास में तीन परिवारों की कहानी है, जिनका सम्बन्ध मध्यवर्ग से है। इसमें प्रेमचन्द ने मध्यवर्गीय नारी को जितनी स्पष्टता के साथ उभारा है, और किसी उपन्यास में नहीं। इसको विस्तार से हम अगले उपशीर्षक में लेंगे। प्रेमचन्द का यह उपन्यास भी दहेज के चक्रव्यूह में घूमता है। अनमेल विवाह किस तरह से अपने दानवीय जबड़ों में एक परिवार को निगल जाता है, इसका सजीव चित्रण 'निर्मला' में मिलता है।

मध्यवर्ग का सबसे अधिक यथार्थ चित्र 'गबन' में उभर कर हमारे सामने आता है। शेष उपन्यासों में तो सारे वर्ग एकत्र आ जाते हैं, पर 'गबन' में प्रेमचन्द की दृष्टि मुख्य रूप से मध्यवर्ग पर ही केन्द्रित रही है। इस उपन्यास में प्रेमचन्द ने पहली बार मध्यवर्ग की सभी प्रवृत्तियों पर विस्तार से प्रकाश डाला है। इन प्रवृत्तियों में सामाजिक, आर्थिक तथा राजनीतिक सभी प्रमुख रूप से आ जाती हैं। 'गबन' पर टिप्पणी करते हुए महेन्द्र चतुर्वेदी ने लिखा है, "हमारी समाज-काया की यह रीढ़ किस कदर सड़-गल गयी है, कितने खोखले और निस्सार भागों में आक्रान्त है, अपनी जर्जर तथा मानापमान की वृथा भावनाओं में किस तरह ज़कड़ी हुई है, यही दर्शाना 'गबन' का लक्ष्य है। मध्यवर्ग की आर्थिक, नैतिक विकृतियों को लेकर उसमें एक विशद चित्र प्रस्तुत किया गया है, जिसे लेखक की व्यंग्य-प्राण शैली ने और भी सशक्त बना दिया है।"[2]

प्रेमचन्द ने 'गबन' में मध्यवर्ग की अत्यन्त खोखली प्रवृत्ति-प्रदर्शन की भावना को प्रस्तुत किया है। इस उपन्यास में स्त्रियों में पायी जाने वाली आभूषण प्रियता की भावना, विधवा जीवन, सम्मिलित परिवार तथा पुलिस की घृणित कूटनीतियों पर विस्तार से विचार किया गया है। इस उपन्यास के सभी प्रमुख पात्र—रमानाथ, रमेश, जालपा, दयानाथ आदि अपना आत्मगौरव दिखावे में महसूस करते हैं। दयानाथ अपने बेटे की शादी धूम-धाम से मात्र दिखावे के लिए करते हैं। उनसे भी अधिक प्रदर्शन-प्रियता की भावना उनके पुत्र रमानाथ में है। विवाह के पश्चात् वह अपने घर की स्थिति बहुत बढ़ा-चढ़ा कर बताता है। वह अपनी पत्नी से कहता है, "ढाई तीन हजार क्या उनके लिए बड़ी बात थी? पचासों हजार बैंक में जमा हैं, दफ्तर केवल दिल बहलाने के लिए जाते हैं।"[3]

---

1. मंजुलता सिंह : हिन्दी उपन्यासों में मध्यवर्ग, पृ० 88 से उद्धृत
2. वही, पृ० 102 से उद्धृत
3. प्रेमचन्द : गबन, पृ० 29

यही नहीं, नौकरी मिल जाने पर उसकी प्रदर्शन-भावना में और अधिक वृद्धि हो जाती है और यही दिखावे की भावना उसे गबन जैसा अपराध करने पर मजबूर कर देती है। इस उपन्यास में मध्यवर्ग की दूसरी समस्या है नारी का आभूषण के प्रति आकर्षण। इसी आभूषण-प्रियता के कारण रमानाथ और जालपा के जीवन में विपत्तियों का पहाड़ टूट पड़ता है। प्रेमचन्द ने इस प्रसंग को भी एक दिखावे के रूप में लिया है। उपन्यास में तीसरी समस्या है संयुक्त परिवार की। इस पर प्रेमचन्द ने विस्तार से लिखा है। इसी प्रसंग में उन्होंने विधवा-समस्या को भी उठाया है। युवती रतन के बूढ़े पति वकील साहब की मृत्यु हो जाती है। इसके उपरान्त उसका भतीजा मणिभूषण धीरे-धीरे उनकी सारी सम्पत्ति पर अपना अधिकार जमा लेता है। वह अपनी इस धूर्तता को रतन से स्पष्ट करते हुए कहता है, "आपका इस घर पर और चाचा जी की सम्पत्ति पर कोई अधिकार नहीं है। वह मेरी सम्पत्ति है। आप केवल मुझसे गुजारे का सवाल कर सकती हैं।··· सम्मिलित परिवार में विधवा का अपने पुरुष की सम्पत्ति पर कोई अधिकार नहीं होता।"[1]

अपने इस कथन द्वारा प्रेमचन्द ने मध्यवर्गीय हिन्दू-समाज व्यवस्था में विधवा स्त्री की अत्यन्त दयनीय अवस्था पर व्यंग्य किया है। वे विधवाओं के पक्षधर थे और दिल से इनके प्रति सहानुभूति रखते थे। इसलिए वे ऐसी न्याय-व्यवस्था जो कि एक असहाय विधवा स्त्री को दुःख ही दे, कैसे स्वीकार करते? अपने इसी लक्ष्य के लिए वे रतन से सम्मिलित परिवार व्यवस्था पर कटाक्ष करवाते हुए कहलवाते हैं, "बहनों किसी सम्मिलित परिवार में विवाह मत करना और अगर करना तो जब तक अपना घर अलग न बसा लो, चैन की नींद मत सोना।··· परिवार तुम्हारे लिए फूलों की सेज नहीं, कांटों की शय्या है, तुम्हारा पार लगाने वाली नौका नहीं, तुम्हें निगल जाने वाला जन्तु हैं।"[2]

रतन ऐसे स्वार्थी परिवार और समाज को घृणा की दृष्टि से देखती है। वस्तुतः संयुक्त परिवार मध्यवर्गीय जीवन के लिए एक अभिशाप है। संयुक्त कुटुम्ब प्रणाली के विघटन का आरम्भ भी इस वर्ग के उदय के साथ ही होता है। चूंकि इसमें हर एक पुरुष का अलग-अलग आय का साधन होता है, अतः संयुक्त पारिवारिक सम्बन्ध का निर्वाह असम्भव है। मध्यवर्ग की कुछ और दुर्बलताओं को प्रेमचन्द ने 'गबन' में चित्रित किया है। इसमें रिश्वत एक गम्भीर समस्या है। रिश्वत का कारण यही है कि मध्यवर्गीय व्यक्ति की आर्थिक स्थिति बहुत अच्छी नहीं होती फिर भी उसे लोगों के सामने अपनी शान बनाए रखना जरूरी बन जाता है। 'गबन' पर टिप्पणी करते हुए एक आलोचिका ने लिखा है, "वास्तव में गबन का अपराधी अकेला रमानाथ ही नहीं समाज के बड़े-बड़े सत्ताधारी और

1. प्रेमचन्द : गबन, पृ० 220-221
2. वही, पृ० 223

धर्मधुरीण व्यक्ति भी किसी-न-किसी रूप में गबन करने में संलग्न हैं—गबन का यदि व्यापक अर्थ लें तो वह जनता के धन का नहीं, उसकी नैतिक सम्पदा का दुरुपयोग भी है, और इस प्रकार राजकीय अधिकरणों के सत्ताधारी, पूंजीपति, राजनेता—ये सभी गबन के अधिकारी हैं।"[1]

प्रेमचन्द ने 'कर्मभूमि' तथा 'गोदान' में भी मध्यवर्ग की प्रवृत्तियों पर समुचित प्रकाश डाला है। उनके अन्तिम तथा अधूरे उपन्यास 'मंगलसूत्र' के अध्ययन से यह बात अधिक स्पष्ट हो जाती है कि प्रेमचन्द की दृष्टि उच्च तथा निम्न वर्ग के साथ ही मध्यवर्ग की तरफ भी केन्द्रित हुई है। 'मंगलसूत्र' की कहानी अधूरी है, फिर भी इसमें हमें मध्यवर्गीय समस्याओं की ओर किये गये संकेत की स्पष्ट झलक मिलती है। इस उपन्यास के सभी पात्र मध्यवर्ग से ताल्लुक रखते हैं। इन्हीं मध्यवर्गीय पात्रों के माध्यम से मध्यवर्ग की कई विशेषताएँ उभरकर हमारे सामने आती हैं।

इस उपन्यास में प्रेमचन्द ने मध्यवर्ग के अन्तर्गत नारी स्वतन्त्रता की समस्या को प्रमुख रूप से उठाया है। प्रेमचन्द ने पुरुषों के अमानवीय व्यवहार से मुक्ति पाने के लिए नारी की आत्मनिर्भरता को आवश्यक बताया है। इस उपन्यास की पुष्पा मध्यवर्ग की एक प्रगतिशील नारी है, जो पति के अमानुषीय व्यवहारों का मूल कारण अपनी आर्थिक पराधीनता मानती है। संतकुमार नारी की आर्थिक पराधीनता की ओर संकेत करते हुए कहता है, "जो स्त्री, पुरुष पर अवलम्बित है, उसे पुरुष की हुकूमत माननी पड़ेगी।"[2] पर स्वाभिमानी पुष्पा को यह हुकूमत स्वीकार नहीं है। वह विरोध करते हुए कहती है, "अगर मैं तुम्हारी आश्रिता हूँ तो तुम भी मेरे आश्रित हो। मैं तुम्हारे घर में जितना काम करती हूँ, इतना ही काम दूसरों के घर में करूँ तो अपना निर्वाह कर सकती हूँ।"[3]

पुष्पा का यह कथन मध्यवर्गीय नारी के प्रगतिशील विचारों को हमारे सामने प्रस्तुत करता है। इस विचार से स्त्रियों की क्रान्तिकारिता का परिचय मिलता है। प्रेमचन्द यह उपन्यास पूरा नहीं कर पाये। अगर वे इसे पूरा कर पाते तो निश्चय ही यह मध्यवर्ग की समस्त अच्छाइयों-बुराइयों का प्रतिनिधि उपन्यास बन पाता।

इस प्रकार प्रमचन्द अपने सभी उपन्यासों में मध्यवर्ग की अच्छाइयों और बुराइयों को उभारते हुए अपनी सामाजिक चिन्ता को प्रस्तुत करने में सफल हुए हैं। एक तरफ तो उन्होंने इस वर्ग की ढुल-मुल नीति का चित्रण करते हुए कुछ लोगों की स्वार्थपरता को सामने लाने की कोशिश की है तो दूसरी तरफ इसी मध्यवर्गीय समाज में उत्पन्न ऐसे भी पात्र हैं जो गरीबों की सेवा के लिए तन, मन

---

1. मंजुलता सिंह : हिन्दी उपन्यासों में मध्यवर्ग, पृ० 105-106 से उद्धृत
2. प्रेमचन्द : मंगलसूत्र, पृ० 22
3. वही, पृ० 23

और धन से तैयार रहते हैं। प्रेमचन्द ने मध्यवर्ग में उन्हें भी सम्मिलित किया है जो आर्थिक रूप से सम्पन्न होते हुए भी मध्यवर्गीय प्रवृत्तियों का परिचय देते हैं और किसी-न-किसी आन्दोलन के माध्यम से दीन-हीन गरीबों की सेवा में तत्पर हो जाते हैं। जहाँ कहीं भी इस वर्ग के अन्तर्गत प्रमचन्द को बुराई दिखी है वे उस पर व्यंग्य-प्रहार करना नहीं भूले हैं। लेकिन जहाँ अच्छाइयों को देखा है, वे सराहे बिना भी नहीं रहे हैं।

उपर्युक्त विवेचन से स्पष्ट है कि प्रेमचन्द ने अपने उपन्यासों में भारतीय मध्यवर्ग के प्रति एक विशेष दृष्टि अपनायी है। उसकी ढुल-मुलपने की नीति, उच्चवर्ग की सुख-सुविधाओं की आकांक्षा, झूठी शान-शौकत की रक्षा का प्रयास, घोर आत्मकेन्द्रिता आदि जैसी विकृतियों का चित्रण करते हुए भी उन्होंने उसमें महान् सम्भावनाओं के दर्शन किये हैं। यह मध्यवर्ग यदि अपनी शिक्षा और बौद्धिक क्षमता को देश की किसान-मजदूर जनता के उद्धार में लगाये तो राष्ट्र की काया पलट सकती है। चाहे राजनीतिक आन्दोलन हो या समाज-सुधार—सर्वत्र इसी मध्यवर्ग में वे नेतृत्वकारी क्षमता भी दिखाते हैं। देश के वकील, अध्यापक, डॉक्टर, दार्शनिक, लेखक-कलाकार आदि के रूप में उन्होंने मध्यवर्गीय बुद्धिजीवियों की सामाजिक भूमिका को स्वीकार किया है। स्वयं की तरह ही वे मध्यवर्ग से भी यह आशा करते थे कि वह शोषित-उत्पीड़ित जनता के कल्याण में अपनी क्षमताओं का उपयोग करे। ये सारी बातें उनके उपन्यासों में अत्यन्त कलात्मक ढंग से चित्रित हुई हैं।

4.4 मध्यवर्गीय समाज की नारी

मध्यवर्गीय पुरुषों की भाँति ही प्रेमचन्द की दृष्टि मध्यवर्गीय नारी-जीवन की ओर भी गयी है। वैसे तो मध्यवर्ग के पुरुषों के ही गुण-अवगुण अधिकांशतः इस वर्ग की नारी में भी होते हैं, लेकिन पुरुष प्रधान भारतीय समाज में मध्यवर्ग की नारी की स्थिति कुछ खास परिस्थितियों में दयनीय हो जाती है। गरीबों, शोषितों तथा दलितों के साथ-साथ प्रेमचन्द ने सदियों से पुरुषों के चंगुल में फँसी हुई मध्यवर्गीय नारी को अपने साहित्य में पूरा स्थान दिया है। प्रेमचन्द के समय का हिन्दू समाज अपनी घिसी-पिटी पुरानी रूढ़ियों से जकड़ा हुआ था। धर्म, प्रपंच, रूढ़ियों के ये सारे बन्धन सिर्फ औरत के लिए ही थे। प्रेमचन्द की पैनी दृष्टि इन अबलाओं की ओर गयी है। इसकी पुष्टि प्रेमचन्द के इस कथन से हो जाती है, "एक नजर इस गरीब औरत जात पर भी तो डालो। क्या मिट्टी पलीत की है बेचारियों की। कहने को कह दिया—जहाँ नारियों की पूजा होती है, वहाँ देवता निवास करते हैं। लेकिन कोई पूछे कि आपने किसी तरह का कोई अधिकार दिया नारियों को? बराबरी का दर्जा न देते लेकिन कुछ तो ऐसे अधिकार देते कि नारी पुरुष के अत्याचारों से अपनी रक्षा कर सकती।"[1] इससे स्पष्ट है कि नारी मुक्ति प्रेमचन्द

1. अमृतराय : कलम का सिपाही, पृ० 44

की सामाजिक चिन्ता का एक प्रमुख विषय बनी है।

प्रेमचन्द ने नारी के विवश मन को देखा था तथा यह महसूस किया था कि वह समाज की दृष्टि में केवल भोग्या रह गयी है, पुरुष के मन बहलाव की वस्तु बन गयी है। इससे आगे भी यदि उसकी कोई भूमिका है तो वह माँ है। वह एक ऐसी जमीन है, जिससे पुरुष को अपनी सम्पत्ति के लिए वारिस की प्राप्ति होती है। नारी का अस्तित्व शून्य है। वह गुलामी करने के लिए ही पैदा होती है और गुलामी की जंजीरों में बँधकर हा मर जाती है। इसके अलावा उसका कोई अस्तित्व नहीं था।

बेबसी के नीचे दबी पड़ी इन मध्यवर्गीय अबलाओं की खामोश कराहों ने प्रेमचन्द को झकझोर दिया था। इनकी बेबसी की आवाज को आम लोगों तक पहुँचाने के लिए उन्होंने कलम को अपना हथियार बनाया। अपने इसी उद्देश्य को सामने रखकर प्रेमचन्द ने अपनी तमाम सारी कहानियाँ तथा लगभग सभी उपन्यासों में स्त्रियों के चौतरफा जीवन पर प्रकाश डालते हुए इनकी मुक्ति की बात हमारे सामने रखी है। इस सम्बन्ध में चन्द्रा पाण्डेय ने अपने एक लेख 'प्रेमचन्द की रचनाएँ : नारी-मुक्ति के विविध स्वर' में लिखा है, "समाज की अदालत में उन्होंने शताब्दियों का दर्द ढोती चिर शोषिता नारी का 'इस्तगासा' अपनी रचनाओं के रूप में पेश किया और विवश किया समाज को कि वह इनके विषय में गहराई से कुछ सोचे और इन्हें न्याय दिलाए। ···उनकी आकांक्षा थी कि नारी भी पुरुष के समानान्तर जीवन के हर क्षेत्र में आगे बढ़े··· वह अपने ऊपर किये गये अत्याचारों को मूक होकर सहती न जाये अपितु उनके विरुद्ध सक्रिय होकर लड़ाई लड़े।"[1]

प्रेमचन्द ने अपने प्रथम उपन्यास 'वरदान' में मध्यवर्गीय नारी का यथार्थ चित्र प्रस्तुत किया है। इस उपन्यास में एक मध्यवर्गीय नारी वृजरानी की विधवा-स्थिति को बड़े ही यथार्थ रूप में व्यक्त किया गया है। अगर स्त्री विधवा हो जाती है तो उसी का दोष माना जाता है। घर वाले उसे तरह-तरह के ताने देकर उसके दुखित मन को और ज्यादा पीड़ा पहुँचाते हैं। यह बात प्रेमचन्द के समय में ही नहीं थी बल्कि आज भी है। अब भी बहुत से ऐसे महानुभाव हैं, जो विधवा स्त्री को एक कलंक समझते हैं, उसे पति की मौत का कारण समझते हैं। इस तरह के विचार औरतों में ही अधिक होते हैं। प्रेमचन्द ने 'वरदान' में वृजरानी की सास द्वारा इस तथ्य को प्रस्तुत करते हुए लिखा है, "यही अभागिनी जब से घर में आयी है घर का सत्यानाश हो गया। इसका पौरा बहुत निकृष्ट है। ···तुम्हारे चिकने रूप ने मुझे ठग लिया। मैं क्या जानती थी तुम्हारे चरण इतने अशुभ हैं।"[2]

देखा जाय तो विरजन की सास स्वयं एक औरत है और विधवा भी है।

---

1. कलम : सं० चन्द्रबली सिंह, प्रेमचन्द विशेषांक, पृ० 107
2. प्रेमचन्द : वरदान, पृ० 97

लेकिन उसके विधवा होने का सारा दोष भी विरजन पर है। वह इतनी भूखी है कि पति को निगलने के बाद अपने श्वसुर को भी निगल जाती है। कोई उस दुखियारी का दुःख-दर्द जानने की कोशिश नहीं करता, हाँ उसके घावों पर समय-समय पर नमक जरूर छिड़क दिया करते हैं। प्रेमचन्द ने नारी-मन की इस असहनीय वेदना को समझा तथा उसे अपनी कृतियों में उतारकर उसे न्याय दिलाने के लिए लोगों के सामने प्रस्तुत किया।

'प्रतिज्ञा' उपन्यास में भी प्रेमचन्द ने मध्यवर्गीय विधवा नारी की समस्या को उठाया है। इस उपन्यास में उन्होंने नारी में नयी चेतना को भी उजागर किया है। इसमें सुमित्रा ऐसी ही पात्रा है जो नारी के अधिकारों के प्रति सचेष्ट है। वह पति की दासता सहन करना नारी जाति का अपमान समझती है। वह व्यंग्य करती हुई कहती है, "स्त्री-पुरुष की जूती के सिवाय और है ही क्या? पुरुष चाहे जैसा हो -- चोर हो, ठग हो, व्यभिचारी हो, शराबी हो—स्त्री का धर्म है कि उसकी चरण-रज धो-धोकर पिये?"[1] यही नहीं, सुमित्रा आगे भी स्त्रियों की पराधीनता का कारण पुरुषों पर निर्भर होना बताती है। वह कहती है, "बेचारी औरत कमा नहीं सकती, इसलिए उसकी यह दुर्गति है। मैं कहती हूँ अगर मर्द अपने परिवार भर को खिला सकता है, तो क्या स्त्री अपनी कमाई से अपना पेट नहीं भर सकती?"[2]

सुमित्रा के उक्त कथन से प्रेमचन्द यह दिखलाना चाहते हैं कि मध्यवर्ग की नारी में निर्भीकता एवं आर्थिक दृष्टि से अपने को स्वतन्त्र बनाये रखने की भावना विद्यमान है। पूर्णा दहेज प्रथा पर व्यंग्य करते हुए कहती है, "औरत और मर्द दोनों ही बिकते हैं। लड़की का बाप कुछ लेकर लड़की ब्याहे और लड़के का बाप कुछ लेकर लड़का ब्याहे।"[3] प्रेमचन्द ने इस उपन्यास में मध्यवर्गीय नारियों में एक क्रान्तिकारी भावना के उदय का भी संकेत किया है। इसमें तीन नारी पात्र उभरकर सामने आये हैं, जिनमें से प्रेमा और पूर्णा सुधार की आकांक्षी हैं। परन्तु स्वतंत्र रूप से स्त्रियाँ अपना सुधार कर सकेंगी ऐसे आत्मविश्वास की उनमें कमी है। केवल सुमित्रा के रूप में ही पूर्ण आत्मविश्वास के साथ नारी-चेतना का स्वर मुखरित हुआ है।

प्रेमचन्द ने नारी की पराधीनता का कुछ दोष विवाह-संस्था को भी दिया है। उनके इस विचार पर टिप्पणी करते हुए जावरीमल्ल पारख ने अपने एक लेख 'प्रेमचन्द और नारी-समस्या' में लिखा है, "वस्तुतः हिन्दू-विवाह प्रथा के साथ जुड़ी हुई कुरीतियों के साथ हिन्दू जीवन अधिक नारकीय हुआ है। हिन्दू विवाह-प्रथा स्त्री-पुरुष प्रेम पर आधारित नहीं है बल्कि उसका आधार धर्म है, जैसाकि

1. प्रेमचन्द : प्रतिज्ञा, पृ० 68
2. वही, पृ० 110
3. वही, पृ० 109

होता है—धार्मिकता के साथ कुरीतियाँ सरलता से सम्पृक्त हो जाती हैं।"[1]

वैसे देखा जाय तो ये वैवाहिक कुरीतियाँ मध्यवर्गीय नारी के जीवन को रसातल की ओर ले जाने में अधिक सहायक हैं। मध्यवर्गीय नारी की समस्या की ओर संकेत करते हुए महेन्द्र भटनागर ने लिखा है, "आर्थिक पराधीनता तो उसके साथ है ही सामाजिक और नैतिक नियमों से भी वह बुरी तरह बंधी हुई है। निम्न वर्ग की नारी एक पति को छोड़कर दूसरा पति कर सकती है।···पर मध्यवर्ग में नारी घर की लक्ष्मी समझी जाती है। उस पर घर की प्रतिष्ठा आधारित रहती है। मध्यवर्गीय नारी को अपनी इच्छाओं को दबाना पड़ता है।"[2]

इन्हीं संस्कारों तथा रूढ़ियों की वजह ही आज भी मध्यवर्गीय नारी अन्धकार की गहरी खायी में डूबी हुई है। उसे कुछ सोचने, बोलने तथा अपने बारे में फैसला करने का अधिकार नहीं है। अगर वह विधवा है तो उसकी स्थिति और भी बदतर। वह किसी से कुछ कह नहीं सकती, किसी की आलोचना नहीं कर सकती। अगर वह इन बातों का उल्लंघन करती है तो उसे बार-बार उसके वैधव्य का एहसास दिलाया जाता है और बार-बार उसकी सामाजिक स्थिति के बारे में आभास कराके उसके जागे हुए स्वाभिमान को दबाने की कोशिश की जाती है। मध्यवर्गीय परिवार में स्त्री का विधवा होना बड़ा ही दुर्भाग्यपूर्ण है। विधवा स्त्री किसी भी प्रकार के सामाजिक या धार्मिक उत्सवों—तीज, त्योहारों में भाग नहीं ले सकती। उसका किसी से बोलना, किसी की तरफ देखना भी अपराध माना जाता है। इस सम्बन्ध में डॉ० महेन्द्र भटनागर ने लिखा है, " 'प्रतिज्ञा' में पूर्णा की कहानी विधवा जीवन का हृदय-विदारक चित्र उपस्थित करती है। पति की मृत्यु के पश्चात् पूर्णा किस तरह हिन्दू समाज के धर्म ध्वजियों, पोंगापंथियों तथा विधवाओं की अस्मत से खेलने वालों का शिकार बनती है···पूर्णा का जीवन एक दर्पण है, जिसमें हिन्दू विधवा का यथार्थ स्वरूप देखा जा सकता है।"[3]

विधवा होना एक कलंक भी है। विधवा स्त्री चाहे कितनी ही अच्छी तथा चरित्रवान क्यों न हो, पर समाज में रहने वाले नरपशु उसे अपनी कामवासना का शिकार बनाने के लिए तत्पर रहते हैं। प्रेमचन्द ने 'प्रतिज्ञा' में इसका यथार्थ चित्रण किया है। पूर्णा समस्त हिन्दू समाज की विधवा स्त्री की विवशता को अपने इन शब्दों में व्यक्त करती है, "हा भगवान ! वैधव्य क्या कलंक का दूसरा नाम है।"[4] सचमुच प्रेमचन्द ने नारी-मन को जितनी अच्छी तरह से व्याख्यायित किया है, किसी अन्य लेखक या लेखिका से यह सम्भव नहीं हो सका है। आज भी मध्यवर्गीय समाज में रहने वाली विधवाओं की स्थिति लगभग वही है, जैसे प्रेमचन्द के समय

1. उत्तरार्द्ध: सं० सव्यसाची, अप्रैल 1980, पृ० 158
2. महेन्द्र भटनागर : समस्यामूलक उपन्यासकार प्रेमचन्द, पृ० 18
3. वही, पृ० 135
4. प्रेमचन्द : प्रतिज्ञा, पृ० 66

में थी। हाँ थोड़ा-बहुत बदलाव जमाने के साथ अवश्य आया है। लेकिन आज भी एक विधवा स्त्री को समाज वैसी ही भूखी नजरों से देखता है जैसे 'प्रतिज्ञा' की पूर्णा को देखता था। अपने लेखन के आरम्भिक दौर में प्रेमचन्द आर्यसमाज से बहुत प्रभावित थे। उन्होंने स्वयं बाल विधवा शिवरानी देवी से विवाह किया था। उस समय इस विवाह का कितना विरोध हुआ होगा यह अनुमान आसानी से लगाया जा सकता है। 'प्रतिज्ञा' में भी उन्होंने विधवा स्त्री के जीवन को सौहार्दपूर्ण बनाने के लिए उसके पुनर्विवाह पर जोर दिया है। इसी उपन्यास में उन्होंने समाज में रहने वाले उन महानुभावों के दोहरे चेहरे को बेनकाब किया है जो शराफत का मुखौटा लगाकर घृणित कार्य करने में जरा भी संकोच नहीं करते। सुमित्रा के माध्यम से प्रेमचन्द यथार्थ की उस पराकाष्ठा तक पहुँचे हैं जो अक्षरशः आज भी प्रासंगिक लगती है। वह कहती है, "स्वभाव किसी के माथे पर नहीं लिखा होता। जिन्हें तुम बड़ा संयमी समझती हो, वह छिपे रुस्तम होते हैं। उनका तीर मैदान में नहीं घर में चलता है।"[1] यहाँ डॉ० महेन्द्र भटनागर की यह बात भी सत्य प्रतीत होती है, "समाज में दूसरों की दुर्बलताओं और विवशताओं से लाभ उठाने वाले विधवाओं को पहले अपना लक्ष्य बनाते हैं। सीधी स्त्रियाँ उनकी प्रशंसात्मक छल भरी बातों में आसानी से फँस जाती है।"[2]

प्रेमचन्द ने विधवा स्त्री की विवशता का अत्यन्त मार्मिक चित्र प्रस्तुत करते हुए लिखा है, "विधवा पर दोषारोपण करना कितना आसान है। जनता को उसके विषय में नीची-से-नीची धारणा करते देर नहीं लगती, मानो कुवासना ही वैधव्य की स्वाभाविक वृत्ति है, मानो विधवा हो जाना मन की सारी दुर्वासनाओं, सारी दुर्बलताओं का उमड़ आना है।"[3] यह केवल पूर्णा की नहीं, वरन समस्त हिन्दू विधवा नारियों की गाथा है। युवावस्था में विधवा हो जाना तो हिन्दू समाज की सबसे बड़ी समस्या है। उस स्त्री की इच्छाएँ, उसका मन—यह सब तो काई मायने नहीं रखता। वह सिर्फ बेजान पत्थर की मूर्ति बनकर रह जाती है। गालियों एवं तानों से उसके अन्तस्तल को इतना चीर दिया जाता है कि वह न चाहते हुए भी मृत्यु की गोद में जाने को तैयार हो जाती है। 'प्रतिज्ञा' के कमला प्रसाद से कहीं अधिक कुत्सित मनोवृत्ति वाले मनुष्यों से आज का समाज भरा पड़ा है। अक्सर विधवाएँ सम्भ्रान्त परिवार में आर्थिक विवशता के साथ अत्यन्त अपमान भरा जीवन जीने के लिए मजबूर होती हैं। आज के भी समाज में विधवा की स्थिति वही है जो पहले थी, बल्कि उससे भी बदतर कह सकते हैं। जब स्त्री विधवा हो जाती है तब उसके अपने भी उससे विमुख हो जाते हैं। ऐसी स्थिति में पेट की आग बुझाने के लिए वह वेश्या तक बन जाती है। यदि कभी उसका कोई सगा-

---

1. प्रेमचन्द : प्रतिज्ञा, पृ० 68
2. महेन्द्र भटनागर : समस्यामूलक उपन्यासकार प्रेमचन्द, पृ० 135
3. प्रेमचन्द : प्रतिज्ञा, पृ० 66

सम्बन्धी आश्रय भी दे देता है तो उसे अपनी मजबूरी समझकर या फिर अपनी मानवीयता का ढिंढोरा पीटने के लिए। 'निर्मला' में प्रेमचन्द ने इन रिश्तेदारों की अमानुषीय प्रवृत्ति को बड़े ही यथार्थ ढंग से उजागर किया है। विधवा रुक्मणी तोताराम की सगी बहन है। उसके बारे में तोताराम के विचार इन शब्दों में व्यक्त हुए हैं, "मैंने तो सोचा था विधवा है, अनाथ है, पाव भर आटा खायेगी, पड़ी रहेगी। जब और नौकर-चाकर खा रहे हैं तो वह अपनी सगी बहन ही है, लड़कों की देख-भाल के लिए औरत की जरूरत थी, रख लिया। लेकिन इसके यह माने नहीं कि वह तुम्हारे ऊपर शासन करे।"[1] एक भाई अपनी सगी बहन को इस रूप में देखें तो यह कितना अमानवीय है। जब अपने सगे भाई द्वारा बहन का यह अपमान होता है तो फिर इस कुत्सित समाज में भला उसके लिए क्या स्थान हो सकता है?

विधवा का यह दयनीय जीवन विशेषकर मध्यवर्गीय परिवारों में बड़ा ही कारुणिक है। उसके जीवन की सबसे बड़ी समस्या उसकी शारीरिक भूख नहीं है …जैसाकि लोगों की धारणा बनी हुई है, बल्कि उसकी सबसे बड़ी समस्या है धन का अभाव। प्रेमचन्द के समय में शिक्षा के क्षेत्र में स्त्रियों की दशा अत्यन्त शोचनीय थी। इसलिए उन्होंने इस समस्या का समाधान विधवा-विवाह और वनिता-आश्रम के माध्यम से प्रस्तुत करने का प्रयत्न किया। प्रेमचन्द ने इस बात को अच्छी तरह अनुभव किया था कि निम्न वर्ग में विधवा या स्त्री-स्वातन्त्र्य की कोई समस्या नहीं थी। यह मध्यवर्ग या तथाकथित उच्चवर्गों के लिए ही गम्भीर समस्या थी। अत: इसके लिए पुनर्विवाह और अन्तर्जातीय विवाह को उन्होंने एक कारगर उपाय माना है। अपने उपन्यास 'प्रतिज्ञा' में इस विषय पर उन्होंने विस्तार से विचार किया है। इस उपन्यास का आरम्भ आर्यसमाजी पं० अमरनाथ के व्याख्यान से होता है। वे सभा में उपस्थित लोगों से प्रश्न करते हैं, "आप लोगों में से जिन महाशयों को पत्नी-वियोग हो चुका है, वह कृपया हाथ उठाएं।…आप लोगों में से कितने महाशय ऐसे हैं जो वैधव्य की भँवर में पड़ी अबलाओं के साथ अपने कर्तव्य का पालन करने का साहस रखते हैं? कृपया हाथ उठाए रहें,…हमारा युवक-समाज इतना कर्तव्य शून्य, इतना सारहीन है।"[2]

यह उस समाज की स्थिति थी। एक विधवा से शादी करने की न तो समाज की इच्छा थी और न ही किसी के अन्दर इतना साहस था। ऐसी स्थिति में प्रेमचन्द अमृतराय को सामने लाकर विधवा-विवाह का हल इस रूप में प्रस्तुत करते हैं कि जिसकी पहली पत्नी मर चुकी हो वह विधवा से ही विवाह करे।

इस प्रकार प्रेमचन्द जैसे बुद्धिजीवी और जागरूक लेखक ने विधवा की दयनीयता तथा उसकी समस्या के हल का जो मार्ग अपने उपन्यासों में बताया है, वह हिन्दू समाज को एक चुनौती है। उनकी सुधार की भावना उस समय के समाज के

1. प्रेमचन्द : निर्मला, पृ० 35
2. प्रेमचन्द : प्रतिज्ञा, पृ० 6

लिए एक साहसपूर्ण तथा क्रान्तिकारी कदम था, जो प्रेमचन्द जैसा लेखक ही कर सकता था।

'सेवासदन' में भी प्रेमचन्द ने मध्यवर्गीय नारी के अभिशप्त जीवन की करुण गाथा कही है। इस उपन्यास में उन्होंने नारी की पराधीनता का हृदयविदारक चित्र प्रस्तुत करके मध्यवर्गीय नारी की विषम परिस्थितियों को उजागर करना चाहा है। एक परित्यक्ता मध्यवर्गीय नारी किस प्रकार वेश्या बनने पर मजबूर हो जाती है, इसका यथार्थ चित्रण इस उपन्यास में हुआ है। यह उपन्यास मध्यवर्गीय नारी-मनोविज्ञान को अत्यन्त स्पष्टता के साथ प्रस्तुत करता है। इसमें प्रेमचन्द मध्यवर्ग के उन अनैतिक मूल्यों को उजागर करते हैं, जिसके मूल में नारी की आर्थिक पराधीनता निहित है। सुमन वेश्या क्यों बनी ? जब हम इस प्रश्न पर विचार करते हैं तो एक ही उत्तर पर हमारा ध्यान केन्द्रित होना है, वह है धन का अभाव। धन के अभाव के कारण सुमन के थानेदार पिता अच्छा दहेज देकर उसकी उपयुक्त वर के साथ शादी नहीं कर पाते। अतः विवश होकर मूर्ख और अधेड़ उम्र के तथाकथित कुलीन गजाधर से उसकी शादी करनी पड़ती है। सुमन मध्यवर्गीय परिवार की लड़की थी। उसे वेश्या बनाने का उत्तरदायित्व भी उसी समाज को है, जिसमें वह पली और बड़ी हुई थी। इसे स्पष्ट करते हुए डॉ॰ मंजुलता सिंह ने लिखा है, "वेश्या जीवन मध्यवित्त हिन्दू सामाजिक जीवन की युग-प्राचीन विडम्बनाओं की उपज है। मध्यवित्त समाज में वेश्या-जीवन को जो सम्मान दिया जाता है, वह अन्त में वैवाहिक जीवन पर ही कुठाराघात करता है। वेश्या का आकर्षण, उसका धन, योवन, बल पर घर की रानी की अपेक्षा कहीं अधिक मान, कुछ ऐसी चीजें हैं जो गृहस्थ नारी को पथ-भ्रष्ट करने में समर्थ हैं।"[1] संकीर्ण मनोवृत्ति वाले पति द्वारा घर से निकाल दी जाने पर सुमन न तो अपने पति के पैरों पर गिरती है और न ही क्षमा की भीख मांगती है। उसके स्वरों में मध्यवर्गीय नारियों के जागरण का संकेत मिलता है, "यों कहो कि मुझे रखना नहीं चाहते। मेरे सिर पाप क्यों लगाते हो? क्या तुम्हीं मेरे अन्नदाता हो? जहां मजूरी करूंगी वहीं पेट पाल लूंगी।"[2] इस विषय में चन्द्रा पाण्डेय ने अपने लेख 'प्रेमचन्द की रचनाएं : नारी मुक्ति के विविध स्वर' में लिखा है, "ऐसी स्वतन्त्रचेता सुमन को भी स्वावलम्बन के लिए जो रास्ता चुनना पड़ता है, उसके लिए दोषी कौन है ? निस्सन्देह यह सामन्ती-पूंजीवादी और महाजनी व्यवस्था है जो उसे देह बेचने के लिए मजबूर करती है।"[3]

प्रेमचन्द न सुमन के माध्यम से मध्यवर्गीय नारी के आक्रोश को भी व्यक्त

1. मंजुलतासिंह : हिन्दी उपन्यासों में मध्यवर्ग, पृ॰ ४८
2. प्रेमचन्द : सेवासदन, पृ॰ 40
3. कलम : सं॰ चन्द्रबली सिंह, प्रेमचन्द विशेषांक, पृ॰ 115

किया है । अगर पति अपने को अन्नदाता न समझता तो पत्नी को निकालने की धमकी क्यों देता ? लेकिन स्वाभिमानी सुमन के लिए पति की ये धमकियाँ कोई मायने नहीं रखतीं । वह ऐसे कुत्सित विचारों वाले पति के घर से निकलकर अपना स्वतन्त्र जीवन जीना चाहती है । सुमन को इस खोखले तथा आडम्बर-प्रिय समाज से नफरत है । वह इस कलुषित समाज के ऊपर करारा तमाचा लगाते हुए कहती है, "अन्धेरे में जूठा खाने पर तैयार, पर उजाले में निमन्त्रण भी स्वीकार नहीं ।"[1]

प्रेमचन्द इस कथन से मध्यवर्ग के पुरुषों की सामाजिक कायरता तथा आडम्बरप्रियता का पर्दाफाश करते हैं । 'सेवादन' उपन्यास को प्रेमचन्द ने सिर्फ वेश्या समस्या तक ही सीमित नहीं किया है, बल्कि मध्यवर्गीय नारियों और उनके आक्रोश को भी व्यक्त किया है । यही प्रेमचन्द का उद्देश्य था । प्रेमचन्द ने अपने उपन्यासों में शोषिता एवं पददलित नारी को सर्वथा नवीन दृष्टिकोण से प्रस्तुत किया है । इस सम्बन्ध में चन्द्रा पाण्डेय के विचार अत्यन्त प्रासंगिक लगते हैं, "नारी मुक्ति एक ऐसा मूल उद्देश्य है, जो उनके सभी उपन्यासों में समानगति से प्रवाहित होता है । उसी के समानान्तर यह उद्देश्य भी कथा की अनेक धाराओं से जुड़कर प्रवहमान रहता है कि नारी को वर्तमान स्थिति से अलग अपनी समान स्थिति की लड़ाई लड़नी है । यदि नारी-जीवन की इस लड़ाई को प्रतीक के रूप में मान लिया जाए तो 'सेवासदन' की मूल लड़ाई दासता से मुक्ति है ।"[2]

यदि हम चन्द्रा जी के विचारों पर गौर करें तो हमें भी यही लगेगा कि प्रेमचन्द भी नारी मुक्ति के स्वर को ही उद्घाटित करना चाहते हैं । 'निर्मला' में भी प्रेमचन्द ने मध्यवर्गीय नारी की विभिन्न समस्याओं को उजागर किया है । इस उपन्यास में प्रमुख समस्या दहेज की है । निर्मला के पिता की मृत्यु के बाद दहेज के अभाव में उसकी माँ निर्मला की शादी एक अधेड़ उम्र के वकील से कर देती है । निर्मला को अनमेल विवाह का शिकार बनना पड़ता है । मध्यवर्गीय समाज में दहेज ऐसी विभीषिका है जिसकी चपेट में भोली-भाली मासूम लड़कियों की बलि चढ़ा दी जाती है । यह दहेज की समस्या प्रेमचन्द के ही समय में नहीं थी बल्कि आज भी सुरसा की भाँति मुंह बाए लड़कियों को निगलने के लिए खड़ी है । इसीलिए प्रेमचन्द आज भी हमारे लिए पूर्णतः प्रासंगिक हैं । निर्मला का जीवन अभिशाप क्यों बना ? वह आजीवन क्षणिक सुख की तलाश करते-करते मर जाती है ? इन प्रश्नों का उत्तर हमें सिर्फ तीन अक्षरों में मिल जाता है, वह है 'दहेज ।' यही वह दानव है, जो निर्मला को धीरे-धीरे निगल जाता है । इस विषय में चन्द्रा पाण्डेय ने अपने लेख 'प्रेमचन्द की रचनाएं : नारी मुक्ति के विविध स्वर' में लिखा है, "दहेज और अनमेल विवाह जैसी सामाजिक विकृतियों

1. प्रेमचन्द : सेवासदन, पृ० 227
2. कलम : सं० चन्द्रबली सिंह, प्रेमचन्द विशेषांक-5, पृ० 113

से अभिशप्त निर्मला आजीवन सुख की तलाश में संघर्ष करती है और अन्त में मर जाती है। आर्थिक-सामाजिक विषमताओं के बीच घुटती हुई नारी का यथार्थ रूपांकन करते हुए लेखक ने यथार्थवादी दृष्टिकोण द्वारा उस सामाजिक स्थिति को व्यंग्य के रूप में उभारा है, जिसमें 'मानवीय स्वाधीनता' नाम की कोई चीज नहीं है।"[1]

'गबन' में जालपा तथा रतन के माध्यम से प्रेमचन्द ने मध्यवर्गीय नारी के जीवन को व्याख्यायित किया है। जालपा के माध्यम से मध्यवर्गीय परिवारों की झूठी शान एवं प्रदर्शन प्रियता को दिखाया है। जालपा आरम्भ में स्वयं प्रदर्शन प्रिय है। परन्तु वह ऐसी तभी तक है जब तक अपने परिवार की आर्थिक स्थिति से अनभिज्ञ है। जैसे ही उसे वास्तविकता का आभास होता है, वह आत्मविश्वास से भर उठती है और आत्मगौरव को अपने अन्दर समेटे हुए अपने नये रूप में प्रकट होती है। प्रेमचन्द ने मध्यवर्गीय नारियों में एक नवीन जागृति का संकेत भी किया है, जिसकी झलक उनके सभी उपन्यासों में मिलती है। 'गबन' में रतन भी अपना सम्पूर्ण जीवन कठोर संघर्ष में बिताने के लिए दृढ़प्रतिज्ञ है।

'गोदान' की मालती और सरोज मध्यवर्गीय नारी के लिए नवीन पथ का निर्देश करती हुई, प्रस्तुत हुई हैं। मालती की दृष्टि में प्रेम ही वह मार्ग है, जो जीवन को पूर्णता की ओर ले जा सकता है। वह विवाह को एक बन्धन मानती है। वह मेहता से कहती है, "अपनी छोटी-सी गृहस्थी बनाकर, अपनी आत्माओं को छोटे-से पिंजड़े में बन्द करके, अपने सुख-दुःख को अपने ही तक रखकर क्या हम असीम के निकट पहुँच सकते हैं?···जिस दिन मन मोह में आसक्त हुआ, हम बन्धन में पड़े, उस क्षण हमारा मानवता का क्षेत्र सिकुड़ जायेगा···तुम्हारे जैसे विचारवान, प्रतिभाशाली मनुष्य की आत्मा को मैं इस कारागार में बन्दी नहीं करना चाहती।"[2] मालती मेहता को गृहस्थी के झंझट में नहीं फँसाना चाहती, बल्कि उसकी शक्ति को मानवता के हित में लगाना चाहती है। मालती का यह कथन निश्चित रूप से मध्यवर्गीय नारी के लिए प्रेरणा स्वरूप है। मालती की बहन सरोज नारी की पूर्ण स्वतन्त्रता की समर्थक है। वह किसी भी रूप में पुरुषों की आश्रिता बनकर नहीं रहना चाहती। वह मेहता के भाषण पर आक्रोश में आकर कहती है, "हम पुरुषों से सलाह नहीं माँगतीं। अगर वह अपने बारे में स्वतन्त्र हैं तो स्त्रियाँ भी अपने विषय में स्वतन्त्र हैं।"[3]

सरोज के माध्यम से यह कहलवाकर प्रेमचन्द ने मध्यवर्गीय नारी में उभरते स्वाभिमान की ओर संकेत किया है। यही नहीं, बल्कि उन्होंने यह भी चाहा है कि अपनी लड़ाई वे स्वयं लड़ें। नारी-स्वतन्त्रता का पूर्ण संकेत प्रेमचन्द अपने

1. कलम : सं० चन्द्रबली सिंह, प्रेमचन्द विशेषांक-5, पृ० 113
2. प्रेमचन्द : गोदान, पृ० 322
3. वही, पृ० 164

अधूरे उपन्यास 'मंगलसूत्र' में भी करते हैं। उन्होंने पुष्पा के माध्यम से पुरुष के दासत्व से मुक्ति पाने के लिए नारी की आत्मनिर्भरता को आवश्यक माना है। पुष्पा की बातों में मध्यवर्गीय नारी की अपने अस्तित्व और अधिकारों के प्रति एक सचेत अनगूंज सुनाई देती है। वह पुरुषों की गुलामी को नकारते हुए विद्रोही स्वर में अपने पति से कहती है, "अगर मैं तुम्हारी आश्रिता हूँ तो तुम भी मेरे आश्रित हो, मैं तुम्हारे घर में जितना काम करती हूँ, इतना ही काम दूसरों के घर में करूँ तो अपना निबाह कर सकती हूँ।"[1]

उपर्युक्त विवेचन-विश्लेषण से स्पष्ट है कि प्रेमचन्द ने मध्यवर्गीय पुरुषों की भाँति ही मध्यवर्गीय नारी की कमजोरियों और क्षमताओं—दोनों का चित्रण किया है। ऐसा करने में उनका उद्देश्य रहा है कि वे अपनी कमजोरियों का त्याग करते हुए सद्गुणों की ओर आकृष्ट होकर समाज की अन्य नारियों के लिए आदर्श प्रस्तुत करें। इसके साथ ही वे सामाजिक और राजनीतिक जीवन में भाग लेकर राष्ट्र के विकास में अपना पूरा योगदान करें।

4.5 विभिन्न वर्गों में नारी-पुरुष-सम्बन्ध

प्रेमचन्द भारतीय समाज की वर्गीय स्थिति से अच्छी तरह परिचित थे। अपने उपन्यासों में वर्ग-चेतना को रेखांकित करते हुए उन्होंने भारत के विभिन्न वर्गों के नारी-पुरुष सम्बन्धों की स्वरूपगत भिन्नता को भी स्पष्ट किया है। सामन्तों-जमींदारों के यहाँ जिस प्रकार से स्त्री-पुरुष का सम्बन्ध है वह गरीब किसानों और खेत मजदूरों के स्त्री-पुरुष सम्बन्धों से भिन्न है। इसी तरह पूंजीपतियों और मजदूरों के मध्य भी स्त्री-पुरुष सम्बन्धों की भिन्नता को देखा जा सकता है। मध्यवर्गीय नारी-पुरुष सम्बन्धों में अन्य वर्गों से पर्याप्त अन्तर मिलेगा। इस अन्तर को शिक्षित-अशिक्षित नारियों में भी हम देख सकते हैं। वैसे तो पुरुष-प्रधान भारतीय समाज में नारी अधिकांशतः पुरुषों द्वारा शोषित-उत्पीड़ित ही दिखाई देती है, लेकिन उनकी वर्गीय स्थितियों के अनुसार शोषण की यह मात्रा कम या अधिक भी है, इसे प्रेमचन्द ने स्पष्ट रूप से संकेतित किया है। उनके उपन्यासों में जिस तरह शोषित-उत्पीड़ित किसान-मजदूर निम्न वर्ग के प्रति सहानुभूति प्रकट हुई है, ठीक उसी तरह प्रायः सभी वर्गों की नारियों के प्रति भी। क्योंकि हर वर्ग की नारी अधिकांशतः सामाजिक विकृतियों का शिकार बनती है।

प्रेमचन्द जैसे स्त्री-पक्षधर लेखक के स्त्री पात्रों में अपनी हीन स्थिति से उबरने का प्रयास भी दिखाई देता है। चाहे वह शहर की सुखदा हो या गाँव की धनियाँ—सभी में जागृति तथा स्वाभिमान की झलक मिलती है। धनियाँ एक ऐसी ग्रामीण नारी पात्र है, जो हमेशा सत्य और न्याय का पक्ष लेती है। उसके इस स्वभाव ने उसे इतना संघर्षशील बना दिया है कि वह किसी से भी नहीं डरती,

---

1. प्रेमचन्द : मंगलसूत्र, पृ० 23

चाहे वह गाँव का मुखिया हो या पटवारी हो, जागीरदार हो चाहे हल्के का दरोगा ही क्यों न हो ? इसके विपरीत उसके पति का स्वभाव दब्बू है। वह सत्य कहने से झिझकता है, जिसके कारण पति-पत्नी में बहुत-सी बातों में सहमति नहीं हो पाती। फिर भी दोनों के बीच आदर्श पति-पत्नी-सम्बन्ध बना रहता है। धनियाँ एक आदर्श कृषक-नारी और पूर्ण पतिव्रता के रूप में हमारे सामने आती है। सिलिया हो चाहे उसकी विजातीय पुत्र-वधू झुनियाँ—सभी को उसका उदार आश्रय प्राप्त है। वह पति के रूप में होरी की आश्रिता नहीं, सहचरी है। घर के कामों में वह बराबर का हिस्सा लेती है। उसके माध्यम से प्रेमचन्द ने किसान-मजदूर वर्ग की नारी का एक प्रतिनिधि चरित्र प्रस्तुत किया है।

पति-पत्नी के जीवन में सुख और आनन्द का अभाव क्यों आता है, इस विषय पर डॉ० महेन्द्र भटनागर ने अपने विचार व्यक्त करते हुए लिखा है, "पति-पत्नी के आपसी सम्बन्ध क्यों लुप्त हो रहे हैं ? प्रेमचन्द ने इस सम्बन्ध में अनेक कारण उपस्थित किये हैं। जैसे पति-उपेक्षा, अधिकार-भावना, अविश्वास, कलह-व्यवहार, पुराने और नये विचारों का संघर्ष, स्त्री को समझने की कमी, पतिव्रत का एकांगी आदर्श आदि।"[1] लेकिन ये सभी कारण अधिकांशतः उच्चवर्ग और कभी-कभी मध्यवर्ग के स्त्री-पुरुष सम्बन्धों की ही वास्तविकता को उजागर करते हैं। निम्न वर्ग के बीच ये कारण पैदा ही नहीं होते। 'प्रतिज्ञा' में सुमित्रा और कमला प्रसाद का दाम्पत्य-जीवन पति की उपेक्षा के फलस्वरूप विषाक्त बन जाता है। ऐसे घरों में पति-पत्नी के सम्बन्धों में मधुरता आना असम्भव है। जब पूर्णा सुमित्रा से उसके पति कमलाचरण के आधी रात तक न आने के बारे में पूछती है, तो वह कहती है, "अभी नहीं, बारह ही तो बजे हैं। इतनी जल्दी क्यों आयेंगे ? न एक, न दो, न तीन ! मेरा विवाह तो इस महल से हुआ है। लाला बदरी प्रसाद की बहू हूँ, इससे बड़े सुख की कल्पना कौन कर सकता है।"[2] इससे स्पष्ट है कि 'प्रतिज्ञा' की सुमित्रा द्वारा प्रेमचन्द ने नारी-विवशता का अत्यन्त यथार्थ चित्र खींचा है। वह आगे कहती है, "स्त्री पुरुष की जूती के सिवाय और क्या है? पुरुष चाहे जैसा हो—चोर हो, ठग हो, व्यभिचारी हो, शराबी हो—स्त्री का धर्म है कि उसकी चरण-रज धो-धो कर पिये ?"[3] लेकिन समय-समय पर सुमित्रा का आहत अभिमान फुफकार भी उठता है। जब उसके पति कमला प्रसाद ने झिड़कते हुए कहा कि "बैठी गप्पें लड़ा रही हो। जरा-सी अचकन माँग भेजी तो उठते न बना। बाप से कहा होता, किसी करोड़पति सेठ के घर ब्याहते।"[4] इससे तिलमिलाकर सुमित्रा भी कड़ा जबाव देती है। दोनों के बीच हुए संवाद को प्रेमचन्द ने इस

1. महेन्द्र भटनागर : समस्या मूलक उपन्यासकार प्रेमचन्द, पृ० 154
2. प्रेमचन्द : प्रतिज्ञा, पृ० 38
3. वही, पृ० 68
4. वही, पृ० 113

प्रकार प्रस्तुत किया है :

"कमला : मेरी अचकन निकालती हो या नहीं ?
सुमित्रा : अगर भलमनसी से कहते हो तो हाँ,
रोब से कहते हो तो नहीं ।
कमला : मैं रोब से कहता हूँ ।
सुमित्रा : तो निकाल लो ।"

इस पर क्रुद्ध होकर जब कमला प्रसाद बाप के घर जाने की बात करता है, तो पूरी दृढ़ता के साथ सुमित्रा उत्तर देती है, "बाप का घर जब था तब था, अब यही घर है । मैं अदालत में लड़कर पाँच सौ रुपये महीना ले लूंगी लाला, इस फेर में न रहना । पैर की जूती नहीं हूँ कि जब नयी थी तब पहनी, पुरानी हो गयी तो निकाल फेंकी ।"[1]

ठीक यही स्थिति 'निर्मला' उपन्यास के कल्याणी की भी है। वह पति से कहती है, "इसीलिए न कि जानते हो, कि इसे कहीं ठिकाना नहीं है—मेरी ही रोटियों पर पड़ी हुई है, या और कुछ ?···मानों मैं घर की लौंडी हूँ, मेरा केवल रोटी और कपड़े का नाता है । जितना ही दबती हूँ तुम और ही दबाते हो ।"[2] उदयभानु भी अपने पौरुष का रद्दा जमाकर बोला, "मैं कमाकर लाता हूँ, जैसे चाहूँ खर्च कर सकता हूँ । किसी को बोलने का अधिकार नहीं ।"[3] यहाँ पति की अधिकार-भावना वह कारण है, जिससे दाम्पत्य जीवन में कटुता आ गयी है । 'गोदान' की गोविन्दी और पूंजीपति चन्द्रप्रकाश खन्ना के बीच मनमुटाव की प्रकृति भिन्न है । उसे ऐसी पत्नी चाहिए जो व्यापार में उसकी सहायक और समाज में उसकी शान में वृद्धि करे । जबकि गोविन्दी आदर्श विचारों वाली भारतीय महिला है, जो अपना जीवन सादगी के साथ बिताती है । उसका पति ठीक उसके विपरीत भोग-विलास में मस्त तथा गरीब मजदूरों का खून चूसकर धन को ही सर्वोपरि मानकर संचय करने में लगा रहता है । इसलिए इनके बीच टकराव का रहना स्वाभाविक है । मिस्टर खन्ना प्रकृति से ही विलासी हैं और गोविन्दी उनसे भिन्न यह समझती है कि वह पुरुष के लिए मात्र एक खिलौना नहीं है और न ही उसके भोग की वस्तु है । फिर वह अपने को आकर्षक बनाने की चेष्टा क्यों करे ? उसका सारा समय बच्चों के लालन-पालन और गृहस्थी के कामों में बीत जाता है । बाहर से तो खन्ना एक व्यवहारकुशल पूंजीपति की तरह विनम्रता का परिचय देता है । लेकिन घर के अन्दर वह अपनी पत्नी का हमेशा अपमान करता है । प्रेमचन्द ने खन्ना की प्रकृति के बारे में संकेत करते हुए लिखा है, "खन्ना अपने ग्राहकों के साथ जितना मीठा और नम्र था, घर में उतना ही कटु और उद्दण्ड । अक्सर क्रोध में गोविन्दी को

1. प्रेमचन्द : प्रतिज्ञा, पृ० 114
2. प्रेमचन्द : निर्मला, पृ० 11
3. वही

अपशब्द कह बैठता, शिष्टता उसके लिए दुनिया को ठगने के लिए एक साधन थी, मन का संस्कार नहीं। ऐसे अवसरों पर गोविन्दी अपने एकान्त कमरे में जा बैठती और रात की रात रोया करती और खन्ना दीवान खाने में जाकर मुजरे सुनता या क्लब में जाकर शराबें उड़ाता।"[1]

'गोदान' में कुँवर दिग्विजय सिंह और रायसाहब की बेटी मीनाक्षी का भी एक जोड़ा है। इनके आपसी सम्बन्ध अच्छे नहीं हैं। हिन्दू रीति-रिवाज के अनुसार मीनाक्षी का विवाह दिग्विजय जैसे शराबी और ऐयाश पुरुष के साथ हो जाता है। अपने पति के व्यवहार से वह मन-ही-मन कुढ़ती है। उसे अपने पति के रंग-ढंग अच्छे नहीं लगते। प्रेमचन्द ने गोविन्दी और खन्ना के सम्बन्धों को तो धन-सम्पत्ति नष्ट करके मधुर बना दिया है। किन्तु यह समझौता मीनाक्षी तथा उसके पति के साथ नहीं हो पाता। मीनाक्षी नये जमाने से प्रभावित है। वह क्लबों में स्त्रियों के अधिकार के सम्बन्ध में चर्चा सुनती रहती है। इसलिए उसे गुजारे की डिग्री मिलने पर भी सन्तोष नहीं होता। वह अपने अपमान का बदला अपने पति को हंटर से पीटकर लेती है। इस सम्बन्ध में शशि मुदीराज ने अपने लेख 'प्रेमचन्द की नारी दृष्टि' में लिखा है, "प्रेमचन्द बताना चाहते हैं कि स्त्री-पुरुष के सम्बन्धों का वह आदिम आवेग जो आज औद्योगिक आधुनिकता की रेत में जल-बिन्दुओं-सा सूखता जा रहा है।"[2]

प्रेमचन्द के उपन्यासों का अध्ययन करने से एक बात जो स्पष्ट रूप से उभरकर सामने आयी है, वह यह है कि प्रेमचन्द ने नारी पात्रों की सबसे ज्यादा वकालत की है। उनका दृष्टिकोण परम्परागत पुरुषों का दृष्टिकोण नहीं था, जिसमें नारी को ही आरोपों की माला में पिरोया गया है। उनके नारी पात्रों में अन्याय और अनीति के प्रति रूढ़ धर्म और संस्कार के प्रति जो आक्रोश, विद्रोह और ललकार है, वह पुरुष चरित्रों में कम ही देखने को मिलती है। नारी-पुरुष के सम्बन्धों को प्रेमचन्द के अन्तिम और अधूरे उपन्यास 'मंगलसूत्र' में भी हम देख सकते हैं। सारी बातों के मूल में एक बात जो स्पष्ट रूप से उभरकर सामने आती है, वह यह है कि क्या स्त्री का अपने पति से पृथक् कोई अस्तित्व नहीं है? और यदि है तो वह क्यों लुप्त हो रहा है? इस प्रश्न का उत्तर हमें मंगलसूत्र में मिल जाता है। इस सम्बन्ध में तिब्बी कहता है, "इसलिए कि मर्दों ने स्त्रियों के लिए कोई आश्रय छोड़ा ही नहीं। पतिव्रत उसके अन्दर इतना कूट-कूटकर भरा गया है कि अब उसका अपना व्यक्तित्व रहा ही नहीं। वह केवल पुरुष के आधार पर जी सकती है। उनका स्वतन्त्र कोई अस्तित्व ही नहीं।"[3]

अगर स्त्री-पुरुष के सम्बन्ध को मधुर बनाना है तो उसके लिए पुराने थोथे

---

1. प्रेमचन्द : गोदान, पृ० 188
2. प्राधिकृत : सं० रमेश कुन्तल मेघ, खण्ड-1 अंक-2, 1984-85, पृ० 106
3. प्रेमचन्द : मंगलसूत्र, पृ० 39

आदर्शों को तिलांजलि देनी होगी। पुरुष की दुर्बलताओं की तरफ संकेत करते हुए प्रेमचन्द ने 'कायाकल्प' में मनोरमा द्वारा कहलवाया है, "पुरुष कितना ही विद्वान् हो और अनुभवी हो पर स्त्री को समझने में असमर्थ ही रहता है।"[1]

मनोरमा का उपर्युक्त कथन बिल्कुल सही है। कई बार यह नासमझी भी स्त्री-पुरुष के सम्बन्धों में दरार डालने का कारण बन जाती है। 'प्रेमाश्रम' में जबकि प्रेमचन्द ने किसान और जमींदारों के संघर्ष की व्याख्या की है, फिर भी स्त्री-पुरुष के सम्बन्ध की हल्की-सी झांकी इसमें भी देखने को मिल जाती है। विद्या और श्रद्धा ऐसे ही नारी पात्र हैं। विद्या का पति स्वार्थी और दुराचारी है, तब भी वह पतिव्रत धर्म का पालन करती है। पतिव्रता विद्या का अपने पति के प्रति आत्मघाती घृणा करना न्यायसंगत है। श्रद्धा पति के साथ इसलिए नहीं रहना चाहती क्योंकि वह विलायत से लौटकर आया है। लेकिन बाद में प्रेमशंकर की लोकप्रियता उसे झुका देती है और वह अपने पति को स्वीकार करती है। ये वे औरतें हैं जो न तो सुमन की तरह पढ़ी-लिखी हैं और न ही मध्यवर्ग की पात्र हैं। ये जमींदारों के घर की स्त्रियाँ हैं। स्त्री-पुरुष के सम्बन्धों की चर्चा करते हुए शुभा ने अपने लेख 'स्त्रियों की समस्याओं के प्रति प्रेमचन्द का दृष्टिकोण' में लिखा है, "स्त्री-पुरुष के सम्बन्धों के स्वरूप से समस्या का यह विशेष रूप 'निर्मला' में और प्रेमचन्द के अन्य उपन्यासों में वस्तुगत रूप से स्वतः प्रकट हुआ है। किन्तु प्रेमचन्द ने इन्हें 'डील' नहीं किया है। यद्यपि वे स्त्री से सम्बद्ध विभिन्न समस्याओं पर चोट करते हुए स्त्री का पक्ष लेते हैं।"[2]

प्रेमचन्द स्त्री को सच्चे सहायक, सच्चे मंत्री तथा सच्चे मित्र के रूप में देखना चाहते हैं। इसलिए 'कायाकल्प' में यशोदा नन्दन कहता है, "यदि स्त्री और पुरुष के विचार और आदर्श एक से हों, तो पुरुष के कामों में बाधक होने के बदले स्त्री सहायक हो सकती है।"[3]

इन सब बातों से ऐसा लगता है कि प्रेमचन्द एक ओर स्त्री को सुधरने का संकेत देते हैं तो दूसरी ओर उसे परिस्थितियों से समझौता करने को भी कहते हैं। वे स्त्रियों के स्वतन्त्र अस्तित्व का समर्थन करते हैं तथा हर दशा में उसके स्वाभिमान की प्रतिष्ठा करते हैं। स्त्री के ऊपर किये गये अत्याचारों का पर्दाफाश 'मंगलसूत्र' में पुष्पा जैसी स्त्रियों से करवाते हैं। वह अपनी समस्त दुर्बलताओं को त्याग कर पुरुष को चुनौती देती हुई कहती है, "जानते हैं कि इसे चाहे जितना सताओ, कहीं जा नहीं सकती···एक बार वह विलास का मोह त्याग दे और त्याग करना सीख ले, फिर उस पर कौन रोब जमा सकेगा, फिर वह क्यों किसी से दबेगी?"[4]

1. प्रेमचन्द : कायाकल्प, पृ० 338
2. उत्तरगाथा : सव्यसाची, प्रेमचन्द अंक-6-7, पृ० 193
3. प्रेमचन्द : कायाकल्प, पृ० 15
4. प्रेमचन्द : मंगलसूत्र, पृ० 32

दाम्पत्य-सम्बन्ध के साथ ही प्रेमचन्द ने मालती-मेहता (गोदान) अमरकान्त-सकीना (कर्मभूमि) विनय-सोफिया (रंगभूमि) में ऐसे प्रेमी युगल को उपस्थित किया है, जिनके लिए शारीरिक सम्पर्क कोई महत्त्व नहीं रखता। प्रेमचन्द के यहाँ प्रेम वस्तुतः विलास की चीज न होकर एक मानवीय गुण है, मनुष्य का आवश्यक धर्म है। इस तथ्य को ही वे विशेष रूप से उपस्थित करना चाहते हैं।

इस प्रकार हम देखते हैं कि प्रेमचन्द ने विभिन्न वर्गों के नारी-पुरुष-सम्बन्धों का चित्रण करते हुए नारी-मुक्ति आन्दोलन की आवश्यकता को रेखांकित किया है। वैसे प्रेमचन्द भारतीय समाज के विभिन्न वर्गों की वर्गीय मनोवृत्तियों से अच्छी तरह से परिचित थे, लेकिन स्त्री-पुरुष के सम्बन्धों पर विचार करते हुए उनकी वर्गीय विशेषता पर अधिक जोर नहीं दिया है। पुरुष प्रधान भारतीय समाज में कुछ ऐसी समान चीजें वर्तमान हैं, जो पुरुषों द्वारा नारी के शोषण के लिए उत्तरदायी हैं। ये कारण अत्यन्त प्राचीन काल से भारतीय समाज में मान्यता के रूप में चले आ रहे हैं, जो धार्मिक, आर्थिक, सामाजिक, राजनीतिक सभी दृष्टियों से पुरुषों के पक्ष में जाते हैं। इन्हें सामाजिक, धार्मिक रूढ़ियों, अंध-विश्वासों, कानूनी संरक्षण के रूप में आसानी से लक्षित किया जा सकता है। इससे स्पष्ट है कि प्रेमचन्द नारी-पुरुष सम्बन्ध को पारिवारिक जीवन की ठोस आधारशिला मानते हैं। अतः यह समस्या भी प्रेमचन्द की सामाजिक चिन्ता का गम्भीर विषय बनी है।

4.6 नारी-मुक्ति-आन्दोलन और नारी सेवाश्रम

नारी-मुक्ति का प्रश्न प्रेमचन्द के समस्त साहित्य में उठाया गया है। इनके साहित्य में धर्म, अंधविश्वास आदि के विरोध और नये मानवीय मूल्यों के समर्थन के साथ एक नयी सामाजिक चेतना का स्वर स्पष्ट रूप से सुना जा सकता है। शोषित और वंचितों के पक्षधर तो प्रेमचन्द थे ही लेकिन भारतीय नारी मात्र को उन्होंने इसी वंचित-शोषित समुदाय में सम्मिलित कर लिया था। प्रेमचन्द से पूर्व आधुनिक भारत में जितने भी सामाजिक-सांस्कृतिक सुधार आन्दोलन हुए उसमें नारी मुक्ति-आन्दोलन को विशिष्ट स्थान दिया गया था। चाहे राजा राममोहन राय का ब्रह्मसमाज हो या दयानन्द सरस्वती का आर्यसमाज, चाहे प्रार्थना समाज हो या थियोसोफिकल सोसायटी—सबने नारी मुक्ति की सभस्या को अत्यन्त गम्भीर रूप में स्वीकार किया था। प्रेमचन्द पर इसका गहरा प्रभाव था। लेकिन इसके लिए सबसे अधिक प्रेरणा उन्होंने अपने आस-पास के परिचित जीवन से ही ली है। अतः अपने साहित्य में वे काफी गहराई से यह महसूस करते हुए दिखाई देते हैं कि इस आन्दोलन का नेतृत्व भी नारियों द्वारा ही किया जाना चाहिए। फलस्वरूप आगे चलकर वे विधवाश्रम सेवाश्रम आदि जैसी संस्थाओं से विमुख होकर उसे देश की खुली कर्मभूमि में उतारने का निर्णय करते हैं। यही नहीं बल्कि वे किसान-मजदूर आन्दोलन की तरह इसे भी राष्ट्रीय मुक्ति-आन्दोलन के साथ जोड़ने का प्रयास करते हैं।

प्रेमचन्द के उपन्यासों में सभी वर्ग की नारियाँ अपने-अपने स्वभाव के अनुसार कर्मक्षेत्र के संघर्ष में आगे बढ़कर भाग लेती हैं। वे प्रेम और विवाह की समस्या पर विचार प्रकट करती हैं, अन्याय का विरोध करती हैं, स्वतन्त्रता संग्राम में पुरुषों के साथ कन्धे से कन्धा मिलाकर त्याग एवं बलिदान का उच्च आदर्श उपस्थित करती हैं। वे केवल अपनी भावुकता का ही परिचय नहीं देतीं, बल्कि अपने अधिकारों के प्रति अदम्य उत्साह तथा जागरूकता का भी परिचय देती हैं।

प्रेमचन्द ने अपने उपन्यासों में पुरुषों द्वारा शोषित औरतों की कथाएँ बार-बार उठाई हैं। सुमन, सलोनी, मुन्नी, सुमित्रा, धनियाँ, पुष्पा, सुखदा आदि ऐसी ही औरत हैं, जिनमें प्रतिरोध, बेहतर जीवन की इच्छा, अपने हकों के प्रति जागरूकता कूट-कूट कर भरी हुई है। किसानों की तरह औरतों की समस्या के प्रति भी प्रेमचन्द कृत संकल्प थे। नारी की तत्कालीन दशा से प्रेमचन्द सन्तुष्ट नहीं थे। स्त्रियों को जिस दोहरे शोषण का शिकार होना पड़ रहा था, उससे भी वे पूरी तरह परिचित थे। इस विषय में जवरी मल्ल पारख ने अपने लेख 'प्रेमचन्द और नारी समस्या' में लिखा है, "अपने कथा साहित्य में प्रेमचन्द ने नारी जीवन के हर पहलू को चित्रित किया है। उनके जीवन की प्रत्येक समस्या, उनके चरित्र का प्रत्येक पक्ष, उनमें विद्यमान साहस, त्याग, करुणा, दृढ़ता एवं संयम जैसे मानवीय गुणों के साथ-साथ, ईर्ष्या, द्वेष, आभूषण-प्रियता, रूढ़वादिता, धर्म भीरुता, अन्धविश्वास जैसी दुर्बलताओं को भी चित्रित किया है।"[1]

इससे स्पष्ट पता लगता है कि प्रेमचन्द ने अपने साहित्य में उन्हें देवी नहीं, वरन मानवी बनाकर प्रस्तुत किया है। फलस्वरूप उनकी कमजोरियों और विकृतियों को भी स्पष्ट रूप से चित्रित किया है। इस चित्रण में भी उन्होंने अपनी पूरी सहानुभूति स्त्री पात्रों को प्रदान की है। इसे प्रेमचन्द की सुधार दृष्टि का परिचायक माना जा सकता है।

प्रेमचन्द के नारी पात्र सक्रिय, सचेतन और संघर्षशील हैं, इसलिए वे हमें बिल्कुल यथार्थ के धरातल पर खड़ी हुई मालूम पड़ती हैं। उनके जीवन की समस्याएँ सिर्फ उनकी अपनी समस्याएँ न होकर बल्कि तत्कालीन समाज की सभी नारियों की समस्याएँ बन जाती हैं। प्रेमचन्द ने अपने साहित्य में नारी के इसी संघर्ष को व्यक्त करते हुए नारी-मुक्ति की बात कही है। नारी-मुक्ति के विषय में चन्द्रा पाण्डेय ने अपने लेख 'प्रेमचन्द की रचनाएँ : नारी मुक्ति के विविध स्वर' में लिखा है, "इन प्रयासों में विविध धरातलों पर नारी-मुक्ति के उभरते स्वरों को सुना जा सकता है। ये स्वर कभी सामाजिक रूढ़ियों से मुक्ति के सन्दर्भ में मुखर हैं तो कभी राजनीतिक दासता से मुक्ति के सन्दर्भ में··· ये नारियाँ अपनी ही परिस्थितियों की त्रासद परिधि में चक्कर काटने के लिए

1. उत्तरार्द्ध : सं० सव्यसाची, अप्रैल 1980, प्रेमचन्द अंक, पृ० 152

विवश नहीं हैं। ये खुद आगे बढ़ती हैं और समाज के अन्य दलितों को भी ऊपर उठने की प्रेरणा देती हैं।"[1]

अपने अधिकारों के प्रति नारी की जागरूकता प्रेमचन्द की आरम्भिक रचनाओं में भी दिखाई पड़ती है। 'वरदान' में समाज के गुण-दोषों का विश्लेषण करने वाली नारी विरजन उल्लेखनीय है। वह अपने पत्रों में प्रेमभरी दास्तान न लिखकर गाँव वालों पर हो रहे साहूकार-महाजनों तथा जमींदारों के अत्याचारों का भी उल्लेख करती है। देश की जटिल समस्याएँ इन स्त्रियों के लिए एक चुनौती बनकर उपस्थित हुई हैं। गाँवों में व्याप्त अंधविश्वास, कर्मफल, भाग्य-वाद आदि नियतवादिता की बातें इनके मानस-पटल को झकझोर देती हैं। इन रूढ़ियों को कैसे दूर किया जाये, यह बात उसके मानस को अन्दोलित करने लगती हैं।

'गोदान' की धनियाँ का संघर्ष सिर्फ उसी का नहीं, बल्कि समस्त भारतीय स्त्रियों का है, जो धनियाँ की तरह निम्न वर्ग की ही हैं। वह किसी से नहीं डरती। प्रेमचन्द ने धनियाँ द्वारा समाज के उन विषाक्त लोगों के ऊपर तमाचा मरवाया है जो समाज को अपने कुत्सित व्यवहारों द्वारा गन्दा करने पर तुले हुए थे। वह अपने पति से रुपये छीन कर कहती है, "हम बाकी चुकाने को पच्चीस रुपये माँग रहे थे किसी ने न दिया। आज अंजुली-भर रुपये ठनाठन निकाल कर दे दिये।··· ये हत्यारे गाँव के मुखिया हैं, गरीबों का खून चूसने वाले! सूद-ब्याज, डेढ़ी-सवाई, नजर-नजराना, घूस-घास जैसे भी हो, गरीबों को लूटो। उस पर सुराज चाहिए··· सुराज मिलेगा धरम से, न्याय से।"[2] धनियाँ ने यह तमाचा तत्कालीन समाज के मुँह पर मारा है। वह अपने पति से डरती नहीं है बल्कि उसे चुनौती देती हुई कहती है, "इसकी हिम्मत देखूँ। घर में तलाशी होने से इसकी इज्जत जाती है। अपनी मेहरिया को सारे गाँव के सामने लतियाने से इसकी इज्जत नहीं जाती··· तू समझता है, इसे रोटी-कपड़ा देता हूँ।···देख इस गाँव में तेरी छाती पर मूंग दलकर रहती हूँ कि नहीं।"[3]

धनियाँ की यह ललकार नारी-मुक्ति के स्वर को मुखर करती है। धनियाँ और होरी के मनोविज्ञान के ऊपर टिप्पणी करते हुए शुभा ने अपने लेख 'स्त्रियों की समस्याओं के प्रति प्रेमचन्द का दृष्टिकोण' में लिखा है, "होरी शासक वर्ग की विचारधारा का शिकार है—वह किसी का रोआँ दुखी नहीं करना चाहता। राय साहब के दुःख उसे सच्चे लगते हैं,···मर्यादा के पीछे कर्ज लेकर वह रिश्वत देता है···लेकिन धनियाँ किसी का 'औसान' नहीं मानती। उसकी मर्यादा होरी की 'मर्यादा' से भिन्न है, तभी तो चमारों द्वारा मातादीन को बेधरम किये जाने को

1. उत्तरार्द्ध : सं० सव्यसाची, अप्रैल 1980, प्रेमचन्द अंक, पृ० 108
2. प्रेमचन्द : गोदान, पृ० 117
3. वही

होरी गलत मानता है, तो धनियाँ चमारिन सिलिया का पक्ष लेती है।"[1]

धनियाँ के संघर्ष के माध्यम से प्रेमचन्द ने समाज को बदलने की भूमिका में औरत की भूमिका को सामने रखा है। धनियाँ ने सामाजिक कुरीतियों पर जोरदार प्रहार किया है। यही नहीं, उसने पुरुष समाज के कुत्सित व्यवहारों को सरेआम ललकारते हुए समस्त भारतीय स्त्रियों की मुक्ति का मार्ग प्रशस्त किया है। 'गोदान' में नारी-मुक्ति का स्वर सर्वत्र सुनाई देता है। धनियाँ, मालती, सरोज, मीनाक्षी आदि सभी नारियाँ नारी-स्वतन्त्रता के प्रति जागरूक दिखाई देती हैं। उन स्त्री पात्रों में हमें हर संघर्ष के खिलाफ विद्रोही भावों की गूंज सुनाई पड़ती है। 'गोदान' में राय साहब की तलाकशुदा बेटी मीनाक्षी अपने दुराचारी पति की हंटरों से खबर लेती है। अपनी सुरक्षा के लिए पहलवानों को अपने साथ रखती है। मालती की बहन सरोज कोर्ट मैरिज करती है और स्त्रियों को राजनीतिक अधिकार दिये जाने की वकालत करती है। वह सेवा और त्याग की बात पर उत्तेजित होकर कहती है, "हम पुरुषों से सलाह नहीं माँगती। अगर वह अपने बारे में स्वतन्त्र हैं, तो स्त्रियाँ भी अपने विषय में स्वतन्त्र हैं। युवतियाँ अब विवाह को पेशा नहीं बनाना चाहतीं। वह केवल प्रेम के आधार पर विवाह करेंगी।"[2]

इस सम्बन्ध में शुभा ने अपने लेख 'स्त्रियों की समस्याओं के प्रति प्रेमचन्द का दृष्टिकोण' में लिखा है, "मतलब यह है कि पुरुष को अधिकारी बना रहने दो, तुम उसकी चाह मत करो क्योंकि तुम उससे श्रेष्ठ हो और आप देखते हैं कि वास्तविक जीवन में औरत कितनी श्रेष्ठ है। पुरुष के मुकाबले अधिक शिक्षित, अनुत्पादक श्रम में लगी हुई ··पुरुषों को कुछ भी करने की छूट है लेकिन स्त्रियों को श्रेष्ठ होने के कारण त्याग, धैर्य, बलिदान और सेवा का दामन नहीं छोड़ना चाहिए।"[3] प्रेमचन्द की पूरी सहानुभूति इन चिर शोषिता औरतों के प्रति है। इनके अधिकांश नारी पात्र अन्याय को चुपचाप सहन नहीं करते, बल्कि उन अन्यायों का डटकर मुकाबला करते हैं तथा अपनी मुक्ति का मार्ग प्रशस्त करते हैं। धनियाँ, सलोनी, मुन्नी, झुनियाँ, सुखदा, सरोज आदि तमाम स्त्री पात्र अन्याय का डटकर मुकाबला करते हैं। 'कर्मभूमि' में सुखदा गरीबों एवं निरीह जनों पर हो रहे अत्याचार को देखकर विद्रोह की भावना से भर जाती है। वह उन्माद की दशा में निकलकर पुलिस वालों को चुनौती देती है। उसके अदम्य साहस को देखकर पुलिस झुक जाती है और जन समूह की विजय होती है। अपने दृढ़ निश्चय तथा कर्मठता के कारण वह पूरे शहर की नेत्री बन जाती है। वह उत्पीड़ित जनता की क्षमता को पहचानते हुए कहती है, "एक दिन आयेगा जब आज के देवता कल कंकड़-पत्थर की तरह उठा-उठाकर गलियों में फेंक दिये जायेंगे और पैरों से

---

1. उत्तरगाथा : सं० सव्यसाची, प्रेमचन्द अंक-6-7, पृ० 198
2. प्रमचन्द : गोदान, पृ० 164
3. उत्तरगाथा : सं० सव्यसाची, प्रेमचन्द अंक-6-7, पृ० 200

ठुकराए जायेंगे।"[1]

सुखदा का अदम्य साहस उसे विचलित नहीं होने देता। वह गरीबों तथा दलितों की तरह जीवन बिताना चाहती है। वह औरतों की मुक्ति का मार्ग प्रशस्त करती हुई कहती है, "इसी शहर में हजारों औरतें अकेली रहती हैं फिर मेरे लिए क्या मुश्किल है।···मैं खुद अपनी रक्षा कर सकती हूँ।"[2] सुखदा का यह कथन समस्त भारतीय स्त्रियों का संकल्प बन सकता है और उन्हें अपने अन्दर छिपी ताकत का आभास करा सकता है। सुखदा महिला-मुक्ति की प्रतिनिधि बनकर उभरती है। यही नहीं वह अपनी मुक्ति को गरीबों तथा असहायों से जोड़कर देखती है। वह तन-मन-धन से उन मेहनतकशों के साथ है और उनके आवास के लिए स्वयं लड़ाई लड़ती है। वह मजदूर मतई से कहती हैं, "मैं खुद घर-घर घूमूंगी, द्वार-द्वार जाऊँगी, एक-एक के पैर पकड़ूंगी और हड़ताल कराके छोड़ूंगी।"[3] अपने संकल्प के कारण ही वह खुशी-खुशी जेल जाती है और जमानत के लिए तैयार नहीं होती। इस सन्दर्भ में चन्द्रा पाण्डेय ने अपने लेख 'प्रेमचन्द की रचनाएँ: नारी-मुक्ति के विविध स्वर' में लिखा है, "क्योंकि उसका विश्वास है इससे यह आन्दोलन टक्कर खाई हुई गेंद की भाँति और आगे बढ़ेगा। जमानत को वह ब्रिटिश सरकार के प्रति आत्मसमर्पण मानती है।"[4]

सुखदा के रूप में प्रेमचन्द ने एक ऐसे नारी चरित्र का निर्माण किया है, जिसके रग-रग में देश तथा उसकी दलित जनता और समस्त नारी जाति के अधिकारों के प्रति संघर्ष ज्वाला फूटती दिखाई पड़ती है। वह समाज में रहने वाले उन पढ़े-लिखे स्वार्थियों को चुनौती देते हुए कहती है, "मैं उन्हें दिखा दूंगी कि जिन गरीबों को तुम अब तक कुचलते आये हो, वही अब साँप बनकर तुम्हारे पैरों से लिपट जायेंगे।"[5] इस प्रकार सुखदा के माध्यम से प्रेमचन्द ने नारी वर्ग में जागरूकता, कर्मठता, चारित्रिक दृढ़ता की आवश्यकता पर बल दिया है। यही नहीं वह पुरुष वर्ग पर व्यंग्य करते हुए कहती है, "पुरुष को जो आजादी मिली है वह मुबारक रहे, वह अपना तन-मन गली-गली बेचता फिरे, मैं अपने बन्धन में प्रसन्न हूँ।"[6] इस वाक्य से हमें सुखदा के दृढ़ चरित्र का परिचय मिलता है। वह चाहती तो अपने पति की तरह किसी अन्य पुरुष को अपना सकती थी पर वह ऐसा कदापि नहीं करेगी क्योंकि भारतीय स्त्रियों में इस प्रकार की भावनाएँ बहुत कम पनपती हैं। इसलिए स्त्रियों का चरित्र पुरुषों से कई गुना ऊँचा है। वह पुरुषों की भाँति हर-

1. प्रेमचन्द: कर्मभूमि, पृ० 152
2. वही, पृ० 123
3. वही, पृ० 149
4. कलम: सं० चन्द्रबली सिंह, प्रेमचन्द विशेषांक-5, पृ० 110
5. प्रेमचन्द: कर्मभूमि, पृ० 145
6. वही, पृ० 126

खेत में मुंह नहीं मारतीं। समाज ने उन्हें जिस पुरुष के हाथ सौंप दिया, वह उसी में सन्तुष्ट रहती हैं।

प्रेमचन्द नैना के द्वारा भारतीय वैवाहिक पद्धतियों की आलोचना करवाते हुए कहते हैं, "जो विवाह-धर्म का बन्धन नहीं समझता, उसे केवल वासना की तृप्ति का साधन मानता है, वह पशु है।"[1] यहाँ धर्म के बन्धन से प्रेमचन्द का अभिप्राय कर्तव्य के बन्धन से है। नैना के इस कथन से लेखक ने पुरुषों की पाशविक प्रवृत्ति की तीव्र भर्त्सना की है।

प्रेमचन्द के उपन्यासों में नारी-चरित्र में वे सभी गुण विद्यमान हैं, जो उनकी मुक्ति का मार्ग प्रशस्त कर सकते हैं। नारी पात्र चाहे ग्रामीण हो या शहरी, पढ़ा-लिखा हो या अनपढ़—सभी में आत्म सम्मान और नैतिक साहस भरा हुआ है। 'कर्मभूमि' की ही ग्रामीण नारी मुन्नी यह समझ गयी है कि नारी को अपने अपमान का बदला खुद लेना है, अनाचार के विरुद्ध खुद लड़ना है। वह गड़ासे से दो अंग्रेज सिपाहियों का कत्ल कर देती है। इस तरह से वह अंग्रेजी सैनिकों के दुर्व्यवहार से नारी-मुक्ति के मार्ग का संकेत करती है। वह दिखा देती है कि जिस औरत जाति को तुम कमजोर समझकर जुल्म करते हो, वही एक दिन तुम्हारे प्राण की घातिका बन सकती है। उसके साहसपूर्ण कार्य की वजह से सारा शहर उसे 'देवी' की संज्ञा देता है। मुन्नी जब जेल जाती है और चौकीदारिन उसे मारते हुए काम करवाना चाहती है तो वहाँ उसने जो कुछ कहा, उससे उसके आत्माभिमान का परिचय मिलता है, "मैं किसी की लौंडी नहीं हूँ और न वह काम करूँगी। किसी रानी-महारानी की टहल करने नहीं आयी। जेल में सभी बराबर हैं।"[2] ग्रामीण वृद्धा सलोनी में भी ग्रामीण जनता के विद्रोही भाव भरे हुए हैं। वह अफसर के मुँह पर थूक देती है। इस प्रसंग की आलोचना करते हुए चन्द्रा पाण्डेय ने अपने लेख 'प्रेमचन्द की रचनाएँ : नारी-मुक्ति के विविध स्वर' में लिखा है, "अनपढ़ सलोनी विषम परिस्थिति, अन्याय और अत्याचार के कारण विप्लव की राह पर आगे बढ़ती हुई नौकरशाही के प्रति अपना क्षोभ और घृणा व्यक्त करती है।··· धन की कमी बुढ़ापे और अत्याचार से उसकी कमर अवश्य झुक गयी है पर मन आत्मविश्वास से उन्नत है।"[3]

प्रेमचन्द ने आत्मविश्वास से भरी ऐसी-ऐसी स्त्रियों के फौलादी व्यक्तित्व का निर्माण किया है, जो भविष्य के लिए नारी-मुक्ति के सूत्र बन सकते हैं। 'प्रेमाश्रम' की विलासी अपने पति और बेटे तथा सारे गाँव वालों को हर जोर-जबरदस्ती का विरोध करने का मनोबल देती है। गाँव के पशुओं को मवेशीखाने ले जाने वाले गौस खाँ को ललकारते हुए वह कहती है, "कहे देती हूँ इन जानवरों के पीछे लोहू

1. प्रेमचन्द : कर्मभूमि, पृ० 145
2. वही, पृ० 186
3. कलम : सं० चन्द्रबली सिंह, प्रेमचन्द विशेषांक-5, पृ० 110

की नदी बह जायेगी, माथे गिर जायेंगे।"[1] जहाँ नारी के अपमान की बात आती है, वहाँ वह ज्वालामुखी बनकर मरने-मारने पर उतारू हो जाती है। नारी के ऐसे रौद्र रूप का चित्रण कर प्रेमचन्द उन्हें पुरुषों की बराबरी में ले आना चाहते हैं।

'रंगभूमि' की सोफिया अपने माँ-बाप का घर छोड़कर राष्ट्रसेवी विनय सिंह के घर में जाती है और विनय सिंह से प्रेम करने लगती है। वह विनय के सेवाकार्य में बाधक नहीं बल्कि साधक बन जाती है। विनय सिंह जब जसवन्त नगर में पथ-भ्रष्ट हो जाता है तो उसकी भर्त्सना करते हुए अपने पवित्र कोप को प्रदर्शित करती है। सोफिया का हृदय निर्बलों के संहार से इतना विकल हो जाता है कि वह हिंसा-अहिंसा का भेद भूलकर अत्याचार के विरुद्ध उबलकर कहती है, "उन पापियों से खून का बदला लूंगी,···एक-एक को जहन्नुम की आग में झोंक दूंगी तब मेरी आत्मा तृप्त होगी···जब तक अत्याचारियों के जत्थे का मूलोच्छेद न कर दूंगी चैन न लूंगी, चाहे इस अनुष्ठान में प्राणों से हाथ क्यों न धोना पड़े!"[2] इस तरह प्रेमचन्द ने सोफिया के माध्यम से नारी-पुरुष के बीच कृत्रिम कार्य-विभाजन की सीमा-रेखा को मिटाने का प्रयास किया है। सुखदा, धनियाँ, मुन्नी आदि सभी इसी तरह के नारी पात्र हैं।

प्रेमचन्द ने अपने उपन्यासों में नारी आश्रम की भी स्थापना करवायी है। वेश्या बनी हुई सुमन के लिए एक ओर वे 'सेवासदन' की स्थापना करवाकर वेश्याओं की सन्तानों के उद्धार का मार्ग प्रस्तुत करते हैं तो दूसरी ओर विधवाओं के लिए 'विधवा आश्रम' और 'बनिता आश्रम' की स्थापना के द्वारा समाज द्वारा सताई हुई विधवा स्त्रियों के जीवन-यापन के मार्ग को प्रशस्त करते हैं। आर्यसमाज के प्रभाव से मुक्त हो जाने के बाद वे आश्रमवादी सुधार-योजना का परित्याग कर देते हैं। सामाजिक विकृतियों को वे सामाजिक संघर्ष के माध्यम से ही दूर करना उचित समझते हैं। विधवाश्रम, सेवाश्रम, नारी-निकेतन आदि द्वारा विधवाओं, वेश्याओं तथा असहाय नारियों की मुक्ति को वे असम्भव मानने लगते हैं। इसलिए वे उसे स्वयं 'कर्मभुमि' में उतरने का आह्वान करते हैं। 'गोदान' में मिर्जा खुर्शेद और मेहता के बीच वेश्या समस्या पर गर्मागर्म बहस होती है। वेश्या उद्धार के लिए खुर्शेद की नाट्य मंडली स्थापित करने की योजना पर मेहता उनसे कहते हैं, "और यह भी मान लें कि वेश्याएँ आपकी मण्डली में स्थायी रूप से टिक जायेंगी तो भी बाजार में उनकी जगह खाली नहीं रहेगी। जड़ पर जब तक कुल्हाड़े न चलेंगे, पत्तियाँ तोड़ने से कोई नतीजा नहीं।"[3] इस प्रकार प्रेमचन्द की मान्यता का प्रतिनिधित्व करते हुए मेहता यहाँ सामाजिक परिवर्तन की बात करते हैं। समाज को बदले बिना सामाजिक सुधार की बात सम्भव नहीं है। अतः नारी-शोषण,

1. प्रेमचन्द : प्रेमाश्रम, पृ० 200
2. प्रेमचन्द : रंगभूमि भाग-2, पृ० 66
3. प्रमचन्द : गोदान, पृ० 319

नारी-पराधीनता, विधवा और वेश्या-समस्या···सभी सामाजिक विषमता की देन हैं। उसे दूर किये बिना किसी एक या दो समस्याओं का समाधान सम्भव नहीं है।

इस प्रकार से प्रेमचन्द के उपन्यासों में नारी अपने स्वतन्त्र व्यक्तित्व की उद्घोषिका बनकर प्रस्तुत हुई है। वह घर-बाहर हर क्षेत्र में अपने अधिकारों तथा कर्त्तव्यों के प्रति सचेष्ट होकर सामने आती है। अपने लेखन-काल के अंतिम समय में प्रेमचन्द ने इस बात को गहराई से अनुभव किया था कि जो शोषित, दलित और वंचित हैं, उन्हीं के द्वारा अन्याय का सही प्रतिकार हो सकता है। यही वजह है कि उन्होंने स्त्रियों द्वारा ही नारी-मुक्ति के अभियान को आगे बढ़ाने का प्रयास किया है। इस विद्रोह में उन्होंते सुखदा, मुन्नी, धनियाँ, सरोज, नैना, पठानिन, सलोनी आदि नारी पात्रों को अन्याय तथा अत्याचार के प्रतिकार की ओर उन्मुख किया है। ये नारी पात्र स्त्री मुक्ति के साथ ही हर क्षेत्र में होने वाले अन्याय का विरोध भी करते हैं। वे पुरुष समाज द्वारा चलाये जाने वाले सेवाश्रम से निकलकर जिन्दगी की वास्तविक 'कर्मभूमि' में आ जाती हैं। इस तरह वे देश की शोषित-उत्पीड़ित जनता की मुक्ति के साथ अपनी मुक्ति को जोड़कर देखने लगती हैं।

उपसंहार

'उपन्यासकार प्रेमचन्द की सामाजिक चिन्ता' शीर्षक इस रचना में प्रेमचन्द की यथार्थवादी मानवीय दृष्टि का अनेक पहलुओं से उद्‌घाटन किया गया है। इस प्रक्रिया में उन्हें और उनके उपन्यास साहित्य को सर्वत्र युगीन परिस्थितियों के आमने-सामने रखकर देखने-परखने का प्रयास किया गया है। इस दृष्टि से देखें तो प्रेमचन्द राष्ट्रीय मुक्ति-आन्दोलन के उस तूफानी दौर के लेखक हैं, जिसमें काव्य-क्षेत्र में छायावाद या स्वच्छन्दतावाद का दौर था। उन्होंने साहित्य को अतिशय कल्पना प्रवणता से मुक्ति दिलाकर सामाजिक यथार्थ के ठोस धरातल पर प्रतिष्ठित करने का सफल प्रयास किया। इसलिए उनके स्वच्छन्दतावाद में व्यक्तिवादी-भाववादी मान्यताओं के विपरीत एक समाजनिष्ठ और यथार्थनिष्ठ मान्यताओं की झलक स्पष्ट रूप से दिखायी देती है। अपने युगीन सन्दर्भों में प्रेमचन्द की गहन सामाजिक चिन्ता जितनी स्पष्टता और तीव्रता के साथ उनके उपन्यासों में मूर्त हुई है, उस युग के अन्य साहित्यकारों में उसका सर्वथा अभाव दिखायी देता है। यही कारण है कि प्रेमचन्द को जिस निर्विवाद रूप में युगनिर्माता का दर्जा दिया जा सकता है, उस रूप में उनके युग के किसी अन्य साहित्यकार को नहीं दिया जा सकता। प्रस्तुत रचना में इस तथ्य को विभिन्न कोणों से उभारने का प्रयास किया गया है।

प्रेमचन्द की सामाजिक चिन्ता का सर्वाधिक महत्त्वपूर्ण अथवा मूलभूत केन्द्र भारत की शोषित-उत्पीड़ित जनता की, विशेषत: उस बहुसंख्यक जनता की, जो किसान और मजदूर के रूप में गाँवों में रहती है, उसी की वास्तविक मुक्ति रहा है। इस जनता के उद्धार-उपायों के लिए प्रेमचन्द ने एक व्यापक अभियान अपने साहित्य और साहित्येतर लेखन के माध्यम से चलाया था। उन सारे उपायों का आलोचनात्मक निरीक्षण-परीक्षण इस रचना में किया गया है।

इस रचना के प्रथम अध्याय 'राष्ट्रीय परिदृश्य: राष्ट्रीय मुक्ति-आन्दोलन और ब्रिटिश शासन' के अन्तर्गत प्रेमचन्द और उनके साहित्य का युगीन सन्दर्भों में विवेचन-विश्लेषण और मूल्यांकन किया गया है। इस प्रक्रिया में 'ब्रिटिश शासन का चरित्र' 'राष्ट्रीय आन्दोलन की प्रमुख शक्तियाँ' जैसे दो उपशीर्षकों में तत्कालीन राजनीतिक उथल-पुथल के वातावरण और उसके सम्बन्ध में प्रेमचन्द की प्रतिक्रियाओं को विस्तार से स्पष्ट किया गया है। प्रेमचन्द के आरम्भिक रचनाकाल में राष्ट्रीय मुक्ति आन्दोलन में कुछ शिक्षित मध्य-वर्गीय लोगों के साथ प्राय: ऊँची जातियों के लोग ही अधिक सक्रिय रहे हैं। इस बात को लेकर प्रेमचन्द

काफी चिन्तित थे। लेकिन आगे चलकर असहयोग, सत्याग्रह, सविनय अवज्ञा आदि गांधीवादी आन्दोलनों के प्रभाववश उसमें किसान-मजदूर भी भारी संख्या में सम्मिलित हुए। इस परिवर्तन को प्रेमचन्द के उपन्यासों के आधार पर विशेष रूप से रेखांकित किया गया है। इस दृष्टि से प्रेमचन्द ने किसान-मजदूर और गरीब जनता को ही राष्ट्रीय आन्दोलन की प्रमुख शक्ति के रूप में स्वीकार किया है। इस अध्याय के अगले दो उपशीर्षकों—'कांग्रेस और गांधीवाद' तथा 'आर्यसमाज के सुधार-आन्दोलन' के अन्तर्गत प्रेमचन्द पर इनके प्रभाव का सोदाहरण विवेचन-विश्लेषण प्रस्तुत किया गया है। इस प्रक्रिया में यह तथ्य विशेष रूप से उभरकर सामने आया है कि प्रेमचन्द गांधीवादी और आर्यसमाज के सुधार-आन्दोलन की सीमाओं से अच्छी तरह परिचित थे। स्थान-स्थान पर इनकी कतिपय मान्यताओं से उन्होंने अपनी असहमति भी प्रकट की है। इसीलिए अपने रचनाकाल के अन्तिम दौर में उनका झुकाव मार्क्सवाद, विशेष रूप से 1917 की रूसी क्रान्ति के प्रति दिखाई देने लगता है। फलस्वरूप वे किसान-मजदूर आन्दोलन के प्रति अधिक आस्थावान बन जाते हैं। इन तथ्यों को प्रस्तुत अध्याय के अन्त में दो उपशीर्षकों—'मार्क्सवाद की प्रतिध्वनियाँ' और 'किसान-मजदूर आन्दोलन' के अन्तर्गत स्पष्ट करने का प्रयास किया गया है। इस क्रम में यह विशेष रूप से रेखांकित किया गया है कि अपने परवर्ती लेखन में प्रेमचन्द ने किसान-मजदूर आन्दोलन को राष्ट्रीय मुक्ति-संग्राम का एक अभिन्न अंग बनाने पर बहुत अधिक जोर दिया है। सब मिलाकर तद्युगीन राष्ट्रीय मुक्ति आन्दोलनों के साथ विभिन्न आन्दोलन भी प्रेमचन्द की सामाजिक चिन्ता को ही रेखांकित करते हैं।

'सामाजिक परिदृश्य' शीर्षक दूसरे अध्याय में ग्रामीण किसान-मजदूर जीवन की त्रासदी को दिखाने का प्रयास किया गया है। इसके लिए 'ग्रामीण परिवेश : किसान-जमींदार सम्बन्ध', 'ग्रामीण साहूकार-महाजन' तथा 'सरकारी-गैर सरकारी कर्मचारी' जैसे तीन उपशीर्षकों का सहारा लिया गया है। इस अध्याय में यह विशेष रूप से दिखाने का प्रयास किया गया है कि प्रेमचन्द के उपन्यासों के मुख्य आधार किसान और जमींदार ही हैं। यही नहीं, ये दोनों समुदाय तत्कालीन भारतीय अर्थ-व्यवस्था के भी मुख्य आधार हैं। देश की उत्पादन-प्रणाली इन दो विरोधी वर्गों की क्रिया-प्रतिक्रिया के आधार पर ही गतिशील है। जमींदारों द्वारा किसान-मजदूर जनता के जिस अमानवीय और क्रूर शोषण को प्रेमचन्द ने चित्रित किया है, उसे ग्रामीण साहूकार-महाजन तथा सरकारी-गैर सरकारी कर्मचारी और अधिक गहरा बना देते हैं। स्वयं प्रेमचन्द इस तथ्य को अच्छी तरह समझते थे कि किसान-मजदूर जीवन की त्रासदी का सबसे मुख्य कारण ब्रिटिश सरकार की नीतियाँ हैं, लेकिन अपने उपन्यासों में इसे न प्रस्तुत कर वे जमींदारों को ही किसानों के प्रमुख शत्रु के रूप में उपस्थित करते हैं। इसका प्रमुख कारण यह है कि इस नयी जमींदारी-जागीरदारी व्यवस्था को समाप्त करने से ब्रिटिश शासन की

ठोस नींव समाप्त हो सकती है और तब किसान-मजदूर सीधे ब्रिटिश शासन के विरोधी बन सकेंगे। प्रस्तुत अध्याय में इस तथ्य को विशेष रूप से रेखांकित करने का प्रयास किया गया है।

प्रस्तुत प्रबन्ध का तीसरा अध्याय 'धार्मिक परिदृश्य' है। वैसे तो इसे सामाजिक परिदृश्य से अलग नहीं किया जा सकता, फिर भी अध्ययन की सुविधा के लिए और प्रेमचन्द की धर्मविषयक मान्यताओं के स्पष्टीकरण के लिए इसे अलग अध्ययन का विषय बनाया गया है। हिन्दू धर्म के प्रचलित स्वरूप को प्रेमचन्द ने भारत की साधारण जनता की मुक्ति में एक बहुत बड़ा अवरोध माना है। वे इसके लिए पण्डित-पुरोहित और इनके द्वारा प्रचारित धार्मिक-सामाजिक कर्मकाण्डों को भारतीय समाज का सबसे बड़ा कोढ़ मानते थे। इससे बहुत सारी सामाजिक कुरीतियों— जाति-पाँत, छुआछूत, ऊँच-नीच की भावना के साथ ही अनेक प्रकार की रूढ़ियों, अंधविश्वासों तथा अज्ञान पर आधारित मान्यताओं को बल मिल रहा था। अतः इस अध्याय में यह दिखाने का प्रयास किया गया है कि धर्म के नाम पर शास्त्रों की झूठी आड़ लेकर ये पण्डित-पुरोहित किसान-मजदूर जनता के सबसे बड़े शोषक बन गये थे। किसान-मजदूर साधारण जनता की वास्तविक मुक्ति के व्यापक अभियान के एक महत्त्वपूर्ण मुद्दे के रूप में प्रेमचन्द ने इसे स्वीकार किया था। प्रस्तुत अध्याय में इसे विस्तार से स्पष्ट करने का प्रयास किया गया है।

प्रस्तुत प्रबन्ध का चौथा अध्याय 'वर्गीय परिदृश्य' से सम्बद्ध है। इसके अन्तर्गत भारतीय समाज के विभिन्न वर्गों के साथ ही मध्यवर्ग की स्थिति पर विस्तार से विचार किया गया है। प्रेमचन्द ने जिस तत्परता के साथ निम्नवर्ग के गुण-दोषों का मूल्यांकन करते हुए उसके वर्गीय चरित्र को उभारा है, ठीक उसी प्रकार सामन्त एवं पूंजीपति वर्ग के चरित्र का भी यथार्थ विश्लेषण किया है। लेकिन निम्न वर्ग के प्रति उनकी अशेष सहानुभूति अन्य वर्गों के प्रति क्रूरता और अमानवीयता में बदल जाती है। इस तथ्य को प्रस्तुत अध्याय में विशेष रूप से रेखांकित करने का प्रयास किया गया है। इस अध्याय का सबसे महत्त्वपूर्ण मुद्दा मध्यवर्ग है। प्रेमचन्द ने जहाँ इस वर्ग की ढुलमुल नीतियों, प्रदर्शन प्रियता, महत्त्वाकांक्षिता, स्वार्थपरता, व्यक्तिवादिता आदि को उद्‌घाटित किया है, वहीं इसकी अपार क्षमताओं के प्रति आशान्वित भी दिखाई देते हैं। वैसे यह वर्ग भौतिक उत्पादन की प्रक्रिया का अनिवार्य अंग नहीं है, फिर भी एक तरफ वह शासक वर्ग के वर्चस्व को बनाये रखने में सहायता करता है, तो दूसरी ओर उसी का एक हिस्सा निम्नवर्ग का नेतृत्व करते हुए उसकी मुक्ति के मार्ग को सुगम करता है। अध्यापक, डाक्टर, वकील, छोटे-बड़े सरकारी कर्मचारी, मझोले किसानों के परिवार से आने वाला शिक्षित युवा वर्ग, साहित्यकार, विचारक आदि के रूप में प्रेमचन्द के समय तक इस वर्ग ने भारतीय समाज में अपना अलग अस्तित्व कायम कर लिया था। प्रेमचन्द ने उसकी प्रतिक्रियावादी प्रवृत्ति के साथ

ही उसके प्रगतिशील स्वरूप को भी उद्घाटित करने में सफलता प्राप्त की है। इन सभी तथ्यों को प्रस्तुत अध्ययन में सोदाहरण विवेचित-विश्लेषित किया गया है।

इस पांचवें अध्याय का दूसरा महत्त्वपूर्ण मुद्दा है नारी की स्थिति और नारी मुक्ति-आन्दोलन के प्रति प्रेमचन्द की दृष्टि। वैसे यह अपने आप में कोई अलग वर्ग नहीं है। फिर भी पुरुष-प्रधान भारतीय समाज में अधिकांश चिन्तकों ने उसे भी उपेक्षित-उत्पीड़ित समुदाय के साथ जोड़कर देखा है। नारी के सम्बन्ध में प्रेमचन्द की भी प्रायः यही दृष्टि रही है। विधवा, वेश्या के साथ पतित्यक्ता, पति-प्रताड़ित, समाज द्वारा तिरस्कृत, रूप लोभी सम्पन्न पुरुषों द्वारा सतायी गयी नारियों की एक लम्बी कतार प्रेमचन्द के उपन्यासों में प्रस्तुत हुई है। आरम्भ में सेवासदन, प्रेमाश्रम, नारी निकेतन आदि आर्यसमाजी उपायों का सहारा प्रेमचन्द ने भी लिया है, लेकिन अपने बाद के उपन्यासों में उन्होंने आश्रमवादी दृष्टि से मुक्त होकर नारी शक्ति को पहचाना है और नारी-मुक्ति आन्दोलन को राष्ट्रीय और सामाजिक मुक्ति के आन्दोलनों के साथ जोड़कर अपनी दूरदर्शिता का परिचय दिया है। इस सम्बन्ध में उन्होंने स्पष्ट रूप से अपनी मान्यता प्रस्तुत की है कि आमूल सामाजिक परिवर्तन के बिना जिस तरह शोषित-उत्पीड़ित बहुसंख्यक जनता की मुक्ति असम्भव है, उसी तरह नारी की मुक्ति भी। किसी आश्रम, संस्था या सुधार-आन्दोलन पर निर्भर न कर नारियों को इसके लिए पुरुषों के साथ कंधे-से-कंधा मिलाकर संघर्ष करना होगा। प्रेमचन्द की उक्त सारी मान्यताओं को प्रस्तुत अध्याय में सोदाहरण विवेचित-विश्लेषित किया गया है। इस अध्याय में उनकी वर्ग-विश्लेषण की क्षमता और उसमें निहित मूल उद्देश्य पर भी समुचित प्रकाश डाला गया है। वस्तुतः यह अध्याय अपनी सामाजिक चिन्ता के प्रति प्रेमचन्द की जागरूकता ही नहीं, उनकी पूर्ण प्रतिबद्धता को भी रेखांकित करता है।

इस समूचे अध्ययन में इस तथ्य को विशेष रूप से रेखांकित किया गया है कि प्रेमचन्द का हर आयोजन, प्रत्येक उपाय अथवा युक्ति का अन्तिम उद्देश्य शोषित-उत्पीड़ित ग्रामीण किसान-मजदूर और देश की साधारण जनता की चहुँमुखी मुक्ति था। चाहे राष्ट्रीय आन्दोलन हो या विदेशी शासन सत्ता का दमन, चाहे जमींदारों, साहूकार-महाजनों का क्रूर एवं अमानवीय शोषण हो या पण्डित-पुरोहितों का हृदयहीन उत्पीड़न—इन सभी का चित्रण प्रेमचन्द ने गरीब एवं असहाय जनता की मुक्ति को ध्यान में रखकर किया है। यहाँ तक कि साम्प्रदायिक विद्वेष, मध्यवर्गीय छलावों, नारी-मुक्ति सम्बन्धी समस्याओं के चित्रण द्वारा भी वे अपने निर्धारित महान् लक्ष्य की सिद्धि तक पहुँचते हैं। इस तथ्य को सर्वत्र रेखांकित करना ही प्रस्तुत रचना की उपलब्धि मानी जा सकती है। इस दृष्टि से प्रेमचन्द का उपन्यास साहित्य उनकी सामाजिक चिन्ता का सजीव चित्र है।

ग्रन्थानुक्रमणिका

मूल ग्रन्थ

प्रेमचन्द के उपन्यास

1. वरदान	डायमण्ड पाकेट बुक्स, 2715, दरियागंज, नयी दिल्ली, प्रथम संस्करण
2. प्रतिज्ञा	साहित्यागार, एस० एम० एस० हाइवे, जयपुर, 1989
3. सेवासदन	डायमण्ड पाकेट बुक्स, 2715, दरियागंज, नयी दिल्ली, प्रथम संस्करण
4. प्रेमाश्रम	डायमण्ड पाकेट बुक्स, 2715, दरियागंज, नयी दिल्ली, प्रथम संस्करण
5. निर्मला	डायमण्ड पाकेट बुक्स, 2715, दरियागंज, नयी दिल्ली, प्रथम संस्करण
6. रंगभूमि	डायमण्ड पाकेट बुक्स, 2715, दरियागंज, नयी दिल्ली प्रथम संस्करण
7. कायाकल्प	डायमण्ड पाकेट बुक्स, 2715, दरियागंज, नयी दिल्ली प्रथम संस्करण
8. गबन	भारतीय ग्रन्थ निकेतन 2713, कूचा चेलान, दरियागंज, नयी दिल्ली, प्रथम संस्करण

9. गोदान	हिन्द पाकेट बुक्स, जी० टी० रोड, शाहदरा, दिल्ली, 1986
10. मंगलसूत्र	साहित्यागार, एस० एम० एस० हाइवे, जयपुर, 1990

प्रेमचन्द का अन्य साहित्य

1. कुछ विचार	डायमण्ड पाकेट बुक्स, 2715, दरियागंज, नयी दिल्ली
2. विविध प्रसंग	'भाग-तीन' संकलन कर्त्ता अमृतराय

प्रेमचन्द के उपन्यासों का रचना/प्रकाशन काल

1. वरदान	'जलव-ए-ईसार' नाम से इण्डियन प्रेस, इलाहाबाद से 1912 ई० में उर्दू में प्रकाशित, 1920 में ग्रन्थ भण्डार बम्बई से हिन्दी में प्रकाशित।
2. सेवासदन	मूल उपन्यास 'बाजारे हुस्न' के नाम से उर्दू में लिखा लेकिन 1918 में सर्वप्रथम हिन्दी में कलकत्ता से प्रकाशित हुआ।
3. प्रेमाश्रम	पहले उर्दू में लिखा गया लेकिन हिन्दी में 1921 में पहले प्रकाशित।
4. रंगभूमि	'चौगाने हस्ती' नाम से उर्दू में 1924 में लिखा गया लेकिन हिन्दी में 1925 में पहले प्रकाशित हुआ।
5. कायाकल्प	यह उपन्यास पहले हिन्दी में 1924 में लिखा गया और 1926 में प्रकाशित हुआ।
6. निर्मला	1925-26 में 'चाँद' में क्रमशः प्रकाशित।
7. प्रतिज्ञा	1927 में 'चांद' में क्रमशः प्रकाशित।
8. गबन	1931 में सरस्वती प्रेस से प्रकाशित।
9. कर्मभूमि	1932 में सरस्वती प्रेस से प्रकाशित।
10. गोदान	1936 में सरस्वती प्रेस से प्रकाशित।
11. मंगलसूत्र	अपूर्ण उपन्यास, 1948 में पहली बार प्रकाशित।

आलोचनात्मक ग्रन्थ

1. अशोक के फूल	आचार्य हजारीप्रसाद द्विवेदी (1970), राजकमल प्रकाशन, दिल्ली
2. उपन्यासकार प्रेमचन्द	सुरेश चन्द गुप्त (1966), अशोक प्रकाशन, नयी सड़क, दिल्ली
3. उपन्यासकार प्रेमचन्द	सुभाषिनी शर्मा (1975), नन्दन प्रकाशन, रानी कटरा, लखनऊ
4. उपन्यास और लोक जीवन	रैल्फफाक्स, अनु० नरोत्तम नागर, 1979 पीपुल्स पब्लिशिग हाउस, रानी झाँसी रोड, नयी दिल्ली
5. उपन्यासकार प्रेमचन्द : समाजशास्त्रीय अध्ययन	श्रीमती राजकुमारी गुगलानी (1983), मंथन पब्लिकेशंस, रोहतक
6. कलम का मजदूर : प्रेमचन्द	मदन गोपाल (1975), राजकमल प्रकाशन, दिल्ली
7. कलम का सिपाही : प्रेमचन्द	अमृतराय (1962), हंस प्रकाशन, इलाहाबाद
8. कांग्रेस का इतिहास (दोनों भाग)	पट्टाभिसीतारमैया (1946), पद्मा प्रकाशन, वम्बई
9. गोदान : पुनर्मूल्यांकन	राजपाल शर्मा (1978), अशोक प्रकाशन, नयी सड़क, दिल्ली
10. गोदान : पुनर्मूल्यांकन के बाद	रामविनोद (1986), मोती लाल बनारसी दास चौक वाराणसी-1
11. गोदान	सं० राजेश्वर गुरु, प्रथम संस्करण, राधाकृष्ण प्रकाशन, दिल्ली
12. गोदान : एक नव्य परिबोध	त्रिलोकी नाथ खन्ना, प्रथम संस्करण, आदर्श साहित्य, दिल्ली
13. गोदान : नया परिप्रेक्ष्य	गोपाल राय, प्रथम संस्करण, ग्रन्थनिकेतन, पटना
14. गोर्की और प्रेमचन्द	मदन लाल मधु 1060 प्रगति प्रकाशन, मास्को

15. प्रेमचन्द के उपन्यासों में समसामयिक परिस्थितियों का प्रतिफलन	सरोज प्रसाद, प्रथम संस्करण, रचना प्रकाशन, इलाहाबाद
16. प्रेमचन्द और गांधीवाद	रामदीन गुप्त, प्रथम संस्करण, हिन्दी साहित्य संसार, दिल्ली
17. प्रेमचन्द और भारतीय किसान	रामबक्ष, प्रथम संस्करण, वाणी प्रकाशन, दिल्ली
18. प्रेमचन्द	नरेन्द्र कोहली (1991), वाणी प्रकाशन, दरियागंज, दिल्ली
19. प्रेमचन्द के नारी पात्र	भरत सिंह (1913), पुस्तक प्रचार, दिल्ली
20. प्रेमचन्द-साहित्य में ग्राम्य जीवन	सुभद्रा प्रथम संस्करण, अलंकार प्रकाशन, दिल्ली
21. प्रेमचन्द के नारी पात्र	ओम अवस्थी (1962), नेशनल पब्लिशिग हाउस, दिल्ली
22. प्रेमचन्द के जीवन-दर्शन के विधायक तत्त्व	कृष्ण चन्द्र पाण्डेय (1970), जीत महलोत्रा प्रकाशन, इलाहाबाद
23. प्रेमचन्द : एक विवेचन	डॉ० इन्द्रनाथ मदान (1950), राजकमल प्रकाशन, दिल्ली
24. प्रेमचन्द की उपन्यास यात्रा	नव मूल्यांकन : शैलेस जैदी (1978), यूनिवर्सिटी पब्लिशिग हाउस, अलीगढ़
25. प्रेमचन्द : घर में	श्रीपति राय, शिवरानी देवी (1956), सरस्वती प्रेस, वाराणसी
26. प्रेमचन्द : प्रतिभा	इन्द्रनाथ मदान (1967), सरस्वती प्रेस, इलाहाबाद
27. प्रेमचन्द युगीन भारतीय समाज	इन्द्रमोहन कुमार (1974), बिहार हिन्दी ग्रन्थ अकादमी कदमकुआं, पटना
28. प्रेमचन्द : एक कृती व्यक्तित्व	जैनेन्द्र कुमार (1966), पूर्वोदय प्रकाशन, दिल्ली
29. प्रेमचन्द : जीवन और कृतित्व	हंसराज रहबर (1962), आत्माराम एण्ड संज, दिल्ली

30. प्रेमचन्द एक अध्ययन — राजेश्वर गुरु (1958), समिति जुमेराती गेट, भोपाल

31. प्रेमचन्द और उनका युग — रामविलास शर्मा (1981), राजकमल प्रकाशन, नयी दिल्ली

32. प्रेमचन्द : साहित्यिक विवेचन — नन्ददुलारे वाजपेयी, द्वितीय संस्करण, मैकमिलन, दिल्ली

33. प्रेमचन्द : विरासत का सवाल — शिवकुमार मिश्र, प्रथम संस्करण, पीपुल्स लिटरेसी, दिल्ली

34. भारत का मुक्ति संग्राम भाग-2 — अयोध्यासिंह (1977), मैकमिलन, दिल्ली

35. समस्यामूलक उपन्यासकार प्रेमचन्द — महेन्द्र भटनागर (1982), पीपुल्स लिटरेसी, दिल्ली

36. साहित्य के बुनियादी सरोकार — कर्णसिंह चौहान (1982), पीपुल्स लिटरेसी, दिल्ली

37. हिन्दी उपन्यास में मध्यवर्ग — मंजुला सिंह (1971), आर्य बुक डिपो, दिल्ली

38. हिन्दी की प्रगतिशील कविता — डॉ० लल्लन राय (1989), हरियाणा साहित्य अकादमी, चण्डीगढ़

पत्रिकाएँ

1. उत्तरगाथा 6-7 — प्रेमचन्द विशेषांक, जनवरी 1981 सं० सव्यसाची 2164 डेम्पियर नगर, मथुरा-281001

2. उत्तरार्द्ध (प्रेमचन्द विशेषांक) — अप्रैल 1980, सं० सव्यसाची, 2164 डेम्पियर नगर, मथुरा-281001

3. कलम — प्रेमचन्द विशेषांक, सं० चन्द्रबली सिंह, विवेकानन्द नगर, वाराणसी

4. दस्तावेज 6-7 — प्रेमचन्द विशेषांक, सं० विश्वनाथ प्रसाद तिवारी, बेतियाहाता, गोरखपुर

5. प्राधिकृत 84-85 — प्रेमचन्द विशेषांक, सं० डॉ० रमेश कुन्तल मेघ, हिन्दी विभाग, गुरुनानक देव विश्वविद्यालय, अमृतसर-5